Berlin mit Kind 2025

Coverillustration: Julia Kluge

Inhalt

Kultur

40

95

Shopping

140

135

Aktiv

Editorial

Liebe Leute mit Kindern,

egal, ob ihr in Berlin lebt oder zu Besuch seid, ob ihr unseren Familien-Freizeit-Guide zum ersten oder wiederholten Mal in den Händen haltet, ob ihr gerade erst in das Leben mit Kind startet oder schon Teens zu Hause habt, ob es stürmt, schneit oder die Sonne auf euch scheint, ob ihr nach kulturellen Erlebnissen, Entspannung oder Action sucht, ob ihr gerne durch die Kieze stöbert oder lieber in der Natur unterwegs seid – wir wünschen euch viel Freude dabei, die Stadt für euch zu entdecken. Hier ist immer viel los, die Jahreshighlights findet ihr ebenso im Guide wie alle relevanten Adressen für spontane Unternehmungen mit Kindern. Berlin hat so viele liebenswerte familienfreundliche Seiten und neue Spots zu bieten, dass es wieder ein knallbuntes Buch fürs ganze Jahr prall füllt – schlagt es auf und rein ins Vergnügen!

Anja Ihlenfeld und Claudia Steigleder,
Herausgeberinnen

Grenzenloser Spaß

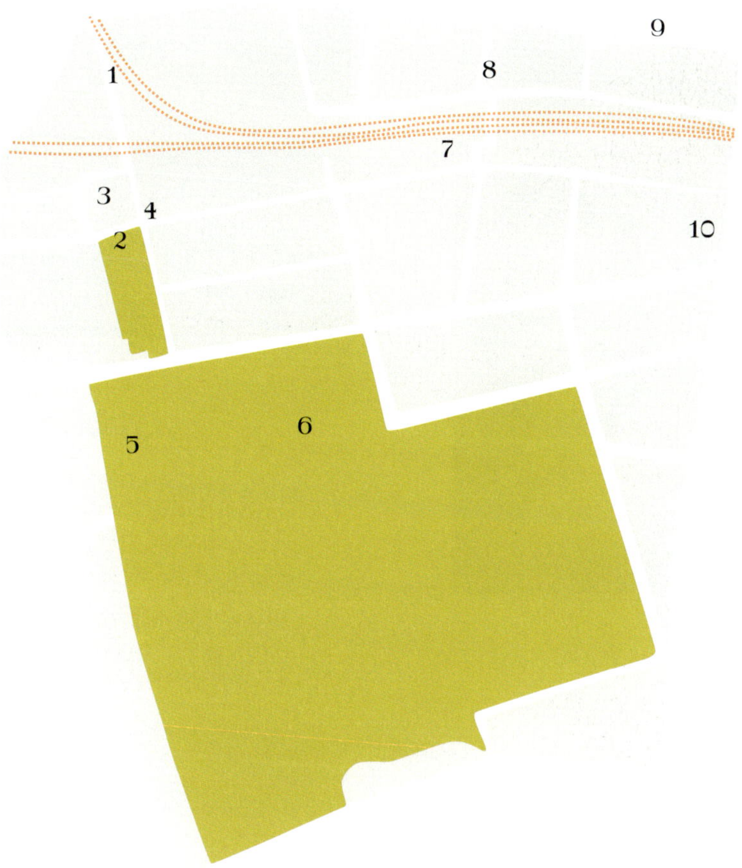

der Fall der Mauer hat sich gerade zum 35. Mal gejährt und ihren einstigen Verlauf in der Stadt nochmal vergegenwärtigt – doch im normalen Familienalltag an der Grenze von Prenzlauer Berg zum damaligen Westberliner Bezirk Wedding spielt diese heute kaum noch eine Rolle. Kleine Berliner:innen wie die achtjährige Louisa und ihr fünfjähriger Bruder Arno toben vergnügt durch den Mauerpark oder über den Schwedter Steg, ohne sich der Vergangenheit als Grenzstreifen bewusst zu sein.

Gemeinsam mit ihren Eltern Kira und Ulf leben die beiden Energiebündel im Arnimkiez und bewegen sich täglich über die S-Bahn-Gleise in Richtung Mauerpark, wo vor allem am Wochenende ein buntes Treiben mit Flohmarkt, Karaoke, Musik und internationalem Stimmengewirr herrscht. Seitdem im Sommer 2024 die Rasenflächen neu ergrünt wiedereröffnet und neue Bäume gepflanzt wurden, sieht der Park wirklich nach Park aus. Uns zeigen sie ihre liebsten Orte dies- und jenseits des S-Bahnrings, wo man sich prima mit Kindern vergnügen kann.

4

2

Am nördlichen Ende des Mauerparks gibt es viel zu entdecken. Arno und Louisa lieben die Ziegen auf dem Moritzhof und die Cake Pops von Frau Krüger.

1 + 2 Züge und Ziegen schauen

Über den Schwedter Steg laufen die vier gerne, um zur Jugendfarm am nördlichen Ende des Mauerparks zu kommen. Die leicht gebogene Brücke für Fußgänger:innen und Radfahrer:innen führt seit 1999 über die Gleise im einstigen Grenzgebiet und ist bei Kindern ein beliebter Spot, um Züge zu schauen und mit dem Rad oder Skates hinunterzusausen. Inzwischen ist der Steg etwas in die Jahre gekommen und soll voraussichtlich von April bis Juli 2025 saniert werden.

Auf der anderen Seite angekommen, gehen sie gerne zu den Ziegen auf dem Moritzhof. Die Jugendfarm ist aber kein Streichelzoo, sondern ein Ort der offenen Kinder- und Jugendarbeit, wo sich alle von sechs bis 16 Jahren kostenfrei einbringen und ausprobieren können. Für alle anderen finden regelmäßig Familiensamstage statt, an denen der Hof auch ihnen offen steht. Das Areal drumherum wurde im August 2024 mit sanierten Rasen-, Wiesen- und Pflanzflächen wieder freigegeben und lädt zum Verweilen ein.
Schwedter Steg, 10437 Berlin-Prenzlauer Berg;
Jugendfarm Moritzhof, Seite 164

3 Klettern, Buddeln, Matschen für alle

Direkt am Moritzhof liegt der frisch sanierte inklusive Spielplatz, der sich mit barrierefreien Stegen, mit Rollstuhl unterfahrbarem Matschtisch, Schattensandfläche, Wasserspiel, Klettergeräten, Bewegungs- und Balancierelementen toll für den Besuch mit allen Kindern eignet.
Spielplatz Mauerpark am Kletterfelsen, Schwedter Str. 82, 10437 Berlin-Prenzlauer Berg

4 Leckere Lollis

Nicht nur Louisa und Arno sind Fans davon, vor oder nach dem Spielplatzbesuch bei Frau Krüger einzukehren. Das gemütliche Kiezcafé ist bekannt für seine köstlichen hausgemachten Backwaren, guten Kaffee und im Sommer die Adresse für ein erfrischendes Getränk oder Frozen Yogurt. So beliebt es ist, so schwer ist es manchmal, einen der sonnigen Sitzplätze zu ergattern. Gut, dass es die Kuchenlollis zum Mitnehmen gibt, die die beiden Kinder sehr mögen. *Frau Krüger, Kopenhagener Str. 37, 10437 Berlin-Prenzlauer Berg, cafe-fraukrueger.de*

5 + 6 Birken, Bundesliga, Baustelle

Läuft man vom Moritzhof nach Süden, kommt man ins Birkenwäldchen, dort wurden Hauptweg und Spielbereiche saniert, neue Bänke und Schaukeln aufgestellt, die Wiesen neu eingesät sowie 25 neue Birken gepflanzt. Das Wäldchen ist ein herrlicher Ort, um die Kinder frei spielen zu lassen und sehr beliebt, um dort Kindergeburtstage zu feiern – oft hängen hier fröhliche Wimpelketten zwischen den Bäumen. Der benachbarte Falkplatz vor der Max-Schmeling-Halle, die Bundesliga-Heimspielstätte der Berlin Recycling Volleys und der Füchse Berlin ist, lädt mit seiner Asphaltfläche zum Herumsausen mit Skateboards, Rollern und Rädern ein. Bis 2026 werden dort die Rasenflächen erneuert, zusätzliche Sportmöglichkeiten und Calisthenics-Standorte geschaffen, der Spielplatz und die beliebte Walross-Plantsche saniert. *Mauerpark, Seite 146; Max-Schmeling-Halle, Falkplatz 1, 10437 Berlin-Prenzlauer Berg, max-schmeling-halle.de*

7

Gute Energie! Wie Berlin sind die Kinder immer in Bewegung. Zum Wiederaufladen perfekt: entspannte Essenspausen wie an der coolen Pizzahütte der Kohlenquelle.

9

Gute Geschichten wollen erzählt werden - ob auf einer kleinen Puppentheaterbühne oder der großen Leinwand.

7 Wo Pizza immer geht

Ein anderer Weg führt die Familie zurück in ihren Wohnkiez – die Fußgänger:innenbrücke über die Ringbahngleise verbindet die Kopenhagener Straße mit der Dänenstraße. Dabei kommt man an der kleinen zur Kohlenquelle gehörenden Pizzeria mit Biergarten vorbei, wo man sich mit grandios gut schmeckender Pizza stärken kann. *DIE HÜTTE, Kopenhagener Str. 17, 10437 Berlin-Prenzlauer Berg, kohlenquelle.de/pizzahütte*

8 Portugiesische Köstlichkeiten

Wenn der Familie mehr nach Süß statt Herzhaft ist, wartet gleich auf der anderen Seite der Gleise einer ihrer liebsten kulinarischen Versorgungsstätten, die passenderweise den Namen „Unser Café" trägt. Seit 2017 ist hier ein Stück Portugal in den Arnimkiez gezogen. Ob man im gemütlichen Café einkehrt oder sich die täglich frisch hergestellten portugiesischen Backwaren mit nach Hause nimmt, hier ist einfach alles unfassbar lecker. Und man kann in der gläsernen Bäckerei sogar zugucken, wie Pastéis de Nata und Co. entstehen. *Unser Café, Dänenstr. 14, 10439 Berlin-Prenzlauer Berg, @unsercafeberlin*

9 Wo die Puppen tanzen

Doch nicht nur kulinarische, sondern auch kulturelle Highlights finden sich in direkter Nachbarschaft – in der Schivelbeiner Straße haben Louisa und Arno schon einige der Kinderstücke gesehen, die Karsten Ackermann dort seit mehr als 30 Jahren auf seine kleine Puppentheaterbühne bringt. *Puppentheater Felicio, Seite 91*

10 Kinogeschichte

Eines der geschichtsträchtigsten Lichtspielhäuser Berlins befindet sich ebenfalls um die Ecke, in dem denkmalgeschützten Gebäude flimmern seit 1924 bewegte Bilder über die Leinwand. Bewegt ist auch die Geschichte des Colosseums: Um 1892 als Wagenhalle erbaut, diente es im Zweiten Weltkrieg als Lazarett, der DDR als Premierenkino und stand vor wenigen Jahren noch vor dem Aus. Es regte sich Widerstand der Anwohner:innen, die hier nun weiterhin Filmvergnügen für Jung und Alt finden. *Colosseum Filmtheater, Schönhauser Allee 123, 10437 Berlin-Prenzlauer Berg, colosseum.premiumkino.de*

@TD.BERLIN
@TD.BERLIN
TD
BERLIN
Kulturplakatierung

Ursprüngliche Freude

Silvia stammt ursprünglich aus Brasilien, wo sie in ihrer Kindheit viel in der freien Natur in tropischen Wäldern unterwegs war und in wilden Gewässern schwimmen ging. Heute lebt sie mit Adi und ihrem gemeinsamen Sohn Antonius am nördlichen Rand Berlins in der denkmalgeschützten Waldsiedlung Hakenfelde. Wie sie selbst sagt, stellt man sich zwar die Frage, ob das überhaupt noch Berlin sei, sie ist aber überglücklich, dorthin gezogen zu sein: „Hakenfelde ist zwar keine tropische Welt, aber auf seine eigene Art sehr naturverbunden und trotzdem nah an der Stadt."

Tatsächlich liegt ihre Wohnanlage, die ab 1914 in Anlehnung an das Gartenstadtmodell für die Arbeiter:innen der Spandauer Industriebetriebe entstand, idyllisch am Rand des Spandauer Forstes zwischen Wald und Wasser und dennoch ist man rasch im Spandauer Stadtkern. Für den fünfjährigen Antonius ist es die perfekte Umgebung zum Aufwachsen – der kleine Entdecker findet hier jeden Tag allerlei unterschiedlichste Spielmöglichkeiten mitten in der Natur.

1

1 Naturliebe

Unweit ihres Zuhauses erstreckt sich auf einem etwa zwei Hektar großen Gelände die Gartenarbeitsschule Hakenfelde, in der Kita- und Schulgruppen aus ganz Berlin an wunderbaren Workshops rund um die Pflanzen- und Tierwelt, Jahreszeiten und Witterungsbedingungen und Naturwahrnehmungen teilnehmen können. Silvia, Adi und Antonius kommen gerne auf ihrem Weg an die Havel hier vorbei und kaufen Bioeier der dort lebenden Hühner. *Schul-Umwelt-Zentrum Spandau, Bernkastler Weg 26, 13587 Berlin-Spandau, gas-hakenfelde.de*

2 Magische Insel

An dem Anleger der Fähre, die einen von April bis Oktober auf die Havelinsel Valentinswerder bringt, macht die Familie alljährlich ein Erinnerungsfoto. Die drei setzen auch gerne mit ihren SUP-Boards über auf die Insel, die für sie ein magischer Lieblingsort ist. Dort lässt sich herrlich picknicken, spazieren und und sogar eine Biberburg entdecken. *valentinswerder.de*

Was für eine Kindheitskulisse! Der fünfjährige Antonius wächst idyllisch zwischen prächtigen Pflanzen, Waldtieren, Gewässern und Baudenkmälern auf.

3 Übers Wasser brettern

Wer es der sportlichen Familie nachmachen und mit dem SUP-Board auf der Havel herumgondeln möchte, findet auf der benachbarten Insel Eiswerder in den historischen Mauern einer alten Feuerwerksfabrik das SUP Center. Der Verleih hat sogar XXL-Boards im Angebot, auf denen bis zu sechs Personen Platz haben. Auch Kindergeburtstage lassen sich dort feiern. Die Insel ist über zwei Brücken erreichbar, von denen aus man einen prima Blick auf Zitadelle und Altstadt hat. *SUP Center Berlin, Eiswerderstr. 18, 13585 Berlin-Spandau, supcenter.berlin*

2

7

6 Eis, Erlesenes und Events

Brechen Silvia, Adi und Antonius Richtung Wasser statt Wald auf, schauen sie häufig an dem 75 Hektar großen Gelände des Evangelischen Johannesstift vorbei, wo Kinder nicht nur zu besonderen Events wie Erntedankfest oder Adventsmarkt willkommen sind. Auf unserer Tour schleckt Antonius dort ein köstliches Eis und Silvia schwärmt von dem schönen Ambiente des historischen aus mehr als 50 Gebäuden bestehenden Ensembles, das man bei Führungen erkunden kann. In Haus 2 befindet sich mit der 1898 gegründeten Buchhandlung Johannesstift einer der ältesten Buchläden Berlins. *Schönwalder Allee 26, 13587 Berlin-Spandau, evangelisches-johannesstift.de*

7 + 8 Ein Ort voller Geschichten

Noch geschichtsträchtiger ist die gut vier Kilometer südlich gelegene Burganlage, die ein faszinierendes Familienausflugsziel ist. Mehrmals im Jahr locken familienfreundliche Feste und Festivals. Aber auch sonst lohnt sich der Besuch – man kann den Juliusturm erklimmen, um sich einen Überblick über die Renaissancefestung, Altstadt und den Verlauf der Havel zu verschaffen, oder im Stadtgeschichtlichen Museum und bei Führungen mehr über die Geschichte Spandaus und seines Wahrzeichens erfahren.

Spannende Geschichten für Kinder erzählen auch die Stücke im Puppentheater auf der Zitadelle und in der 1921 gegründeten, idyllisch in Waldatmosphäre gelegenen Freillichtbühne an der Zitadelle, die vom Kulturhaus Spandau betrieben wird. *Zitadelle Spandau, Seite 102; Freilichtbühne an der Zitadelle, Seite 98*

Am Zusammenfluss von Havel und Spree siedeln Menschen seit dem achten Jahrhundert. Hier stehen viele historische Bauten wie Berlins einzige Burg.

6

12

Beeindruckende Lebewesen! Neben den Wildschweinen haben es die großen Hirsche im Waldgehege Antonius besonders angetan.

9 Altstadt erkunden

Wer die Highlights der Altstadt entdecken möchte, findet die Tourist:inneninformation in einem der ältesten erhaltenen Häuser Berlins. Das Gotische Haus ist Ausgangspunkt für Führungen durch den Stadtkern, der das Jahr über Schauplatz diverser Feste ist. Kulturelle Highlights finden auch im Kulturhaus und im Sommer im Hof der Stadtbilbliothek beim OpenAirKino statt. *Gotisches Haus, Breite Str. 32, 13597 Berlin-Spandau, gotischeshaus.de; OpenAirKino, Carl-Schurz-Str. 13, 13597 Berlin-Spandau, openairkino-spandau.de; Kulturhaus Spandau, Seite 98*

10 Traditionseis

Es ist in vielen Berliner Supermärkten und Familien-Eisschränken zu finden, dass das Florida-Eis aus Spandau stammt, wissen jedoch nicht alle. Wenn man aber schonmal vor Ort ist, gehört ein Abstecher ins Stammeiscafé unbedingt dazu. *Florida Eis green café, Klosterstr. 15, 13581 Berlin-Spandau, floridaeis.de*

11 Entspannter Spielplatz

Wer in der Altstadt startet und zum Wildgehege im Spandauer Forst radelt, kann noch einen Zwischenstopp am Waldspielplatz „Goldfischteich“ einlegen, wo sich Kinder je nach Bedarf etwas ausruhen oder austoben können. *Dahlwitzer Landstr. 4, 12587 Berlin-Spandau*

12 Wilde Abenteuer im Wald

Was für Antonius und seine Eltern quasi zum Alltag gehört, ist für Berliner Innenstadt-Familien ein Ausflugstraum – auf mehr als 1.300 Hektar breitet sich eine verwunschene Naturlandschaft mit Wäldern, Mooren und einer reichen Tier- und Pflanzenwelt aus. Super Einstieg ist ein Besuch am Wildgehege – von dort kann man dann tiefer in den Wald eintauchen. *Wildgehege Spandauer Forst, Schönwalder Allee 50, 13587 Berlin-Spandau*

Ideenreich durchs Jahr

TIPPS —— FESTE UND FESTIVALS

JANUAR

Magische Übergangszeit

„Der Zauberer von Oz“ bietet bis Ende Januar eine beeindruckende Show für die ganze Familie. *Zimt & Zauber: 24.11.2024.-26.01.2025, Wintergarten Varieté, wintergarten-berlin.de*

Tanz im neuen Jahr

Das Internationale Tanzfestival für junges Publikum bespielt diverse Bühnen berlinweit. *PURPLE Tanzfestival: 18.-26.01.2025, purple-tanzfestival.de*

FEBRUAR

Die Filmwelt zu Gast

Internationale Filmstars bringen Glanz in die Hauptstadt. Junge Cineast:innen kommen in den Genuss internationaler Produktionen beim Generation Kplus und Generation 14plus Wettbewerb. *Berlinale: 13.-23.02.2025, berlinale.de*

2

1 PURPLE Tanzfestival
2 Wintergarten Varieté

MÄRZ

Demokratie im Blick

Das große Fotografie-Festival nimmt unter dem Leitmotiv „was zwischen uns steht“ in Ausstellungen und Begleitprogramm die zunehmende Bedrohung der europäischen Demokratie in den Blick. *European Month of Photography: 01.-31.03.2025, @emopberlin*

Musik für alle

Das Musikfestival der Landesmusikakademie feiert mit Konzerten, Tanzaufführungen, Workshops, Kreativangeboten und vor allem viel Freude am Mitmachen die Welt der Musik und Instrumente. *Family Music Days: 15./16.03.2025, FEZ-Berlin, landesmusikakademie-berlin.de*

APRIL

Wieder aufblühen

Der fernöstliche Zauber der Kirschblüte lockt zum Saisonauftakt mit Workshops von Origami bis japanischer Kampfkunst und einem bunten Kulturprogramm in die Gärten der Welt. *Kirschblütenfest: April 2025, gaertenderwelt.de*

Mittelalterliches Ostertreiben

Kleine und große Mittelalterfans bekommen beim österlichen Fest auf der Zitadelle Spandau einiges geboten: historische Musik, Theater und Akrobatik, Feuer- und Fakirshows. *Oster-Ritter-Fest: 19.-21.04.2025, carnica-spectaculi.de*

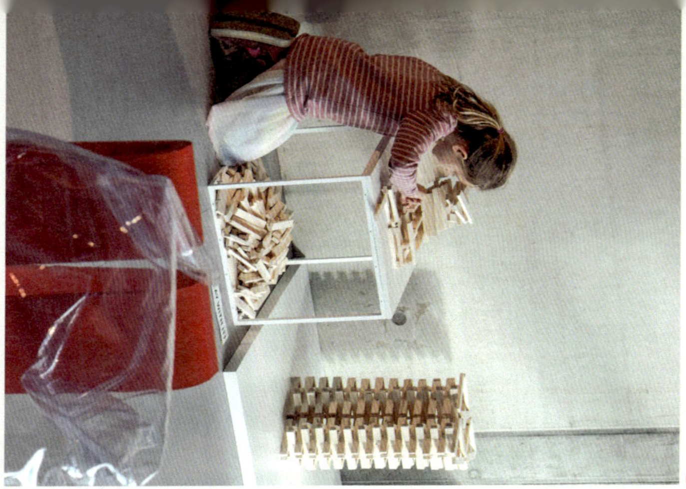

1

MAI

Kunst rund um Berlin

Nicht nur in Berlin, auch drumherum leben und wirken Kunstschaffende, die ihre Ateliers und Werkstätten an diesem Wochenende für euch öffnen, darunter auch Silke Schmidt, die Illustratorin der liebenswerten Kinderrätsel in unserem HIMBEER Magazin. *Offene Ateliers Brandenburg: 10.-18.05.2025, offeneateliersbrandenburg.de*

Alles ist Design

Das Programm der Designwoche mit Ausstellungen, Präsentationen, Talks und partizipativen Projekten erstreckt sich auf das ganze Stadtgebiet – Hauptlocation 2025 ist der Peter-Behrens-Bau in Oberschöneweide. *Berlin Design Week, 10.-18.05.2025, berlindesignweek.com*

1 Design Week Berlin
2 Karneval der Kulturen

Besser mit Bike

Die Messe rund ums Radfahren für Jung und Alt. *VELO-Berlin: 10./11.05.2025, Flughafen Tempelhof, veloberlin.com*

Digitales Diskutieren

Als junge Schwester der re:publica bietet die Konferenz für digitale Jugendkultur 13- bis 25-Jährigen den Raum, sich zu informieren, zu vernetzen und auszutauschen. *Tincon: Mai 2025, tincon.org; re:publica: 26.-28.05.2025, STATION Berlin, re-publica.com*

Welche Rollen die Jugend spielt

Jugendtheatergruppen aus ganz Deutschland stellen ihre Stücke in Berlin der Öffentlichkeit vor. *Theatertreffen der Jugend: 29.05.-06.06.2025, berlinerfestspiele.de*

JUNI

Tag der Kinder

Der Internationale Kindertag wird mit einem fröhlichen Fest im größten Familienzentrum Berlins gefeiert. *Internationales Kindertagsfest: 31.05./01.06.2025, FEZ-Berlin, fez-berlin.de*

Alle Wege führen zum Umweltschutz

Die Fahrradsternfahrt führt zum Umweltfestival, die ökologische Erlebnismeile zwischen Brandenburger Tor und Großer Stern mit Infoständen, Musik, Kulinarik und Kinderprogramm. *Umweltfestival und Sternfahrt: 01.06.2025, umweltfestival.de, berlin.adfc.de/sternfahrt*

Wenn Kreuzberg am buntesten ist

Der KinderKarneval ist das größte, nicht kommerzielle, interkulturelle Kinderfest Berlins, das unabhängig vom großen Karneval der Kulturen eine bunte Karnevalsfeier mit Kostümumzug und Familienfest in Kreuzberg feiert. *Karneval der Kulturen: 05.-09.06.2025, karneval.berlin; Kinderkarneval der Kulturen: 07.06.2025, kma-ev.de*

Die grüne Stadt

In der ganzen Stadt kann man unbekannte Naturräume kennenlernen, an Workshops, Expeditionen und Führungen teilnehmen oder einfach nur die vielfältige Flora und Fauna genießen. *Langer Tag der StadtNatur: 14./15.06.2025, langertagderstadtnatur.de*

Mit Musik in den Sommer starten

Der Sommeranfang wird traditionell mit der Fête de la Musique in der ganzen Stadt eingeläutet. Auf etlichen Bühnen erklingt dabei auch Musik für Kinder und Jugendliche, auf einigen treten sie auch selbst auf. *Fête de la Musique: 21.06.2025, fetedelamusique.de*

Open Air-Kultursommer

Sicherlich wird auch der Kultursommer 2025 die vielseitige kulturelle Landschaft und die besten Seiten Berlins feiern – umsonst und draußen, für alle, an den verschiedensten Orten in ganz Berlin. *Kultursommer: Juni-September 2025, draussenstadt.berlin*

Brahms am Bebelplatz

Bei freiem Eintritt kann man dem von Christian Thielemann dirigiertem Orchester lauschen, wie es Werke von Brahms Open Air am Bebelplatz erklingen lässt. *Staatsoper für alle: 22.06.2025, staatsoper-berlin.de*

Kunst ist überall

Kostenloses Kunstfestival, das allen Menschen Möglichkeiten eröffnet, Kunst an ungewöhnlichen Locations zu erleben. *48 Stunden Neukölln: 27.-29.06.2025, 48-stunden-neukoelln.de*

Bücher im Zentrum

Beim kostenlosen Berliner Bücherfest wird der Bebelplatz in Mitte zu einer riesigen Freiluftbuchhandlung mit umfangreichem Literatur- und Rahmenprogramm der zahlreichen Berliner Verlage und Buchhandlungen. *Berliner Bücherfest: Juni 2025, berliner-buecherfest.de*

An die Wissenschaft glauben

Die klügste Nacht des Jahres ermöglicht den Blick in sonst nicht öffentlich zugängliche Labore, Hörsäle sowie Archive und bietet ein Kinderprogramm, bei dem auch viele Erwachsene noch einiges lernen können. *Lange Nacht der Wissenschaften: 28.06.2025, langenachtderwissenschaften.de*

1

Mit Kind und Kegel tanzen

Das Berliner Musikfestival mit Kids Area: Das Kidzapalooza verfügt über einen abgeschiedenen Bereich mit Kids-Bühne, Baby-Lounge, Wasserspielplatz sowie allerlei kreativen Kinderangeboten. *Lollapalooza: 12./13.07.2025, Olympiastadion und -park, lollapalooza.com*

Licht- und Pflanzenpracht genießen

Der Botanische Garten ist ein zauberhafter Ort, umso magischer, wenn er sich zur Botanischen Nacht in eine illuminierte Wunderwelt voller Musik und Entdeckungen verwandelt. *Botanische Nacht: 19./20.07.2025, botanische-nacht.de*

2

1 Culture meets Garden
2 Lange Nacht der Wissenschaften
3 Berlin lacht!

3

Bücher zum Liebhaben

Wenn die Lettestraße an der BUCHBOX! im Helmholtzkiez für Verlagsstände, Lesezelt, Walking Acts und eine Kindermusikbühne gesperrt wird, ist Bilderbuchfestzeit! *Berliner Bilderbuchfest: Juli 2025, buchboxberlin.de*

Gute Laune auf die Straße bringen

Theater, Zirkus, Comedy, Clownerie, Artistik, Zauberei, Tanz und Musik – das Straßentheater-Festival bringt Spannendes, Skurriles und jede Menge gute Laune auf Berlins Plätze! *Berlin lacht: Juli-September 2025, berlin-lacht.de*

Kultur in allen Farben

Internationale Gartenkunst und Kultur treffen aufeinanderm, wenn der gesamte Park zur Bühne wird und die Vielfalt der hier vertretenen Kulturen feiert. *Culture meets Garden: Juli 2025, gaertenderwelt.de*

1

Kinder und Klassik

Das Festival für Jugendorchester bietet stets ein mitreißendes Programm, bei NEXT GENERATION kommen auch die Jüngsten in den Genuss spannender Aufführungen und Veranstaltungen. *Young Euro Classic: 01.-17.08.2025, Konzerthaus Berlin, young-euro-classic.de*

AUGUST

Auf dem Feld wird's heiter

Das Festival bringt die Vielfalt des zeitgenössischen Circus und jede Menge Vergnügen für Groß und Klein aufs Tempelhofer Feld. *Berlin Circus Festival: August 2025, berlin-circus-festival.de*

Opulentes Vergnügen

Die Potsdamer Schlössernacht lockt mit Konzerten und Tanzvorführungen, mit Theaterspielen und Programm für Jung und Alt. *Potsdamer Schlössernacht: 22./23.08.2025, Park Sanssouci, potsdamer-schloessernacht.de*

So viele Sammlungen

Von den Publikumsmagneten bis zu unbekannteren Ausstellungshäusern: Dutzende Berliner Museen öffnen eine Nacht lang ihre Türen – manche davon sonst verschlossen – mit speziellen Angeboten, viele extra für Kinder und Familien konzipiert. *Lange Nacht der Museen: 30.08.2025, langenachtdermuseen.berlin*

Die Welt der Literatur

Etliche internationale Autor:innen und Illustrator:innen sind jedes Jahr beim Literaturfest zu Gast in Berlin. Ein vielseitiges Kinder- und Jugendprogramm inspiriert dabei die jüngsten Leser:innen. Höhepunkt ist das FamilienFest International. *internationales literaturfestival berlin: 11.-24.09.2025, literaturfestival.com*

Tag des offenen Denkmals

In Berlin gibt es jede Menge spannende Orte, die an diesem Tag bei Führungen entdeckt werden können. *Tag des offenen Denkmals: 13./14.09.2025, tag-des-offenen-denkmals.de*

Spannendes am See

Das Strandbad am Orankesee ist alljährlich Schauplatz eines der schönsten und kinderfreundlichsten Sommerfeste Berlins mit Musik, Speisen, Sport, Spiel und Badespaß. *Seenfest: September 2025, das-seenfest.de*

Für Lokliebhaber:innen

Das Bahnbetriebswerk Schöneweide öffnet seine Tore für ein erlebnisreiches Wochenende mit der ganzen Familie. Lokomotiven laden zum Entdecken und Mitfahren ein. *Eisenbahnfest: September 2025, berlin-macht-dampf.com*

1 Eisenbahnfest
2 Berlin Circus Festival

Mit allen Sinnen kennenlernen

Erhaltet Einblicke in die jüdische Kultur in ihrer ganzen Vielfalt mit Kulinarik, Literatur, Musik, öffentlichen Gottesdiensten und einem großen Fest für alle. *Jüdische Kulturtage: September 2025, juedische-kulturtage.org*

Flatterhafte Wesen

Aufsehenerregende Gestalten erheben sich in die Höhe – Tintenfische mit meterlangen Beinen und riesige farbenfrohe Geckos sorgen für ein faszinierendes Flugspektakel über dem Tempelhofer Feld. *STADT UND LAND-Festival der Riesendrachen: September 2025, stadtundland.de*

2

Animierte Bilder

Bei diesem Festival dreht sich alles um das faszinierende Format des Animationsfilms. *Festival of Animation: 26.-28.09.2025, fa-berlin.com*

Die Kinderkultur feiern

Ein ganzer Monat voller toller Veranstaltungen, die allen Berliner Kindern und Familien kostenlos unzählige Kulturorte und -angebote der Stadt näherbringen. *KinderKulturMonat: 01.-31.10.2025, kinderkulturmonat.de*

Bunte Herbstlichter

Leuchtend, farbenfroh und künstlerisch zeigt sich Berlin im Herbst, wenn das Festival of Lights zu Spaziergängen rund um illuminierte Sehenswürdigkeiten sowie in viele Kieze einlädt. *Festival of Lights: Oktober 2025, festival-of-lights.de*

Familien erobern die Berliner Nacht

Abends zusammen Neues von Artistik bis Nachtgolfen entdecken – im Rahmen der Familiennacht werden zahlreiche außergewöhnliche und kreative Aktionen in allen Bezirken der Stadt veranstaltet, die wenig oder gar nichts kosten. *Familiennacht: Oktober 2025, familiennacht.de*

1

NOVEMBER

Sagenhaftes Berlin

Mit ihrem vielseitigen Programm gehören die Märchentage immer zu den Highlights des Jahres. Auch 2025 verzaubern sie Kinder mit wunderbaren Märchenstunden und Veranstaltungen in der ganzen Stadt. *Berliner Märchentage: November 2025, berliner-maerchentage.de*

Filmreif

Das Kurzfilmfestival Berlin bringt stets außergewöhnliche internationale Kurzfilme für Kinder und Jugendliche nach Berlin. *KUKI – Junges Kurzfilmfestival Berlin: November 2025, kuki-berlin.com*

2

1 Festival of Lights
2 Heissa Holzmarkt

Vorhang auf

Als weiteres Highlight erwarten euch Ende November viele Puppentheaterstücke auf den Bühnen im FEZ-Berlin. Dazu gibt es ein Rahmenprogramm zum Spielen und Mitmachen. *Puppentheaterfestival: November 2025, fez-berlin.de*

DEZEMBER

Festliche Stimmung

Von der Domäne Dahlem über den Holzmarkt, das Charlottenburger Schloss bis zum Lucia Weihnachtsmarkt in der Kulturbrauerei gibt es viele schöne kinderfreundliche Adventsmärkte in Berlin und auch im Umland. *Alle Weihnachtsmärkte unter berlinmitkind.de*

Kindertaugliche Silvestersause

Schon mittags in großer Runde ein knallbuntes kinderfreundliches Silvesterspektakel feiern kann man im The Playce. *Kids Noon Years Party: 31.12.2025, potsdamerplatz.de*

Winterzauber

Schön, dass die besonders festlich illuminierten Märchenwelten im Botanischen Garten und im Tierpark bis Mitte Januar erleuchtet bleiben und so Farbe und Funkeln in den Winter bringen. *Christmas Garden im Botanischen Garten, Mitte November bis Mitte Januar, christmas-garden.de; Weihnachten im Tierpark, Mitte November bis Mitte Januar, weihnachten-im-tierpark.de*

Partytime

Wie schön, dass du geboren bist! Das soll gefeiert werden – je nach Alter, Interesse und Jahreszeit gibt es dafür etliche Möglichkeiten in Berlin.

Kindergeburtstage gehören zum Schönsten und Anstrengendsten im Elternleben. Ihr möchtet eurem Geburtstagskind einen fabelhaften Tag bereiten, dafür braucht es Geschenke, Kuchen, ein bisschen Deko und natürlich eine Feier mit den liebsten Freund:innen. Aber wo und wie? Wie viele Kinder kann man einladen, sodass man die Geburtstagsschar noch bändigen kann? Und wie viel Programm braucht es, damit keine Langeweile aufkommt? Die Antworten auf diese Fragen sind so individuell wie eure Kinder – daher haben wir ein paar Inspirationen für unterschiedliche Interessen, Jahreszeiten und Budgets zusammengetragen.

Aber macht euch nicht verrückt – es ist kein Wettbewerb um die spektakulärste Sause. Wir haben mit vielen Kindern darüber gesprochen, wie sie am liebsten feiern und was sie als Eingeladene gerne mögen – und die mit Abstand am meisten geäußerte Replik lautet, dass sie gerne einfach mit ihren Freund:innen spielen möchten. Da haben Sommergeburtstagskinder natürlich den Vorteil, dass ihnen die Parks für Picknickpartys mit Sportspielen und Schatzsuchen zur Verfügung stehen.

Aber auch für alle anderen Geburtstagskinder gibt es reichlich Ideen und Räume zum Feiern. Apropos Räume – wer zu Hause nicht genügend Platz hat, kann sich in den meisten Berliner Spielcafés für eine Feier einmieten – das Kindercafé Kreuzzwerg ist dafür ein wunderbarer Ort.

Kreativ austoben

Ein vielseitiges Angebot bietet der Popcorner Projektraum in Friedenau für Kinder ab fünf Jahren. Ob Miniaturhäuser-Bau, Batik-Workshop oder Plüschtierparty mit neuen Kleidern – der schöne, helle Raum bietet einen Top-Rahmen für einzigartige Geburtstagsfeiern. Ebenfalls in Friedenau befindet sich die Holzklasse Berlin, wo Geburtstagskinder, die sich gerne handwerklich verwirklichen, mit ihren Freund:innen Objekte aus Holz erschaffen können. Eine unserer liebsten Institutionen Berlins ist auch für die Geburtstagsfeten gestaltungs- und bewegungsfreudiger Kinder erste Wahl: Im MACHmit! Museum lässt sich schon der fünfte Geburtstag mit einem tollen Kreativangebot feiern, bei dem auch das Kletterregal erobert werden kann. Krumulus, der großartige Kinderbuchladen am Südstern, verfügt über eine Druckwerkstatt, in der Kinder feiern und am Ende alle eigene Kunstwerke mitnehmen können.

Inspiriert von Künstler:innen der Antike oder Moderne kann in den meisten Berliner Ausstellungshäusern gefeiert werden – der Verein Jugend im Museum organisiert eine riesige Auswahl an kreativen Feiern für Kinder und Teens.

Kindercafé Kreuzzwerg
Partys ab dem ersten Geburtstag. *Hornstr. 23, 10963 Berlin-Kreuzberg, cafe-kreuzzwerg.de*

Popcorner
Batiken, Malen, Nähen, Stempeln uvm., ab fünf Jahren. *Hedwigstr. 12, 12159 Berlin-Schöneberg, popcorner-berlin.com*

Holzklasse Berlin
Feiern in der Kinderholzwerkstatt mit kindgerechtem Werkzeug. *Stubenrauchstr. 73, 12161 Berlin-Schöneberg, holzklasse.berlin*

MACHmit! Museum
Kreative Geburtstage im Kindermuseum mit Kletterregal, ab fünf Jahren. *Seite 75*

Krumulus
In der Druckwerkstatt können Geburtstagskinder ab vier Jahren kreativ werden. *S. 136*

Jugend im Museum e.V.
Geburtstagsfeiern für Kinder ab acht Jahren in vielen Berliner Museen. *Seite 71*

Das Schöne an kreativen Geburtstagsfeiern, bei denen die Kinder eigene Kunstwerke erschaffen: Alle gehen beschenkt nach Hause!

Bright Site
Die Kinderkletterhalle kann exklusiv für bis zu zehn Kinder von drei bis acht Jahren gemietet werden. *Seite 190*

Skatehalle Berlin
Geburtstags-Skate-Sessions für Anfänger:innen und Fortgeschrittene ab sechs Jahren, *Seite 193*

CABUWAZI Tempelhof
Zirkustraining für das Geburtstagskind und seine bis zu 19 Gäst:innen ab sechs Jahren, *Seite 91*

Soccerworld
Hallenfußball und Bubble Soccer für Kinder bis 13 Jahre. *Seite 193*

Olympiastadion
Exklusive Geburtstagstour für Kinder von sechs bis zwölf Jahren. *Seite 100*

Ob Skateschule, Kletterhalle, Minigolf oder Indoor-Soccer – gemeinsam sportliche Abenteuer zu erleben schafft bleibende Erinnerungen.

Alle in Bewegung

Sich an der Kletter- oder Boulderwand auszuprobieren bringt großen Spaß. Besonders für Geburtstage geeignet ist die Bright Site Kinderhalle im Naumannpark, wo Kinder ab drei Jahren einen tollen aktiven Geburtstag feiern können.

Neues lernen von Profis: Auf dem RAW Gelände ist die Skatehalle Berlin beheimatet und bietet die perfekte Location für einen coolen Kindergeburstag, bei dem Anfänger:innen wie Fortgeschrittene ab sechs Jahren Spaß haben.

Ein Zirkusgeburtstag ist prima, wenn man mit unterschiedlich begabten Kindern feiert – Artistik bis Komik-Talente spielen bei der eigenen Cabuwazi-Show im Tempelhofer Zelt eine Rolle.

Kicken am Kindergeburtstag bringt Laune und powert die Kids ordentlich aus. Die Soccerworld in Marienfelde ist vor allem für Wintergeburtstagskinder der richtige Ort – kleine Ballsportfans können dort auch bei schlechtem Wetter eine tolle Zeit mit ihren Freund:innen verbringen.

Ein sportlich inspirierter Geburtstag lässt sich auch im Olympiastadio feiern – dort führ eine exklusive Geburtstagstour Kinder im Alter von sechs bis zwölf Jahren hinter die Kulissen wie die Spieler:innenkabine, bevor sie sich beim Kicken, Slalomlaufen, Weitsprung oder Wettrennen austoben und danach im Stadion-Restaurant stärken und feiern können.

PUSH IT

Auf Spurensuche gehen

Gerade für Stadtkinder ist ein Geburtstagsausflug in den Wald eine sehr schöne Erfahrung. Einmalige Naturabenteuer mit Schnitzeljagd oder auf den Spuren von Waldtieren bietet das Naturelebniszentrum Ökowerk im Grunewald.

Für Technikbegeisterte ab drei Jahren lassen sich spezielle Geburtstagsführungen und -workshops im Deutschen Technikmuseum buchen, bei denen Kinder die Welt der Mobilität und Mathematik mit Spiel und Spaß entdecken können.

Ob sie Sternen, Waldtieren oder kniffiligen Geheimnissen auf die Spur kommen - kleine Forscher:innen finden Vergnügen an ihren Entdeckungen.

Galaktisch gut können Kinder ab sechs Jahren 2025 wieder in der Archenhold-Sternwarte und im Zeiss Großplaneterium feiern, wenn das Kindergeburtstagskonzept neu überarbeitet wurde. Aber auch in Potsdam können Kinder ihren Ehrentag mit einer Geburtstagsshow unter Sternen in dem Planetarium am Rande des Holländischen Viertels genießen.

Der neu eröffnete EXIT Escape Room Games-Standort an der Friedrichstraße bietet mit der „Monster-Party" nicht nur eine spannende Geburtstagsmission schon für Fünfjährige an, sondern dazu auch einen speziellen Geburtstagsraum zum Kuchen essen, Geschenke auspacken und um das Geburtstagskind und die ganze erfolgreiche Rätselbande gebührend zu feiern.

Naturschutzzentrum Ökowerk
Waldtierspurensuche, Schnitzeljagd und andere Naturabenteuer, ab sechs Jahren. *Seite 167*

Deutsches Technikmuseum
Geburtstagsprogramme mit Führungen und Workshops, ab drei Jahren. *Seite 63*

Planetarien
Kosmische Geburtstagsabenteuer unter Sternen. *Archenhold-Sternwarte, Seite 88; Urania Planetarium, Seite 89; Zeiss Großplanetarium, Seite 89*

EXIT Escape Room Games
Knifflige Rätsel und spannende Aufgaben warten in der „Monster City" auf Geburtstagskinder ab fünf Jahren. *Seite 199*

Zum Reinbeißen gut!

Es gibt Tage und Situationen, da helfen nur zwei Buns mit saftigem Patty in der Mitte gegen den wirklich großen Hunger oder ausgeprägte Fast-Food-Sehnsucht.

Antoni, 8 Jahre,
hat Burger bei Verwandtschaftsbesuchen in den USA lieben gelernt und würde sich gern durch alle Berliner Burgerläden testen.

Burgermeister

Der Burgermeister ist eine Legende in Berlin: Im ehemaligen Toilettenhäuschen am „Schlesi“ startete die Fast Food-Erfolgsgeschichte und auch als Filmkulisse wurde der Ort schon berühmt. Aber nicht nur die Burger sind sagenhaft, sondern auch die Pommes in eigenwilligen Kreationen wie (Chili)Cheese Fries mit Zwiebeln und Bacon oder mit Käse, Jalapeños und Rindfleisch. *Oberbaumstr. 8, 10997 Berlin-Kreuzberg und viele weitere Filialen, burgermeister.com*

Smack Burger

Neben den saftigen Smackburgern mit fluffigen Buns sind die sogenannten Melts (Patties zwischen hausgemachtem Brioche-Brot) hier das eigentliche Signature Dish. Wer auf Fleisch verzichten möchte, kann den veganen Burger mit Beyond Meat bestellen und knusprige Pommes mit ausgewählten Toppings und Saucen dazu. Desserts im Becher gibt es hier auch. *Badstr. 66, 13357 Berlin-Wedding; Turmstr. 25A, 10551 Berlin-Moabit, smackburgers.de*

Goldies

Von Kreationen mit Kimchi, Chili Cheese oder Ente Peking hin zu Trüffel und Parmesan, bis zu knusprigem Fried Chicken und saftigen Smashburgern – die Feinschmecker von Goldies haben was für jeden Geschmack! Angefangen hat alles hier: *Oranienstr. 6, 10997 Berlin-Kreuzberg; weitere Filialen: Kurfürstendamm 229, 10719 Berlin-Charlottenburg; Grünberger Str. 52, 10245 Berlin-Friedrichshain, u.a., goldies-smashburger.de*

Shiso Burger

Im Herzen der Stadt bekommt ihr fantastische japanische Burger: Bao Buns, mit klassischer Bulette oder auch mit Thunfisch, Shrimps, Lachs, Aubergine, Tofu und gefüllten Portobello-Mushrooms zwischen den Brötchenhälften. Als Beilage werden neben Pommes auch Kimchi und Edamame-Bohnen serviert. *Auguststr. 29C, 10119 Berlin-Mitte, shisoburger.com*

Burger Fabrik

Dieser sympathische Thekenimbiss mit einer großen Auswahl an Burgern und Hotdogs – auch als vegane Varianten – ist eine Institution auf der Kastanienallee. Von Mittag bis Mitternacht werden hier neben der hungrigen Stammkundschaft auch Tourist:innen, Schüler:innen und Feiernde versorgt. *Kastanienallee 102, 10435 Berlin-Prenzlauer Berg, burgerfabrikberlin.de*

Erfrischend fruchtig oder sahnig schmelzend? Soft gemixt oder lecker gebacken, gern auch aromatisch geröstet ... Naschen gehört zur Kindheit dazu und macht mit weniger (Industrie-)Zucker und frischen Zutaten natürlich auch den Großen viel Spaß.

Lilou, 8 Jahre, liebt Eis in allen Variationen, gern auch mal Eis am Stil aus echten Früchten, das berlinweit in vielen Cafés und Bioläden zu haben ist.

LYFE Café

Neben klassischen Smoothie Bowls und Avocadostullen gibt es hier köstliche Taco Pancakes und Matcha Specials. Die Tacos werden mit Ahornsirup, Peanut Butter und frischem Obst serviert – Kleckern gehört also zum guten Ton. Oder sollen es lieber pinkfarbene oder blaue Matcha Drinks sein? In allen Kreationen wird auf chemische Zusatzstoffe und Geschmacksverstärker verzichtet. *Invalidenstr. 160, 10115 Berlin-Mitte, lyfe-superfood.de*

Juicery

Die Juicery ist sicher kein gewöhnlicher Saftladen! Kakaobohnen, Avocados oder Datteln wandern mit in den Blender, obendrauf gibt's frische Feigen, Blaubeeren oder Pfefferminzblättchen. Alles sieht wahnsinnig hip und wunderschön aus und schmeckt frisch und lecker. Fruchtsmoothies, Bio-Säfte, Detox Shots und Açai Bowls bringen euch jede Menge Vitamine, Mineralstoffe und Vergnügen. *Oderberger Str. 28, 10435 Berlin-Prenzlauer Berg, @juiceryberlin*

Smyrna Kuruyemis Nüsse

Mehrmals wöchentlich röstet das Team von Smyrna Kuruyemis die Nüsse ganz frisch. Durch Zugabe von Salz, Honig oder Gewürzen wird das Aroma noch weiter intensiviert. Ihr findet hier eine riesige Auswahl an Nüssen, Nussmischungen und anderen Leckereien wie trockenen Früchten und aromatischem Lokum. Vor Ort könnt ihr sie sofort mit einem türkischen Mokka oder Tee genießen! *Oranienstr. 27, 10999 Berlin-Kreuzberg, smyrnakuruyemis.com*

Tribeca Ice Cream

Die rein pflanzliche Eiscreme stellt das Tribeca-Team auf Basis von kaltgepresstem Kokosöl und Cashew- oder Mandel-Drink mit Kakaobutter in Handarbeit her. Süße kommt mit Ahornsirup, Kokosblütenzucker, Reissirup oder Rohrzucker ins Spiel. Genießt cremige Sorten wie Raw Chocolate, Banana Pecan und Hazelnut Baobab als Eissandwiches oder klassische Kugeln. *Rykestr. 40, 10405 Berlin-Prenzlauer Berg; Graefestr. 9, 10967 Berlin-Kreuzberg, tribecaicecream.com*

Der Keks

Handgemachte Kekse im New York Style findet ihr im ersten rein organischen Cookie Store in Berlin. Sie sind dick, außen knusprig und innen soft, zum Teil mit leckerer Füllung. Vegane und zuckerfreie Variationen gibt es auch. *Sredzkistr. 52, 10405 Berlin-Prenzlauer Berg, @derkeksberlin*

Früher haben wir eher Suppen oder irgendein Allerlei aus Schüsseln verputzt. Heute wird das Essen aus Schalen in vielen Restaurants zelebriert, sehr hübsch angerichtet und als wirklich fantastisch schmeckende, gesunde Bowls über den Tresen gereicht.

Amara, 14 Jahre, Fana, 10 Jahre, stehen auf bunte Abwechslung beim Essen und finden es toll, sich ihre Bowls nach Lust und Laune selbst zusammenzustellen.

Milla's Place

Wie wäre es mit der „Buddha Bowl“ mit geröstetem Gemüse und Linsen-Dal, der „Glow Bowl“ mit schwarzem Reis oder der fruchtigen „Melonen Bowl“? Hummus, Avocado, Süßkartoffelpüree, knackiger Salat oder cremige Burrata machen euch und eure Kinder glücklich. Kuchen, Wraps und Toasts gibts in dem außergewöhnlichen Café übrigens auch. *Winsstr. 9, 10405 Berlin-Prenzlauer Berg, raumschwalbe.de*

Hummus & Friends

Wie der Name bereits verrät, dreht sich hier alles um die köstliche Kichererbsenpaste. Entsprechend groß ist die Auswahl an Hummus-Kreationen und Toppings: Avocado, Rote Bete und Pilze – alle Variationen sind lecker mit eigener Aromenwelt. Besonderes Highlight: Es gibt sogar Schoko-Hummus als Dessert, probiert es doch mal aus! *Oranienburger Str. 27, 10117 Berlin-Mitte, hummus-and-friends.com*

MA'LOA

Wer Fernweh und gleichzeitig Hunger verspürt, ist hier bestens aufgehoben: Einige der Lieblings-Bowls des Ma'Loa-Teams sind auf der Karte nach den acht Inseln Hawaiis benannt. Dank dem Prinzip „Poké Your Style“ könnt ihr euch aber auch eine polinesische Bowl nach eigenem Geschmack zusammenstellen. Mittlerweile gibt es etliche Ma'Loa-Restauarants: *Kantstr. 48, 10625 Berlin-Charlottenburg; Schloßstr. 129, 12163 Berlin-Steglitz; u.a., maloa.com*

STADTSALAT

Eine gute Adresse, um euren Vitaminspeicher mal wieder aufzufüllen und Gesundes zu genießen. Kombiniert leckere Salate und Bowls wie es euch gefällt oder bestellt à la carte. Ihr habt die Qual der Wahl: Burrata Bowl, Marvelous Meze, Wild Child oder High Protein-Variationen. Es wird übrigens auch geliefert – ausschließlich per Fahrrad. *Friedrichstr. 113, 10117 Berlin-Mitte, stadtsalat.de*

metime food

In diesem freundlichen Bistro werden alle Speisen frisch und mit Liebe zubereitet. Saisonale Zutaten, unverarbeitete Lebensmittel, Kräuter und Saaten machen die leckeren Bowls, Salate und Wraps aus. Bringt gern eigene Behälter mit oder leiht euch Mehrwegverpackungen aus. *Pasteurstr. 18, 10407 Berlin-Prenzlauer Berg, metimefood.de*

Berlin mit Baby

2

Mit Babys und Kleinkindern ändern sich die Bedürfnisse und der Blick auf die Stadt. Unsere Kurs-, Kultur- und Kulinarik-Tipps für Berlin mit Minis!

1 Natur genießen in Berliner Parks
2 Schlemmen in Spielcafés

Willkommen im Leben mit Kindern! Genießt das erste Kennenlernen mit dem neuen Familienmitglied, scheut euch nicht, Hilfe einzufordern und anzunehmen und vernetzt euch mit anderen Eltern, so lautet unser wichtigster Rat. Nach der Kuschelphase der ersten Wochen mit eurem Baby kann auch das kulturelle und soziale Leben weitergehen. Und das Gute ist: In Stadt und Umland erwarten euch glücklicherweise zahlreiche Orte und Veranstalter:innen, die schon die kleinsten Berliner:innen willkommen heißen, und wo ihr andere Leute mit Kindern kennenlernen könnt.

Bei Kaffee und Kuchen nette Leute treffen

Es gibt natürlich viele Cafés und Restaurants, die ausgesprochen kinderfreundlich sind, sich jedoch gar nicht explizit als Familiengastronomie bezeichnen. Hier haben wir einige Tipps für Spielcafés, in denen ihr mit euren Minis nicht nur willkommen seid, sondern von eigens für sie eingerichteten Spielbereichen und Events erwartet werdet.

Seit mehreren Jahren eines der beliebtesten Kindercafés in Berlin: Das Café CoCosh macht nahe des Rathaus Steglitz, mit viel Platz zum Entdecken, einem kleinen Bällebad, Krabbelecke, Eisenbahntisch, Spielhaus und nicht zuletzt gutem Kaffee und köstlichen Waffeln sowie einer vielfältigen Speisekarte alle Familienmitglieder glücklich. *Café CoCosh, Muthesiusstr. 8, 12163 Berlin-Steglitz, cafe-cocosh.de*

1

1 Entspannte Familienzeit im Spielcafé
2 Mit Minis Jungtiere im Zoo gucken

Neu ist das im August 2024 eröffnete Little Ones Café in Friedrichshain. Hier könnt ihr es euch bei köstlichen Kuchen und einer feinen Frühstücksauswahl entspannt gut gehen lassen, während ihr die Kleinen im Spielbereich im Blick habt. Für etwas größere Kinder gibt es eine tolle Hochebene. *Little Ones Café, Karl-Marx-Allee 92, 10243 Berlin-Friedrichshain, @little_ones_cafe*

Im Herzen von Friedenau vereint das „Rubens Ort für Familien" einen gemütlichen Cafébereich mit feiner Spielecke, einen Miniladen und zwei Kursräume zu einem Treffpunkt für Familien, der kulinarischen Genuss und vielseitige Kurse unter einem Dach bietet. Das umfangreiche Kursangebot reicht von PEKiP, Eltern-Baby-Musik und Yoga für Schwangere und Kinder bis hin zu verschiedene Workshops zu bedürfnisorientierter Erziehung. *Rubens Ort für Familien, Rubensstr. 84, 12157 Berlin-Schöneberg, familiencaferubens.de*

Tierisch gute Ausflüge mit Minis

Kaum etwas begeistert kleine Kinder so sehr wie Tiere. Gut, dass Berlin gleich drei Orte hat, an denen die Kleinsten tierische Abenteuer erleben können. Die Spielplätze, die Erlebniswelten und die weitläufige, entspannte Parklandschaft im Tierpark Berlin machen wiederholte Besuche lohnenswert. Aber auch im Zoo Berlin, dem ältesten Deutschlands und einem der artenreichsten weltweit, lässt es sich wunderbar in die Welt der Tiere eintauchen. Neben beeindruckenden Arten wie Löwen, Gorillas oder Steinadlern hat man hier die Möglichkeit, immer wieder niedlichen Nachwuchs wie die Pandazwillinge zu entdecken. Wer lieber in die Unterwasserwelt eintauchen möchte, ist im Aquarium Berlin gut aufgehoben, in dem man farbenfrohe Korallen und schillernde Fischschwärme beobachten kann. *Tierpark Berlin, Seite 162; Zoologischer Garten, Seite 163; Aquarium Berlin, Seite 162*

1

Ein ebenso entdeckungsreicher Ausflug ist der Familiengarten Eberswalde. Das rund 17 Hektar große Gelände bietet viel Platz sowie spannende Attraktionen für Groß und Klein. Familien können gemeinsam die zauberhafte Märchenspielland-schaft erkunden, über den verwunschenen Feensteig wandeln, die größte Taschenuhr der Welt bestaunen oder in der idyllischen Garten-welt die farbenfrohe Blumenvielfalt genießen. *Familiengarten Eberswalde, Seite 200*

Ums Baby und sich selbst kümmern

Stellvertretend für die vielen tollen Kursan-bieter:innen Berlins für Schwangere und Mütter möchten wir euch ein paar besonders schöne Orte ans Herz legen, in denen sich Frauen vor und nach der Geburt um sich selbst kümmern, austauschen und später ihre Kinder zu Musikkur-sen und Krabbelgruppen begleiten können.

Mit GLÜCKSMAMA erwartet (werdende) Mütter mitten in Friedrichshain ein Ort, der nicht nur voller positiver Energie steckt, sondern auch tolle Angebote bietet, die von moderner Schwangerschaftsgymnastik über Rückbildung bis hin zu Babymassagen und Tanzworkouts reichen. *GLÜCKSMAMA, Döringstr. 2, 10245 Berlin-Friedrichshain, gluecksmama.de*

Hier wird Begegnung groß geschrieben. Mit dem Ziel, Menschen in ihrer persönlichen Entwicklung zu unterstützen, schafft das MALI einen Raum für Austausch und Gemeinschaft. Das vielfältige Programm umfasst verschiedene Coachingan-gebote, Resilienztraining sowie ein Familiencafé. Eltern werden in Erziehungsfragen beraten und erhalten Hilfe, um die Herausforderungen im Alltag zu meistern. *MALI, Florapromenade 4, 13187 Berlin-Pankow, maliberlin.de*

Ein beliebter Treffpunkt ist das Familienzentrum Fabrik Osloer Straße, das Familien zu Austausch und Aktivitäten einlädt. Vom offenen Babytreff bis hin zum Familiennachmittag und Erste-Hilfe-Kurs finden Familien Angebote, um gemeinsam zu lernen und zu wachsen. Die einladende Atmo-sphäre fördert Begegnungen, während spezielle Programme wie die SchreiBaby-Ambulanz auf die Bedürfnisse junger Familien eingehen. *Fami-lienzentrum Fabrik Osloer Straße, Osloer Str. 12, 13359 Berlin-Wedding, familienzentrum-fabrik.de*

Mit Baby und Kleinkind unter-wegs in Berlin? Aktuelle Events und Angebote findet ihr auf berlinmitkind.de und im Mini-Tipps-Newsletter.

1 Kurse für Minis
2 Yoga für Schwangere

2

1 Wasserspaß mit kleinen Kindern
2 Klassikkonzerte für Babys

2

Erste Wassererfahrungen sammeln und das angenehme Nass genießen – die Schwimmerei bietet hierfür die ideale Umgebung. Babys und Kleinkinder können beim Schwimmen spielerisch die Freude am Wasser entdecken, während werdende Mütter sich beim Aquafitness sanft in Bewegung halten. *Die Schwimmerei, Wittlicher Str. 24, 13088 Berlin-Weißensee, Gallwitzallee 123-143, 12249 Berlin-Steglitz, Reinickendorfer Str. 61, 13347 Berlin-Wedding, schwimmerei-berlin.de*

Klassik für Krabbelkinder

Die beliebten Elternzeitkonzerte des Pierre Boulez Saals richten sich an alle, die mit ihrem Baby in entspannter Atmosphäre klangvolle Musik erleben möchten. In den etwa 45-minütigen Konzerten präsentieren die Künstler:innen Auszüge aus ihrem Abendprogramm. Um den Aufenthalt so angenehm wie möglich zu machen, ist im Foyer für alles gesorgt. *boulezsaal.de*

Babykonzerte sind der perfekte Einstieg in die Welt der klassischen Musik. Während ihr gemeinsam mit eurem Nachwuchs auf Yogamatten in gemütlicher Atmosphäre Platz nehmt, könnt ihr den sanften Klängen der Instrumente lauschen und auf spielerische Weise die Schönheit der Musik erleben. *kinderphilharmonie.de*

Auch die Babykonzert-Reihe bringt regelmäßig klassische Livekonzerte für Babys und ihre Eltern nach Berlin. Alle Musiker:innen der internationalen Profi-Ensembles haben selbst Kinder und spielen mit Liebe für Babys. *babykonzert.de*

Um Kindern von Anfang an die Möglichkeit zu geben, Konzerte und Live-Musik hautnah zu erleben, gründete sich das Kleine Lotte Kinderkonzerthaus und beglückt seitdem bei Baby-, Kleinkind- und Familienkonzerten das junge Publikum mit musikalischen Klängen. *kleine-lotte.de*

1

1 Mit Baby ins Museum

Entspannte Kinovormittage

So schön es ist, dank diverser Streamingangebote gemütlich von zu Hause aus Zugriff auf eine große Filmauswahl zu haben, vielleicht vermisst ihr aber doch den Besuch in einem echten Kino? Aber dafür extra Babysitting organisieren, wenn euch abends dann doch früh die Augen zufallen? Dann empfehlen wir euch, die speziellen Babykino-Vorstellungen zu besuchen. Dort könnt ihr mit eurem Nachwuchs in gemütlicher Atmosphäre regelmäßig aktuelle Filme sehen. Dabei wird auf die Bedürfnisse der Jüngsten mit verminderter Lautstärke und gedimmtem Licht Rücksicht genommen. Doch beachtet: Sobald das große Krabbeln beginnt, ist euer Nachwuchs zu groß für das Babykino. *BABYLON, Rosa-Luxemburg-Str. 30, 10178 Berlin-Mitte, babylon-berlin.eu; b-ware! ladenkino, Gärtnerstr. 19, 10245 Berlin-Friedrichshain, ladenkino.de; Wolf Kino, Weserstr. 59, 12045 Berlin-Neukölln; IL KINO, Nansenstr. 22, Berlin-Neukölln, ilkino.de*

Große Kunst mit kleinen Kindern

Wer mit Baby ins Museum möchte, hat gleich mehrere Anlaufstellen, um Kunst, Geschichte und Natur zu entdecken. In der „ElternzeitKultur“ könnt ihr die Ausstellung BERLIN GLOBAL erleben und durch eine:n Live-Speaker:in spannende Hintergründe erfahren. Auch in Potsdam laden zwei Museen zu Entdeckungstouren mit Baby ein. Während ihr im Museum Barberini eine umfangreiche Sammlung des Impressionismus entdecken könnt, erfahrt ihr im Naturkundemuseum Potsdam Wissenswertes über die Brandenburger Tierwelt. *Humboldt Forum, Seite 67; Museum Barberini, Seite 75; Naturkundemuseum Potsdam, Seite 80*

Performances auf Augenhöhe

In vielen Theatern der Stadt kommen Stücke für Kleinkinder auf die Bühne – alle aktuellen Termine findet ihr immer in unserem Veranstaltungskalender auf *berlinmitkind.de.*

Einer unserer liebsten Orte ist das Theater o.N. , das in seinen Inszenierungen die Fantasie für den offenen und fragenden Blick des jungen Publikums öffnet. Dabei wird immer auch das begleitende erwachsenen Publikum bedacht, sodass alle Zuschauenden auf verschiedenen Ebenen erreicht werden. Zudem laden das FELD Theater für junges Publikum und das Figurentheater Grashüpfer regelmäßig zu spannenden Inszenierungen ein. *Theater o.N., Seite 96, FELD Theater für junges Publikum, Seite 91; Figurentheater Grashüpfer, Seite 92*

Kultur

Museen und Ausstellungsorte

Akademie der Künste

Gegründet im Jahre 1696, gehört die Akademie der Künste in Berlin zu den ältesten europäischen Kulturinstituten. In ihren beiden Stammhäusern im Zentrum Berlins veranstaltet sie Ausstellungen, Konzerte, Debatten, Lesungen, Preisverleihungen, Film-, Theater- und Tanz-Aufführungen. Das kulturelle Vermittlungsprogramm „KUNSTWELTEN" bringt Kindern und Jugendlichen die Arbeit der Akademie und die dort aufgegriffenen Themen in Führungen, Lesungen, Filmvorführungen, Gesprächen, Werkstätten und künstlerischen Aktionen näher. *Pariser Platz 4, 10117 Berlin-MI; Hanseatenweg 10, 10557 Berlin-TI, adk.de*

TIPP

Alice - Museum für Kinder im FEZ-Berlin

Engagement und Zivilcourage brauchen Mut. Die Ausstellung „Susi und Wir" für Kinder und Jugendliche ab zehn Jahren beschäftigt sich noch bis Anfang Dezember 2024 mit der Frage vom Hingucken und Wegschauen, damals wie heute. 2025 eröffnet dann die neue Ausstellung „GREEN PLANET BERLIN". Dabei wird das Museum zum Forschungslabor und adressiert globale und überlebensentscheidende Fragen im Begleitprogramm. Die Workshops sollen als Freiraum funktionieren, in denen utopisch geträumt, realistisch geplant und ernsthaft-versponnen über eine stabile Zukunft nachgedacht werden kann. *Straße zum FEZ 2, 12459 Berlin-KÖ, alice-museum-fuer-kinder.fez-berlin.de*

AlliiertenMuseum

Das Museumsgebäude Outpost auf dem einstigen Gelände der US Army in Zehlendorf wird saniert und ist bis auf weiteres geschlossen. Ausgewählte Highlight-Exponate der Dauerausstellung werden nun in der Nicholson-Gedenkbibliothek präsentiert. Das Freigelände mit seinen Großobjekten ist aber weiterhin zugänglich. Dort wird zu jeder vollen Stunde das britische Luftbrückenflugzeug Hastings TG 503 für Besucher:innen geöffnet. Außerdem kann man das letzte Wachhäuschen vom Checkpoint Charlie und den Eisenbahnwaggon eines französischen Militärzuges besichtigen. Workshops und Führungen bringen Kindern und Familien die Nachkriegszeit mit Luftbrücke und Teilung der Stadt eindrücklich näher. *Clayallee 135, 14195 Berlin-ZE, alliiertenmuseum.de*

Alte Nationalgalerie

Ob Porträts, verwunschene Landschaften oder ungewöhnliche Tiere – in der Alten Nationalgalerie erfährt man so einiges über das Leben und die Träume der Menschen im 19. Jahrhundert. Mit allen Sinnen erkunden Familien im Rahmen von Veranstaltungen oder auf eigene Faust Werke der Alten Nationalgalerie und stellen Bezüge zur heutigen Lebenswelt her. Die Website der Staatlichen Museen zu Berlin informiert euch regelmäßig über alle Angebote. Für alle Häuser der Staatlichen Museen zu Berlin gilt: Freier Eintritt für Kinder und Jugendliche bis 18 Jahre. *Bodestr. 1-3, auf der Museumsinsel, 10178 Berlin-MI, smb.museum*

Altes Museum

Griechische Gottheiten, etruskische Gräber und römische Kaiser – die Welt der Antike bietet viel Stoff für spannende Geschichten. Wer ist wer in der griechischen Sagenwelt? Wie war das eigentlich mit Cäsar und Kleopatra? Wie kleidete man sich? Worauf schrieb man? Mit welchem Spielzeug spielten damals Kinder? Kinder und Familien erkunden das Alte Museum und werden in Workshops selbst künstlerisch tätig. Die Website der Staatlichen Museen zu Berlin informiert euch regelmäßig über alle Angebote. Für alle Häuser der Staatlichen Museen zu Berlin gilt: Freier Eintritt für Kinder und Jugendliche bis 18 Jahre. *Am Lustgarten, Museumsinsel, 10178 Berlin-MI, smb.museum*

TIPP

Anne Frank Zentrum

Menschen aus aller Welt kennen Anne Frank. Sie ist eines der bekanntesten Opfer des Holocaust und berührt noch heute mit ihren handgeschriebenen Tagebüchern. Die Ausstellung „Alles über Anne" schafft einen sensiblen Lernort für alle ab zehn Jahren, an dem man sich mit der Geschichte des Nationalsozialismus auseinandersetzen kann. *Rosenthaler Str. 39, 10178 Berlin-MI, annefrank.de*

TIPP

ANOHA Kinderwelt des Jüdischen Museums Berlin

Die Kinderwelt des Jüdischen Museums ist liebevoll, einfallsreich und originell rund um die Geschichte der Arche Noah gestaltet – im Zentrum des Kindermuseums steht eine hölzerne Arche, die wie alle Exponate beklettert und bespielt werden darf. Zahlreiche Spielstationen und die fantastischen Tierfiguren machen den Aufenthalt hier zu einem großen Spaß für Kinder zwischen drei und zehn Jahren. Die Tickets sind immer sechs Wochen im voraus buchbar. *Fromet-und-Moses-Mendelssohn-Platz 1, 10969 Berlin-KR, anoha.de*

In der Hand

das Haus der Zukünfte am Spreeufer zählt zu unseren absoluten Lieblingsorten für Kinder. Dort wird es nie langweilig – im Family Open Lab können Kinder selbst Hand anlegen und mit coolen Technologien spielen, Exponate zum Anfassen und Ausprobieren laden zum Interagieren ein und das ganze Haus mit klugem Ausstellungsdesign, durchdachten Workshop-Angeboten und fröhlichen Festen zum gemeinsamen Wirken für eine bessere Zukunft. *Futurium, Seite 64*

Archäologisches Landesmuseum Brandenburg

Das Museumsareal im einstigen Paulikloster befindet sich in der Brandenburger Innenstadt. Mit etwa 10.000 Exponaten präsentiert die Dauerausstellung einen Überblick der Kulturgeschichte Brandenburgs. Auf rund 2.000 Quadratmetern Fläche führen neun Räume, beginnend mit der Steinzeit, über Bronze- und die Eisenzeit, von der Völkerwanderungszeit zu den Slaw:innen durch das Mittelalter in die Neuzeit. *Neustädtische Heidestr. 28, 14776 Brandenburg an der Havel, landesmuseum-brandenburg.de*

asisi Panorama Berlin

Das Panorama DIE MAUER bietet die Möglichkeit, über das visuelle Seherlebnis einen Eindruck der damaligen Zeit zu erhalten. Die Intention des Künstlers Yadegar Asisi ist es, allen, die die deutsche Teilung nicht erfahren und keine eigene Erinnerung an die Zeit der Berliner Mauer haben, das geteilte Berlin erlebbar zu machen und zum Nachdenken anzuregen. Gezeigt wird Alltag an und mit der Mauer, außerhalb der tragischen Ereignisse: An einem fiktiven Herbsttag in den 1980er-Jahren sind die Berliner:innen in ihrem alltäglichen Leben zu beobachten. *Friedrichstr. 205, 10117 Berlin-MI, die-mauer.de*

Bauhaus-Archiv – museum für gestaltung

Während der Sanierung und Erweiterung des Museumsbaus ist das temporary bauhaus-archiv im denkmalgeschützten Haus Hardenberg in Charlottenburg geöffnet. Das Baustellen-Infocenter the bauhaus view in der Klingelhöferstraße informiert über das zukünftige Museum für Gestaltung und den entstehenden Erweiterungsbau, der auch mehr Flächen für Bildung und Vermittlung bieten soll. Ein Architekturmodell des Neubaus zeigt, wie das Bauhaus-Archiv bei seiner Wiedereröffnung voraussichtlich 2025 aussehen wird. *Klingelhöferstr. 14, 10785 Berlin-TI, the temporary bauhaus-archiv: Knesebeckstr. 1, 10623 Berlin-CH, bauhaus.de*

Berliner Medizinhistorisches Museum

Das Medizinhistorische Museum auf dem Gelände der Charité bietet faszinierende Einblicke in die Entwicklung der Medizin der letzten 300 Jahre. In der Dauerausstellung wird vor allem eine etwa 750 Objekte umfassende Sammlung pathologisch-anatomischer Feucht- und Trockenpräparate gezeigt sowie Modelle und Abbildungen aus zentralen medizinischen Aktionsräumen. *Charitéplatz 1, 10117 Berlin-MI, bmm-charite.de*

TIPP

Berlinische Galerie

Zum 50. Jubiläum gibt es 2025 ein vielfältiges Festprogramm. Höhepunkt ist die Jubiläumsausstellung zu Raoul Hausmann, Protagonist der Dada-Bewegung im 20. Jahrhundert. Das Landesmuseum für Moderne Kunst, Fotografie und Architektur unweit des Checkpoint Charlie überzeugt aber nicht nur mit Ausstellungen, sondern auch mit seinem vielfältigen Kinder- und Familienprogramm. Der Aktionsraum „207 m^2" steht für Workshops mit Materialien zum Experimentieren, Bauen oder Basteln bereit. Neben wechselnden Sonderausstellungen macht „Aufbruch in die Moderne" ausgewählte Werke aus dem Märkischen Museum während dessen Sanierung zugänglich. In der Dauerausstellung kann man die „Kunst in Berlin 1880-1980" entdecken. *Alte Jakobstr. 124-128, 10969 Berlin-KR, berlinischegalerie.de*

Bildung, Vermittlung, Besucherdienste der Staatlichen Museen zu Berlin

Zusammen mit Geschwistern, Eltern und Großeltern – in den Staatlichen Museen zu Berlin gibt es viel zu entdecken. Der Eintritt in die 15 Museen mit 4,7 Millionen Objekten aus den Bereichen Kunst, Kultur, Archäologie und Ethnologie ist für Kinder und Jugendliche bis 18 Jahre frei. In Ausstellungsgesprächen, Workshops und Ferienprogrammen (mit Kostenbeitrag), erkunden Kinder und ihre erwachsene Begleitung die Museen und Ausstellungen. Der Newsletter für Kinder und Familien informiert regelmäßig über die Angebote und kann kostenfrei abonniert werden. *smb.museum*

Bode-Museum

Wie entstehen Skulpturen? Was ist ein Mosaik und wie kommen eigentlich die vielen Münzen ins Museum? Im Bode-Museum erforschen Kinder und Familien die Skulpturensammlung, das Münzkabinett, Werke byzantinischer Kunst sowie Gemälde der Nationalgalerie. Sie lernen künstlerische Ausdrucksformen oder Techniken der Bildhauerei kennen. Die Website der Staatlichen Museen zu Berlin informiert euch regelmäßig über alle Angebote. Für alle Häuser der Staatlichen Museen zu Berlin gilt: Freier Eintritt für Kinder und Jugendliche bis 18 Jahre. *Am Kupfergraben, 10178 Berlin-MI, smb.museum*

TIPP

Bröhan-Museum

In den Räumen am Charlottenburger Schloss wird auf 1.000 Quadratmetern eine einzigartige Sammlung zu Jugendstil, Art déco und der Kunst der Berliner Secession präsentiert. Die Sonderausstellungen widmen sich wechselnden Themen. Bis Februar 2025 läuft die Schau „Design für Kinder" und zeigt rund 250 Beispiele aus Möbel-, Spielzeug-, Produkt- und Grafikdesign. Das Thema Spielplatz wird anhand von großformatigen Spielobjekten und Spielplatzmodellen vermittelt. Zum Begleitprogramm dieser und der folgenden Ausstellungen zählen kostenlose Familienführungen und Familiensonntage. Kinder und Jugendliche bis 18 Jahre zahlen im Museum generell keinen Eintritt. *Schloßstr. 1A, 14059 Berlin-CH, broehan-museum.de*

Brücke-Museum

Das Brücke-Museum besitzt eine der umfangreichsten Sammlungen weltweit zur expressionistischen Künstler:innengruppe „Brücke". Um die künsterlischen Inhalte zu vermitteln finden regelmäßig Workshops, Ferienkurse und Familientage statt. Den Ausflug nach Dahlem kann man gut mit einem Besuch im benachbarten Kunsthaus Dahlem kombinieren. *Bussardsteig 9, 14195 Berlin-ZE, bruecke-museum.de*

C/O Berlin

Die Werke renommierter Fotokünstler:innen werden im Amerikahaus in wechselnden Ausstellungen gezeigt, die Heranwachsende und Erwachsene dazu einladen, mehr Fotografie, Film, Design und visuelle Medien zu erfahren. In den Workshops des umfangreichen Education-Programms können sich Jugendliche und Kinder ab acht Jahren nicht nur Wissen über unsere allgegenwärtige Bildkultur aneignen, sondern auch ihre eigenen kreativen Fähigkeiten entdecken. *Hardenbergstr. 22-24, 10623 Berlin-CH, co-berlin.org*

TIPP

Computerspielemuseum

Der Mensch ist ein verspieltes Wesen, das schon eine ganze Weile mit Maschinen agiert und virtuelle Welten erzeugt. In den 70er-Jahren des letzten Jahrhunderts wird das digitale Spielzeug erfunden, das sich rasant weiterentwickelt. Ganz in der Nähe des U-Bahnhofs Weberwiese kann man auf eine spannende Zeitreise durch die Gaming-Geschichte gehen. Vom legendären Pong-Automaten über den Riesenjoystick bis hin zum niedlichen Tamagotchi – mehr als 300 interessante Exponate laden zum Entdecken, Bewundern und Bestaunen ein. Der Besuch wird bereits für Kinder ab sechs Jahren empfohlen, allerdings dürfen sie die Ausstellung erst ab 14 Jahren ohne erwachsene Begleitung erkunden. Kindergeburtstage können mit einer auf die Altersgruppe angepassten Führung und einer spannenden Rätselkartenrallye durch das Museum gefeiert werden. *Karl-Marx-Allee 93A, 10243 Berlin-FR, computerspielemuseum.de*

Attraktive Aussichten

Berlin ist Flachland – von ein paar Trümmerbergen wie Drachen- und Teufelsberg abgesehen hat die Stadt keine nennenswerten Erhebungen. Dafür aber einige spannende Bauten, um Berlin aus anderen Perspektiven zu betrachten.

1

Weithin sichtbar

Unbestritten mit 368 Metern bis zur Spitze der höchste Punkt Berlins und eines seiner ikonischen Wahrzeichen bietet der Fernsehturm 203 Meter über der Stadt nicht nur einen fantastischen Rundumblick, sondern auch kulinarische Genüsse, wenn das Drehrestaurant Ostern 2025 als „Sphere by Tim Raue" wiedereröffnet wird. Auch in seinem Westberliner Pendant, dem Funkturm am Messegelände, kann von der Aussichtsplattform auf 126 Metern Höhe ein grandioser Ausblick genossen werden. *Fernsehturm; Funkturm, beide Seite 99*

2

Hoch hinaus

In der historischen Mitte Berlins hat man die Qual der Wahl zwischen verschiedenen Aussichtspunkten und Perspektiven. Der 360°-Panoramablick von der Kuppel des Doms gehört jedenfalls zu den schönsten in ganz Berlin. 270 Domstufen müsst ihr dafür erklimmen. Aber auch die riesige Dachterrasse des Humboldt Forums lädt mit dem Restaurant Baret und einem fantastischen Blick über die Wahrzeichen der Stadt zum Verweilen ein. *Berliner Dom, Seite 99; Humboldt Forum, Seite 67*

3

Der Politik aufs Dach steigen

Vom Dach des Reichstagsgebäudes hat man einen beeindruckenden Blick auf das Regierungsviertel und den Tiergarten. Neben der Kuppel kann man zwar nicht gerade günstig, aber köstlich von früh bis spät im Käfer Dachgarten-Restaurant einkehren. Apropos abends: Wer sich als Besucher:in für eine späte Bundestagssitzung anmeldet, hat danach noch Zugang zur dann ziemlich leeren Terrasse mit spektakulärem Blick übers nächtliche Berlin. *Deutscher Bundestag, Seite 99*

4

Über die Stadt gondeln

Ein besonderes Highlight ist die Seilbahn in den Gärten der Welt, die eh ein wunderbares Familienausflugsziel sind. In luftiger Höhe schwebt man über das Wuhletal und genießt einen fantastischen Ausblick auf die grüne Oase und die Skyline Berlins. Natürlich muss dann auch der Wolkenhain auf dem Kienberg erklommen werden. *Gärten der Welt, Seite 140*

5

Altes und Neues sehen

Der Wehr- und Wachturm ist nicht nur das älteste erhaltene Bauwerk der Stadt, sondern mit 32 Metern Höhe auch ein prima Aussichtspunkt. 153 Stufen müssen erstiegen werden, um sowohl die Ausmaße der Zitadelle als auch der Spandauer Neubauprojekte an der Havel in den Blick nehmen zu können. *Juliusturm und Zitadelle Spandau, Seite 102*

DARK MATTER Berlin

In den pechschwarzen Räumen eines ehemaligen Fabrikgeländes begeben sich die Besucher:innen auf eine Reise durch sieben teilweise interaktive Werke. Licht, Bewegung und Klang verschmelzen zu emotionalen Choreografien aus leuchtenden Formen und Farben. Jeder Raum entfaltet dabei eine ganz eigene Atmosphäre und ist doch Teil eines ganzheitlichen Erlebnisses für Besucher:innen jeden Alters. Im Oktober 2024 neu eingeführt: Dienstag ist Familientag! *Köpenicker Chaussee 46, 10317 Berlin-LI, darkmatter.berlin*

Das Klingende Museum Berlin

Musik zum Anfassen, Ausprobieren und Erleben – dieses Angebot richtet sich vor allem an Kita- und Schulgruppen, aber auch Familien können mit Voranmeldung bei den zweimal im Monat stattfindenden samstäglichen Open Workshops unter musikpädagogischer Anleitung verschiedene Musikinstrumente ausprobieren. Auch die Kindergeburtstagsangebote sind vielfältig und wirklich super: Man kann nicht nur im Museum feiern, sondern auch das Klingende Mobil mit Musikinstrumenten zur Party kommen lassen. *Behmstr. 13, 13357 Berlin-WE, klingendes-museum.de*

TIPP

DAS MINSK Kunsthaus

Im ehemaligen Terrassenrestaurant Minsk – erbaut in den 1970er Jahren im modernistischen Stil der DDR – auf dem Brauhausberg, unweit vom Potsdamer Hauptbahnhof, befindet sich das Kunstmuseum der Hasso Plattner Foundation. Wechselnde Ausstellungen, das kreative Kinderprogramm und leckere Speisen im Café Hedwig lohnen das Wiederkommen. Unabhängig vom Ausstellungsbesuch sind Cafébar, Terrasse und Foyer für die Öffentlichkeit zugänglich. *Max-Planck-Str. 17, 14473 Potsdam, dasminsk.de*

DDR Museum

Wer ein Gefühl dafür bekommen möchte, wie sich das Alltagsleben in der DDR gestaltet hat, kommt in das an der Spree gelegene Museum. Zahlreiche Themenbereiche warten mit authentischen Originalen und interaktiven Installationen auf große und kleine Besucher:innen, um ihnen auf spielerische Art und Weise, auch ohne viel Vorwissen, Geschichte zu vermitteln. Die neue Sonderausstellung „Die Ostsee – Urlaubsziel, Grenzgebiet, Sehnsuchtsort" beleuchtet bis Ende März 2025 die Frage, welche Bedeutung die Ostseeküste für die DDR-Bürger:innen hatte. Kinder unter sechs Jahren haben freien Eintritt. *Karl-Liebknecht-Str. 1, 10178 Berlin-MI, ddr-museum.de*

DeJa Vu Museum

Das Museum für optische Täuschungen und moderne Kunst bietet eine Vielzahl von interaktiven, physischen, visuellen und digitalen Exponaten. Dort können sich Besucher:innen in endlosen Gewittern verlieren, den bodenlosen Abgrund erkunden oder in die Mitte des Weltalls eintauchen. Führungen und Workshops gestalten das Lernen über Kunst und Illusionen leicht zugänglich und interessant. *Rochstr. 14C, 10178 Berlin-MI, dejavumuseum.de*

NEU

Deutsche Kinemathek

Das Museum für Film und Fernsehen verlässt temporär seinen Standort am Potsdamer Platz. Ab Januar 2025 schlägt die Kinemathek ihr Zwischenquartier im E-Werk auf und wird in der imposanten Halle der Industriearchitektur wechselnde Pop-up-Ausstellungen präsentieren. *Potsdamer Str. 2, 10785 Berlin-TI, deutsche-kinemathek.de*

TIPP

Deutsches Historisches Museum

Das Zeughaus und die Dauerausstellung zur deutschen Geschichte bleiben voraussichtlich bis mindestens Ende 2025 geschlossen. Derweil können kleine Besucher:innen an Mitmach-Stationen und in Führungen die Ausstellungen im Pei-Bau aktiv und spielerisch erschließen und dadurch abwechslungsreiche und kreative Zugänge zur Geschichte erhalten. Noch bis Mitte Januar 2025 können Kinder und ihre Erwachsenen noch in der interaktiven Ausstellung „Rein ins Gemälde" auf eine Forschungs- und Entdeckungstour in die Alltags- und Stadtgeschichte der Frühen Neuzeit gehen. Gemeinsam tauchen die Besucher:innen in einzelne Szenen des Gemäldes ein und nehmen Fragen von gesellschaftlicher Teilhabe und Zugehörigkeit sowie sozialer Ungleichheit in den Blick. *Pei-Bau: Hinter dem Gießhaus 3, 10117 Berlin-MI, dhm.de*

Deutsches Spionagemuseum

Nach dem Ende des Zweiten Weltkriegs entwickelte sich Berlin im Kalten Krieg zur Hauptstadt der Geheimagent:innen. Naheliegend, dass sich hier das Deutsche Spionagemuseum befindet. Wer auf eine Zeitreise durch die Geschichte von Spion:innen gehen und die raffinierten Methoden der Geheimdienstarbeit entdecken möchte, ist am Leipziger Platz richtig. Dort kann man in die Welt der Spionage eintauchen, einen Tresor knacken, Passwörter hacken oder versuchen, den Laserparcours zu bestehen. Besonder beliebt als Geburtstagslocation für Kinder und Jugendliche. *Leipziger Platz 9, 10117 Berlin-MI, deutsches-spionagemuseum.de*

TIPP

Deutsches Technikmuseum

Am Gleisdreieck erwartet euch eines der für Kinder spannendsten Museen Berlins! Wie sah der erste Computer aus? Wie gelang der Traum vom Fliegen? Ein umfangreiches Vermittlungsangebot leitet Kinder und Familien durch die Dauer- und Sonderausstellungen und somit durch die Technikgeschichte mit Exponaten von klein bis riesig groß. Im „kids.digilab.berlin“, einem Ort für frühkindliche digitale Bildung, werden Workshops für Kitagruppen, Pädagog:innen und an den Wochenenden für Familien angeboten. Empfehlenswert ist auch die neue Sonderausstellung „Rückenwind. Mehr Stadt fürs Rad!“ im Nebengebäude Ladestraße, in der sich bis September 2025 alles rund ums Radfahren dreht. *Hauptgebäude: Trebbiner Str. 9, 10963 Berlin-KR; Technikmuseum Ladestraße: Möckernstr. 26, 10963 Berlin-KR, technikmuseum.berlin*

Deutschlandmuseum

In unmittelbarer Nähe zum Deutschen Spionagemuseum am Leipziger Platz liegt ein weiteres interaktives Museum: Im Deutschlandmuseum taucht ihr ein in 2.000 Jahre deutsche Geschichte. Lauft durch einen Wald, besteigt eine Burg oder probiert euch im Buchdruck aus. Hier erwartet euch ein immersives und neuartiges Museumserlebnis verteilt auf zwölf unterschiedlich gestaltete Räume. *Leipziger Platz 7, 10117 Berlin-MI, deutschlandmuseum.de*

Disgusting Food Museum

Klingt vielleicht erstmal merkwürdig, aber hier wird Ekel als Konstrukt, das die eigene kulturelle Identität besser verstehen lässt, in den Fokus genommen. Das Disgusting Food Museum Berlin weckt bei Kindern und Familien Neugier, kulturelle Vielfalt zu entdecken. Präsentiert werden über 90 außergewöhnliche Food-Exponate aus der ganzen Welt wie Bullenpenis, gegrillter Hund, Kuhblut oder die schwedische Fischspeise Surströmming. An der Tasting Bar kann man Ekel-Kostproben erhalten und im Museumsshop Klassiker der Insektenküche wie Heuschrecken kaufen. *Schützenstr. 70, 10117 Berlin-MI, disgustingfoodmuseum.berlin*

Europäisches Haus Berlin

In der kostenlosen Dauerausstellung „ERLEBNIS EUROPA“ lässt sich erleben, wie europäische Politik gestaltet wird und wie man selbst aktiv werden kann. Im 360°-Kino kann man einer Plenarsitzung des Europäischen Parlaments folgen oder in einem Planspiel direkt in die Rolle von EU-Abgeordneten schlüpfen. *Unter den Linden 78, 10117 Berlin-MI, erlebnis-europa.eu*

Filmmuseum Potsdam

In der Potsdamer Innenstadt ist das älteste Filmmuseum Deutschlands zu finden. Hier können junge Cineast:innen Kinderfilme schauen, durch die Dauerausstellung „Traumfabrik – 100 Jahre Film in Babelsberg" schlendern und sich am Museumsquiz erproben. *Breite Str. 1A, 14467 Potsdam, filmmuseum-potsdam.de*

Fotografiska

Das ehemalige Kunsthaus Tacheles beherbergt das zeitgenössische Fotomuseums. Im bis spät in die Nacht geöffneten Fotografiska erwarten euch auf mehreren Etagen Ausstellungen visueller zeitgenössischer Kunst und Gastroangebote. Bei Führungen könnt ihr diesen neuen Kulturort entdecken. Kinder unter zwölf Jahren kommen umsonst in die Ausstellungen, an jedem ersten Dienstag im Monat gilt freier Eintritt für alle. *Oranienburger Str. 54, 10117 Berlin-MI, fotografiska.com*

Freilandmuseum Lehde

Das älteste Freilandmuseum Brandenburgs ist ein Dorf im Dorfe. Es befindet sich inmitten des idyllischen Spreewalddorfes mit seinen vielen Inseln. Dort kann man auf fünf Höfen das frühere Leben der Sorben und Wenden kennenlernen. *An der Giglitza 1A, 03222 Lübbenau/Spreewald OT Lehde, museums-entdecker.de*

TIPP

Freilichtmuseum Domäne Dahlem

Direkt am U-Bahnhof Dahlem Dorf lädt das Landgut und Museum mit seinem weitläufigen Freigelände immer zu einem Familienausflug mit Bauernhof-Feeling ein. „Sammlung Domäne Dahlem. Geschichten und Objekte" zeigt noch bis August 2025 die Bandbreite der Themen Landwirtschaft und Ernährungskultur im Spiegel der Zeit. Die interaktive Erlebnisdauerausstellung „Vom Acker bis zum Teller" im Culinarium widmet sich der Kulturgeschichte der Ernährung von 1850 bis heute. *Königin-Luise-Str. 49, 14195 Berlin-ZE, domaene-dahlem.de*

TIPP

Futurium

An der Spree zwischen Hauptbahnhof und Reichstagsgebäude steht das „Haus der Zukünfte", das bei freiem Eintritt dazu einlädt, sich mit den verschiedensten Fragen auseinanderzusetzen. Robotik, begrünte Hochhäuser, gemeinschaftliche Ökonomie, Mobilität der Zukunft – im Futurium dreht sich alles um die Frage, wie wir zukünftig leben wollen. In kreativen Workshops können sich Jung und Alt spielerisch mit Zukunftstechnologien beschäftigen und an Erfindungen tüfteln. *Alexanderufer 2, 10117 Berlin-MI, futurium.de*

Gedenkstätte Berliner Mauer

Zwischen Mitte und Wedding liegt am ehemaligen Grenzstreifen der zentrale Erinnerungsort an die deutsche Teilung. Am Originalschauplatz bieten Tafeln Hintergrundwissen und das Dokumentationszentrum eine umfangreiche multi-mediale Ausstellung zur Mauergeschichte. Man kann das Gelände auf 1,4 Kilometern entlang der einstigen Grenze an der Bernauer Straße auf eigene Faust erkunden oder an einer der interessanten Führungen teilnehmen. *Bernauer Str. 111, 13355 Berlin-MI, berliner-mauer-gedenkstaette.de*

Gedenkstätte Deutscher Widerstand

Die Gedenkstätte befindet sich am historischen Ort des Umsturzversuches im ehemaligen Oberkommando des Heeres am 20. Juli 1944. Sie informiert über die Formen des aktiven Widerstands und wirkt als Ort der Erinnerung, der politischen Bildungsarbeit, des aktiven Lernens, der Dokumentation und der Forschung. *Stauffenbergstr. 13, 10785 Berlin-TI, gdw-berlin.de*

Gemäldegalerie

Dürer, Rembrandt, Rubens – in der Gemäldegalerie kommen Kunstfans und Geschichtenliebhaber:innen auf ihre Kosten: Ob starke Held:innen oder königliche Kinder, ob schillernde Libellen oder unscheinbare Fliegen, hinter jedem Werk verbirgt sich eine spannende Geschichte. In Workshops und Ferienprogrammen erkundet ihr Gemälde und erprobt künstlerische Techniken. Die Themen wechseln, so lohnt es sich auch mehrfach zu kommen. Die Website der Staatlichen Museen zu Berlin informiert euch regelmäßig über alle Angebote. Für alle Häuser der Staatlichen Museen zu Berlin gilt: Freier Eintritt für Kinder und Jugendliche bis 18 Jahre. *Matthäikirchplatz, Kulturforum Potsdamer Platz, 10785 Berlin-TI, smb.museum*

Georg-Kolbe-Museum

Nach seinem Tod hat der Bildhauer verfügt, dass sein Atelier der Öffentlichkeit zugänglich gemacht wird. Seitdem kann man im Museum und dem idyllischen Garten Werke des Künstlers begutachten. In Familienworkshops können alle mit Kindern ab vier Jahren das Museum und die aktuelle Ausstellung in Begleitung geschulter Kunstvermittler:innen kennenlernen und gemeinsam kreativ werden. Die Ausstellung „Ich weiß, daß ich mich verdoppeln kann" widmet sich bis März 2025 der österreichisch-französischen Künstlerin, Choreografin und Regisseurin Gisèle Vienne und den Puppen der Avantgarde. *Sensburger Allee 25, 14055 Berlin-CH, georg-kolbe-museum.de*

Ab ins WELTSTUDIO

Mitten im Humboldt Forum in der Ausstellung BERLIN GLOBAL des Stadtmuseums Berlin erwartet euch ein Ort voller Kreativität und Entdeckungen – das WELTSTUDIO!

egal, ob neugierige Kinder oder kreative Eltern – im WELTSTUDIO gibt es spannende Mitmach-Aktivitäten und Workshops. Hier könnt ihr gemeinsam bauen, basteln, malen. Es gibt coole Stationen, an denen ihr eigene Karten von Berlin oder der Welt gestalten könnt. Ob mit Fäden, Kugeln oder Stiften – der „Fadenkartograph", der „Kugelkartograph" und der „Personenkartograph" bieten viele Möglichkeiten, kreativ zu werden. Vielleicht entdeckt ihr sogar ganz neue Ecken in der Stadt!

Bei den „Drop In"-Angeboten könnt ihr spontan vorbeikommen und mitmachen. Besondere Thementage laden ein, sich mit Themen wie Kinderrechten, Upcycling oder Weben zu beschäftigen. Bei den „WELTSTUDIO spezial"-Tagen erwartet euch ein buntes Programm voller Kreativität, Lernen und Spaß für alle! Der Eintritt ins WELTSTUDIO ist im Ausstellungsticket enthalten. Für Kinder und Jugendliche unter 18 Jahren ist der Eintritt frei. *stadtmuseum.de/weltstudio*

Auf Augenhöhe

das schön am Charlottenburger Schloss gelegene Landesmuseum für Jugendstil, Art Deco und Funktionalismus ist mit seinen kostenlosen Familiensonntagen und kreativen Kinderworkshops immer einen Besuch wert. Während der Laufzeit der sehenswerten Ausstellung „Design für Kinder“ lockt zudem ein eigener Bereich zum Thema Kinderbücher mit Pop Up-Bibliothek zum Stöbern, Anschauen und Vorlesen. *Bröhan Museum, Seite 59*

TIPP

Gropius Bau

Als eines der bedeutendsten Ausstellungshäuser Europas öffnet es mit seinen wechselnden Schauen stets neue Erfahrungsräume zu verschiedenen Themen. Seit Herbst 2024 entwickelt sich mit BAUBAU ein außergewöhnlicher kostenloser Spielort für Kinder, der zum Toben und mitgestalten einlädt. An Wochenenden, Ferien- und Feiertagen empfiehlt sich die Buchung eines kostenlosen Zeitfenstertickets. *Niederkirchnerstr. 7, 10963 Berlin-KR, gropiusbau.de*

Hamburger Bahnhof

Das alles kann Kunst sein? Zeitgenössische Kunst fasziniert und irritiert – Kinder wie Erwachsene. In gemeinsamen Streifzügen mit Mitarbeiter:innen der Bildung und Vermittlung diskutieren Kinder und ihre erwachsenen Begleitungen, ob man Kunst verstehen muss, ob Kunst schön sein muss, wann Kunst Kunst ist und was die Kinder selbst daran interessiert. Ein Ausstellungsbegleitheft leitet Kinder zum eigenständigen Erkunden ausgewählter Werke an. Die Website der Staatlichen Museen zu Berlin informiert euch über alle Angebote. Für alle Häuser der Staatlichen Museen zu Berlin gilt: Freier Eintritt für Kinder und Jugendliche bis 18 Jahre. *Invalidenstr. 50/51, 10557 Berlin-MI, smb.museum*

Haus am Waldsee

Seit seiner Gründung 1946 bietet das Haus am Waldsee eine Plattform für zeitgenössische Kunst. Kinder werden hier immer mitgedacht: Neue Ausstellungen werden mit eigenen Kindervernissagen begrüßt und interaktive Führungen und Workshops bringen ihnen die Themen der jeweiligen Ausstellungen von Bildender Kunst über Architektur und Design bis zu Mode näher. Besonders empfehlenswert sind die Familiensamstage! Auch für kreative Kindergeburtstage ist das Haus mit seinem Skulpturengarten ein wundervoller Ort. *Argentinische Allee 30, 14163 Berlin-ZE, hausamwaldsee.de*

Haus Bastian – Zentrum für kulturelle Bildung

Mit seiner zentralen Lage bietet das Haus den idealen Startpunkt, um in die Sammlungen der Museumsinsel auszuschwärmen und diese zu erkunden. Mit vielfältigen Materialien und Techniken finden Kinder und erwachsene Begleiter:innen eigene künstlerische Ausdrucksformen für ihre Entdeckungen. Die Website der Staatlichen Museen zu Berlin informiert über alle Angebote. Für alle Häuser der Staatlichen Museen zu Berlin gilt: Freier Eintritt für Kinder und Jugendliche bis 18 Jahre. *Am Kupfergraben 10, 10117 Berlin-MI, smb.museum*

Haus der Brandenburgisch-preußischen Geschichte

Zehn bewegte Jahrhunderte brandenburgischer Geschichte kann man in der Überblicksausstellung „Brandenburg.Austellung“ erkunden. Historische Objekte, interaktive Stationen und anschauliche Modelle nehmen Land und Leute in den Blick. An Entdecker:innen-Stationen können Kinder spielerisch spannende Themen mit Puzzles, Geheimschriften, verzerrten Spiegeln und einem Stadtmodell erkunden. Etwas ältere Kinder gehen mit Rätselheft auf eine spannende Schnitzeljagd durch die Ausstellung. *Am Neuen Markt 9, 14467 Potsdam, gesellschaft-kultur-geschichte.de*

Haus des Papiers

Das Museum im Spitteleck ist das erste Museum dieser Art, das ausschließlich der zeitgenössischen bildenden Papierkunst – Kunst aus Papier – gewidmet ist. Regelmäßig finden auch spannende Veranstaltungen für Kinder statt, etwa im Rahmen des papier & klang-Festivals. *Seydelstr. 30/Ecke Elisabeth-Mara-Str., 10117 Berlin-MI, hausdespapiers.com*

TIPP

Humboldt Forum

Ein Ort, an dem gleich mehrere Museen mit ihren Ausstellungen und Sammlungen Platz gefunden haben. Überall im Humboldt Forum finden drinnen und draußen vielfältige Angebote für Familien und Kinder statt. Im Keller kann man zu den Mauerresten des Berliner Schlosses herabsteigen und mehr über dessen Geschichte erfahren. Die interaktive Berlinausstellung „BERLIN GLOBAL“ des Stadtmuseums wirft verschiedene Blicke auf die Stadt und ihre globale Vernetzung. Dort lädt das WELTSTUDIO zum Mitmachen ein. Das Ethnologische Museum und das Museum für Asiatische Kunst zeigen Neupräsentationen ihrer Sammlungen, deren Geschichte im Rahmen öffentlicher Führungen und Workshops kritisch beleuchtet wird. *Schloßplatz 1, 10178 Berlin-MI, humboldtforum.org*

Illuseum Berlin

Hier täuschen verblüffende Ausstellungsstücke die Sinne der Besucher:innen. So schrumpfen Eltern im Ames-Raum und einfach aussehende Holzspielzeuge bringen die Köpfe zum Qualmen. Kinder können selbst Teil der optischen Täuschungen werden und lernen dabei auf eine interaktive Weise, wie leicht sich das Gehirn austricksen lässt und wie oft Dinge ganz anders sind, als sie zunächst scheinen. Kinder- und Teeniegeburtstage können hier ebenfalls zelebriert werden. *Karl-Liebknecht-Str. 9, 10178 Berlin-MI, illuseum-berlin.de*

ICKE

Der Aha-Effekt

Jetzt klatschen wir in die Hände, um ein Gefühl für den Vierviertеltakt zu bekommen", sagt Rap-Coach Kofi zu den skeptisch bis erwartungsvoll dreinblickenden Fünftklässler:innen. Zweite Stunde Englisch in Berlin-Schöneberg. Das Klatschen kriegen die Kinder auf Anhieb hin, ein Einstieg ist geschafft. „Jetzt reihen wir eure Wörter aneinander, Wort zu Wort und im Takt!" In der ersten Unterrichtsstunde hatten sie über das aktuelle Thema gesprochen: Klimaschutz. Dazu wurden Englischvokabeln wie clean, healthy, animals und energy an der Tafel gesammelt – Worte, aus denen jetzt mithilfe von Kofi Lyrics und Reime gebildet werden. In den Rap-Workshops können Schüler:innen anhand von Rhythmik und Lyrik Englisch, Spanisch oder Französisch effektiv und leichter lernen. „Rap erscheint vielen anfangs als ungewöhnliche Lernmethode, aber sie funktioniert!" erklärt er.

Ob Englisch, Spanisch oder Deutsch – mit Musik fällt das Lernen leichter! Kofi Darkwa hat die Rap-Sprachschule Kanzi 2019 in Berlin gegründet, mittlerweile beschäftigt das soziale Startup bundesweit über 40 Honorarlehrkräfte.

„Die Kids sehen Rapper:innen als ihre Idole. Sie hören Texte und denken Okay, worum geht's denn da eigentlich? Genau da setzt Kanzi an." Rapmusik ist oft näher an ihren Lebensinhalten als Inhalte, die im Schulbuch stehen. Zudem belegen Studien, dass Musik das Gehirn beim Sprachenlernen unterstützt. Nach der zweiten Pause haben die Kinder begonnen, eigene Rap-Zeilen zu schreiben. In diesem Teil des Workshops geht es darum, anhand unterschiedlicher Mnemotechniken die neuen Texte auswendig zu lernen. „Gerade beim Rap dreht sich viel um Wortwitz – Reime, rhetorische Stilmittel, Pointen, das lassen wir im Workshop einfließen" erklärt Kofi. Im abschließenden dritten Teil des Workshops geht's vom passiven Zuhören zum aktiven Mitmachteil, der oftmals als Höhepunkt gilt. Die Schöneberger Kids performen an diesem Tag zunächst

gemeinsam und dann dürfen sich Einzelne vor der ganzen Klasse versuchen. Kofi hilft, Zeilen grammatikalisch glatt zu ziehen, das Vokabellernen passiert ganz nebenbei. Die Englischlehrerin ist überrascht, wie aktiv viele ihrer Schüler:innen mitmachen. Auch Kofi ist zufrieden: „Eine Sprache zu lernen, dauert lange, das können wir mit unseren Workshops nicht verkürzen, aber für Motivation sorgen und Lernen mit Spaß." Kofi vertritt mit Kanzi den Conscious Rap, der sich klar vom Gangsta Rap abgrenzt. Die Texte sind eher politisch und sozialkritisch motiviert, weswegen sie sich ideal für die Schul- und Sozialarbeit auch in anderen Fachbereichen erwiesen haben. In der Arbeit mit geflüchteten Menschen kann er eine großartige Möglichkeit sein, um Sprachbarrieren abzubauen. „Mir geht es darum, dass sie durch Rap in der Fremdsprache zu Wort kommen. Das ist die Idee von Kanzi."

Kanzi

Die Kostenübernahme der Workshops ist durch Förderprogramme möglich, auch dazu berät Kofis Team. *kanzi.info*

Jagdschloss Grunewald

Direkt am Ufer des Grunewaldsees steht Berlins ältester Schlossbau, den Mitte des 16. Jahrhunderts der Kurfürst Joachim II. von Brandenburg errichten ließ. Während er sich dort damals nach der Jagd ausruhte, kann man heute Berlins größte Cranach-Sammlung und eine Herrscher:innengalerie mit faszinierenden Einblicken in die Entwicklung der Porträtkunst von Renaissance bis Romantik bestaunen. Ein Besuch lohnt sich besonders zu den regelmäßigen Kinderveranstaltungen. *Hüttenweg 100, 14193 Berlin-ZE, spsg.de*

James-Simon-Galerie

Die James-Simon-Galerie ist das Eingangsportal zur Museumsinsel. Neben Tickets und Informationen zu allen Häusern finden Besucher:innen hier ein Café, einen Museumsshop, ein Auditorium und einen Raum für Sonderausstellungen. Das Gebäude dient zudem durch die unterirdische Archäologische Promenade als einer von zwei Zugängen zum Neuen Museum. Die Website der Staatlichen Museen zu Berlin informiert euch regelmäßig über alle Angebote. Für alle Häuser der Staatlichen Museen zu Berlin gilt: Freier Eintritt für Kinder und Jugendliche bis 18 Jahre. *Am Kupfergraben 10, 10117 Berlin-MI, smb.museu*

Jüdisches Museum Berlin

Die Dauerausstellung präsentiert die Geschichte des jüdischen Lebens in Deutschland von ihren Anfängen bis in die unmittelbare Gegenwart interaktiv und facettenreich. Audioguides und Führungen für Schulklassen und Jugendliche vermitteln eindrucksvoll die Vielfalt der jüdischen Kultur. Sonntags führt eine öffentliche Führung durch die Highlights. Besonders schön ist es, saisonale Feste im Sommer und zu Chanukka mitzuerleben. *Lindenstr. 9-14, 10969 Berlin-KR, jmberlin.de*

TIPP

Jugend im Museum e.V.

Der Verein, der sich seit mehr als vier Jahrzehnten darum kümmert, Kindern und Jugendlichen mit Freude den reichen Kulturschatz der Berliner Museen- und Ausstellungslandschaft zu vermitteln, betreut auch das Atelier Bunter Jakob in der Berlinischen Galerie. Dort können Kinder jede Woche kostenlos an dem kreativen Programm teilnehmen. *jugend-im-museum.de*

Jugend Museum im Schöneberg Museum

Der interkulturelle Erlebnisort in Schöneberg ermöglicht Besucher:innen ab zehn Jahren einen interessengeleiteten Zugang zu Berlins Geschichte und den hier lebenden Menschen. Familiensonntage laden kostenlos zu spannenden Nachmittagen in die Kreativwerkstatt und Ausstellungen ein. Kinder und Jugendliche werden darüber hinaus ermuntert, Gegenwart und Geschichte ihres Lebensumfelds zu erkunden. *Hauptstr. 40-42, 10827 Berlin-SB, museen-tempelhof-schoeneberg.de*

NEU

Käthe-Kollwitz-Museum

Voraussichtlich ab Frühjahr 2025 wird das Museum das komplette erste Obergeschoss im Theaterbau am Schloss Charlottenburg bespielen und neben der Sammlungspräsentation auch wieder zu Sonderausstellungen rund um das Werk der berühmten Grafikerin und Bildhauerin einladen. Kinder können bei Workshops und Ferienkursen mit Farbe oder Zeichenkohle die eigene Kreativität ausleben. An jedem ersten Sonntag des Monats findet die Druckwerkstatt im Rahmen des eintrittsfreien Museumssonntags statt. *Spandauer Damm 10, 14059 Berlin-CH, kaethe-kollwitz.berlin*

Kinderbuchmuseum im Havelland

75 Kilometer von Berlin entfernt, lädt das Kinderbuchmuseum ebenso wie das benachbarte Spielzeugmuseum Besucher:innen ab fünf Jahren zum Eintauchen in die Kinderwelt vergangener Zeiten ein. Zu sehen sind Beispiele aus der Anfangszeit des Bilderbuchs und illustrierte Jugendstil-Exemplare. *Schulweg 1, 14728 Kleßen, kinderbuchmuseum-havelland.de*

KinderKünsteZentrum

Ein wenig versteckt hinter dem Stadtbad Neukölln findet man Kunst von Kindern für Kinder. In Workshops arbeiten Kitas mit Künstler:innen zusammen und präsentieren anschließend ihre Werke in wechselnden großartigen Mitmach-Ausstellungen. Bei Familiensonntagen werden diese mit kostenlosen Kunst-Workshops begleitet. Das schöne Gebäude mit dem idyllischen Garten ist auch Spielort der Rapauke-Familienkonzerte für Kinder ab zwei Jahren. *Ganghofer Str. 3, 12043 Berlin-NK, kinder-kuenste-zentrum.de*

Kindermuseum unterm Dach

In der Alten Mälzerei erwartet euch die Erlebnis-Mitmach-Ausstellung „Iss dich schlau – Von Apfel bis Zimt“. Kinder können dort viel über gesunde Ernährung, Nachhaltigkeit und Lebensmittelproduktion lernen. Die Sonderausstellung „HaZweiOohh! – Willkommen beim Wasserfloh„ widmet sich der Erforschung des wichtigsten Lebensmittels. Regelmäßig finden kostenlose Aktionen für Familien statt. *Steinstr. 41, 12307 Berlin-TE, kindermuseum-unterm-dach.berlin*

TIPP

KINDL Zentrum für zeitgenössische Kunst

Das ehemalige Brauereigelände mitten in Neukölln hat sich in ein spannendes Zentrum für zeitgenössische Kunst mit wechselnden Ausstellungsprojekten verwandelt. Man kann diese regelmäßig bei öffentliche Führungen erkunden. Das Kunstvermittlungsteam bietet zudem jeden zweiten Sonntag im Monat kostenlose Workshops für Familien mit Kindern ab drei Jahren an. Café Babette und Babette's Garden sorgen für einen gelungenen Abschluss des Ausflugs. *Am Sudhaus 3, 12053 Berlin-NK, kindl-berlin.de*

KLAX Kinderkunstgalerie

Seit 1993 ermöglicht die Galerie Kinderkunst zu erleben, selbst kreativ zu sein und Erfahrungen auszutauschen. In den vielfältigen Ausstellungen erleben die Besucher:innen Malereien, Collagen und Skulpturen, Robotik, Filme, Fotografien und Mode-Kreationen. Jährlich findet die große Mitmach-Aktion „Zeigt her eure Bilder" für junge Kreative von drei bis 18 Jahren statt. *Schönhauser Allee 58A, 10437 Berlin-PB, klax.de*

KÖRPERWELTEN im Menschen Museum

In dem Museum am Fuße des Fernsehturms gehen Neugierige ab sechs Jahren auf eine kindgerechte Reise durch die Komplexität des menschlichen Körpers. Warum brechen Knochen? Und was passiert, wenn wir tief Luft holen? Hier erfahrt ihr alles über lebenswichtige Funktionen und faszinierende Fähigkeiten des Körpers und entdeckt anatomische Gemeinsamkeiten und Unterschiede zwischen Mensch und Tier. *Panoramastr. 1A, 10178 Berlin-MI, koerperwelten.de*

Kunstgewerbemuseum

Warum gibt es in diesem Museum neben Schätzen auch ganz alltägliche Objekte wie beispielsweise Plastikstühle? Was ist Design? Ist Mode Kunst? Auf Streifzügen durch das Museum erkunden Kinder und ihre erwachsene Begleitung außergewöhnliche und alltägliche Objekte und hinterfragen deren Funktionalität, Schönheit oder Zweckmäßigkeit. Die Website der Staatlichen Museen zu Berlin informiert euch über alle Angebote. Für alle Häuser der Staatlichen Museen zu Berlin gilt: Freier Eintritt für Kinder und Jugendliche bis 18 Jahre. *Matthäikirchplatz, 10785 Berlin-TI, smb.museum*

Kunsthaus Dahlem

Das unmittelbar am Grunewald in direkter Nachbarschaft des Brücke Museums gelegene historische Gebäude ist ein Ausstellungshaus für die Nachkriegsmoderne in Deutschland. In Workshops, Ferienangeboten, inklusiven Formaten oder an speziellen Aktionstagen können Kinder und Familien künstlerisch, forschend und mit jeder Menge Spaß das Kunsthaus Dahlem sowie die aktuellen Ausstellungen kennenlernen. *Käuzchensteig 8, 14195 Berlin-ZE, kunsthaus-dahlem.de*

TIPP

Kurt Mühlenhaupt Museum

1921 in ärmlichen Berliner Verhältnissen geboren gilt der Maler, Bildhauer und Schriftsteller als Symbolfigur der Kreuzberger Bohème der 1960er-Jahre. Die Galerieräume in den ehemaligen Gebäuden einer Brauerei und späteren Fabrik, die er 1989 erwarb, sind wunderbar geeignet für wechselnde Ausstellungen aus seinem künstlerischen Nachlass. Ob in der Kinderwerkstatt, bei regelmäßigen Druckworkshops oder während der Führungen – Kinder und Erwachsene können in einen spielerischen Dialog mit Kurt Mühlenhaupts Kunst treten. Für Kinder von fünf bis zehn Jahren ist die Druckwerkstatt ein wunderbarer Ort zum Geburtstag feiern. *Fidicinstr. 40, 10965 Berlin-KR, muehlenhaupt.de*

KW Institute for Contemporary Art

Die Kunstwerke befinden sich in einer ehemaligen Margarinefabrik in der Auguststraße und bieten zu den wechselnden Ausstellungen zeitgenössischer Kunst Kinderworkshops an. Kinder und Teens bis einschließlich 18 Jahren haben immer freien Eintritt, jeden Donnerstagabend von 18:00–21:00 Uhr gilt dieser für alle Besucher:innen. Ein schöner Ort zum Einkehren ist das Café Bravo im KW-Innenhof. *Auguststr. 69, 10117 Berlin-MI, kw-berlin.de; cafe-bravo.de*

TIPP

Labyrinth Kindermuseum

In dem alten Fabrikgebäude an der Osloer Straße ist das Kindermuseum zu finden, in dem noch bis Mai 2025 die Erlebnisausstellung „Natürlich heute! Mitmachen für morgen" Kinder ab drei Jahren einlädt. Auf einer Entdeckungsreise durch sechs kreative Landschaften können Kinder auf spielerische Weise Umweltschutz und Nachhaltigkeit mit ihrem Alltag verknüpfen. Kleine Geburtstagskinder dürfen hier eine Wilde-Welt-Party feiern: Enthalten ist in jedem Fall die Erkundung der Ausstellung, viel Wissensgewinn und Spaß rund um Umweltschutz und Nachhaltigkeit. *Osloer Str. 12, 13359 Berlin-WE, labyrinth-kindermuseum.de*

Liebermann-Villa am Wannsee

Inspiriert vom idyllischen Garten seines Sommerhauses am Ufer des Wannsees schuf Max Liebermann mehr als 200 Kunstwerke. Eine Auswahl der Gartengemälde kann man in der Dauerausstellung entdecken, daneben finden auch stets interessante Sonderausstellungen statt. Die traumhafte Lage macht das Künstlerhaus zu einem schönen Familienausflugsziel, besonders da seit 2024 das Veranstaltungsangebot für Kinder, Jugendliche und Familien erweitert werden konnte. Neben Drop-In-Familienworkshops zu den Ausstellungen gibt es auch tolle Wochenend- und Ferienprogramme für Kids. *Colomierstr. 3, 14109 Berlin-ZE, liebermann-villa.de*

TIPP

Little BIG City Berlin

Im Little BIG City können Besucher:innen jeden Alters in die letzten 750 Jahre Berlins eintauchen und bedeutende historische Momente durch kleine, lebendige Geschichten erleben. Die Miniaturwelt bietet Begegnungen mit mittelalterlichen Stadtbewohner:innen, Revolutionär:innen verschiedener Epochen sowie ikonischen Figuren wie Erich Honecker vor dem Palast der Republik und John F. Kennedy auf dem Balkon des Schöneberger Rathauses. Aufwändige 3D-Modelle, Hologramme und beeindruckende Projektionen sorgen dafür, dass selbst die größten Geschichtsmuffel fasziniert werden. *Panoramastr. 1A, 10178 Berlin-MI, officiallittlebigcity.com*

Luftfahrtmuseum Finowfurt

In Finowfurt, nördlich von Berlin, habt ihr die Möglichkeit, den Originalstandort eines ehemaligen sowjetischen Militärflugplatzes zu besichtigen und in die Luftfahrtgeschichte Brandenburgs einzutauchen. Die Thematik wird durch das Museum kritisch und multiperpektivisch vermittelt. Für Kinder gibt es individuell buchbare Aktivitäten. *Museumsstr. 1, 16244 Schorfheide, luftfahrtmuseum-finowfurt.de*

Entdeckungen für die ganze Familie im Humboldt Forum

Mitten in Berlin bietet das Humboldt Forum einen spannenden Ort für Familien, um Kultur und Geschichte gemeinsam zu erleben. In großzügigen Räumen laden interaktive Ausstellungen, kreative Workshops und altersgerechte Führungen dazu ein, die Vielfalt der Welt spielerisch zu erkunden. Ob beim Basteln oder auf Entdeckungstouren – hier wird Geschichte gemeinsam erlebbar. Zum Kinder-/Familien Programm:

© SHF, Foto: Stefanie Loos

Schloßplatz / 10178 Berlin / humboldtforum.org

Spielend wachsen

Seit September 2024 wächst und gedeiht BAUBAU im Gropius Bau. Der neue kostenlose Spielort ist ein fantasievolles Werk der Künstlerin Kerstin Brätsch in dem großartigen Ausstellungshaus, das sich damit noch mehr für die Kleinsten öffnet und sein Programm im engen Austausch mit Kindern weiterentwickeln möchte. *Gropius Bau, Seite 67*

MACHmit! Museum für Kinder

TIPP

Der Name ist seit Jahrzehnten Programm, denn hier kann alles ausprobiert werden, was die kleinen Besucher:innen ab drei Jahren in die Hände bekommen. Das unbestrittene Highlight in dem ehemaligen Kirchengebäude ist das sieben Meter hohe Kletterregal, mit dem inzwischen ganze Generationen aufgewachsen sind. „Spielen ist Leben" lautet das Motto des Kindermuseums, so sind das Mitmachprogramm und die interaktiven Sonderausstellungen immer Garanten für eine gute Zeit mit Kindern, die zugleich Bewegungshunger und Wissensdurst stillen. Die interaktive Ausstellung „schwitzen & frieren" bietet bis Juni 2025 Erfahrungsräume zu den Themen: Gesundheitsförderung, Wetterphänomene, Klimawandel und Gefühlswelten. Dazu werden monatlich wechselnde MACHmit!-Aktionen angeboten. *Senefelderstr. 5, 10437 Berlin-PB, machmitmuseum.de*

Märkisches Museum

Das Märkische Museum und das Marinehaus werden bis 2028 zum Zentrum des neuen Museums- und Kreativquartiers am Köllnischen Park ausgebaut. *Am Köllnischen Park 5, 10179 Berlin-MI, stadtmuseum.de*

MAGICUM Berlin Magic Museum

In einem der ältesten Viertel der Stadt und im ältesten Kellergewölbe der Großen Hamburger Straße in einer denkmalgeschützten alten Schmiede wurde ein magischer Ort geschaffen, der Besucher:innen in eine geheimnisvolle Welt entführt. Mit Spielen, Puzzles und Interaktionen können sie ihre magischen Talente und intuitive Geschicklichkeit ausprobieren. *Große Hamburger Str. 17, 10115 Berlin-MI, magicum-berlin.de*

Militärhistorisches Museum Flugplatz Berlin-Gatow

Das Museum auf dem Flugplatz Berlin-Gatow, der eng mit der Geschichte der Luftbrücke verbunden ist, beherbergt den größten Teil der luftfahrtgeschichtlichen Sammlung der Bundeswehr. Sie umfasst unterschiedliche historische Exponate der Militärluftfahrt vom Deutschen Kaiserreich bis zur heutigen Armee. Am historischen Ort werden Wissen und Geschichten aus über 120 Jahren militärischer Luftfahrt und Luftkrieg lebendig - multiperspektivisch und kritisch erzählt. Dazu gehört auch die Geschichte des heute unter Denkmalschutz stehenden Flugplatzes, von der nationalsozialistischen Luftkriegsschule bis zur Zeit des Kalten Krieges und der Stationierung der Royal Air Force. *Pankstr. 47, 13357 Berlin-WE, mittemuseum.de*

Mitte Museum

In Mitte liegt der Ursprung Berlins. Auf märkischem Sand errichtet, wuchsen hier im 14. Jahrhundert die beiden Städte Cölln und Berlin zur Doppelstadt zusammen. In Themenräumen werden bekannte und weniger bekannte Aspekte aus Geschichte und Gegenwart des Bezirks präsentiert. Im 19. Jahrhundert wurden Teile des heutigen Bezirks zu einem Zentrum der Industrie. Ab 1871 saß hier die Zentralverwaltung des deutschen Kaiserreichs. Industrialisierung und Bevölkerungswachstum ließen Berlin zur zeitweilig drittgrößten Stadt der Welt aufsteigen. Museumspädagog:innen begleiten Kinder und Erwachsene bei abwechslungsreichen Führungen und Workshops. *Pankstr. 47, 13357 Berlin-WE, mittemuseum.de*

Modellpark Berlin-Brandenburg

NEU

Mit nur wenigen Schritten von der Pfaueninsel zum Schloss Rheinsberg? Die Kuppel des Reichstages mal von oben sehen? Oder das Ausmaß der Zitadelle Spandau mit einem Blick erfassen? Im Modellpark in der Wuhlheide kann man von April bis Oktober entspannt 80 der wichtigsten Sehenswürdigkeiten Berlins und Brandenburgs im Verhältnis von 1:25 betrachten. Für Kinder gibt es Workshop- und Ferienangebote. Seit April 2024 beherbergt der Modellpark auch den BeelnBerlin-Bienenlehrgarten. *An der Wuhlheide 81, 12459 Berlin-KÖ, modellparkberlin.de; beeinberlin.de*

Monsterkabinett

Alle Besucher:innen ab sechs Jahren erwartet ein Gesamtkunstwerk der Berliner Künstler:innengruppe Dead Chickens, das der Technik Leben einhaucht. Kinetische, pneumatische und digital gesteuerte Objektkunst werden mit theatralen Mitteln und Musikkompositionen in Szene gesetzt. Bei Führungen kann man in den charmant-monströsen Berliner Underground abtauchen. *Rosenthaler Str. 39, 2. Hinterhof, 10178 Berlin-MI, monsterkabinett.de*

Museum Barberini Potsdam

Ausgehend von den Werken der Sammlung Hasso Plattners präsentiert das Museum wechselnde Ausstellungen mit Themen, die von den Alten Meister:innen bis zu zeitgenössischer Kunst reichen. Es gibt es Führungen für Familien, Workshops für Kinder und Angebote für Eltern mit Babys. 2025 erwarten euch die Ausstellungen „Kosmos Kandinsky. Geometrische Abstraktion im 20. Jahrhunderts" und im Anschluss „Mit offenem Blick. Pissarros Impressionismus". *Humboldtstr. 5/6, Alter Markt, 14467 Potsdam, museum-barberini.com*

Museum Berlin-Karlshorst

Das heutige Museumsgebäude in Berlin-Karlshorst ist ein Ort von weltgeschichtlicher Bedeutung: Hier unterzeichneten die Oberbefehlshaber der Wehrmacht in der Nacht vom 08. zum 09. Mai 1945 die bedingungslose Kapitulation. Der Saal, in dem die Unterzeichnung stattfand, ist bis heute erhalten. Er bildet das Herzstück des Museums, dessen Besichtigung, sowie der Besuch der Veranstaltungen erst ab ca. 15 Jahren empfohlen werden. Seit August 2024 betrachtet die Sonderausstellung „Riss durch Europa" die Folgen, die der Abschluss des Hitler-Stalin-Pakts für die Staaten Ostmitteleuropas hatte, und zeigt, wie wichtig es ist, sich mit dieser Geschichte zu beschäftigen, um die europäischen Konflikte der Gegenwart zu verstehen. *Zwieseler Str. 4, 10318 Berlin-KÖ, museum-karlshorst.de*

Museum Blindenwerkstatt Otto Weidt

Die Dauerausstellung erzählt die Geschichte der Blindenwerkstatt Otto Weidt am historischen Ort. In dem Hinterhof beschäftigte der Kleinfabrikant während des Zweiten Weltkrieges hauptsächlich blinde, seh- oder hörbehinderte Jüd:innen, die Besen und Bürsten herstellten. Verschiedene Lebensgeschichten berichten von Otto Weidts Bemühungen, seine jüdischen Arbeiter:innen vor Verfolgung und Deportation zu schützen. Als die Bedrohung immer größer wurde, suchte er gemeinsam mit anderen Helfer:innen für einige von ihnen Verstecke. Eines davon befindet sich in den Räumen des heutigen Museums. *Rosenthaler Str. 39, 10178 Berlin-MI, museum-blindenwerkstatt.de*

Museum Charlottenburg-Wilmersdorf in der Villa Oppenheim

Die Gründerzeitvilla an der Charlottenburger Schloßstraße ist heute Sitz des Museums für die hiesige Bezirksgeschichte, welches auch eine beachtliche Kunstsammlung beherbergt. Regelmäßig stehen Rallyes, Workshops und Stadtspaziergänge für Kinder und Familien auf dem Programm. *Schloßstr. 55, 14059 Berlin-CH, villa-oppenheim-berlin.de*

Museum Ephraim-Palais

In dem historischen Bürgerhaus kann man in wechselnden Sonderausstellungen die Geschichte und Kultur der Hauptstadt erleben. Die Ausstellung „BerlinZEIT. Die Stadt macht Geschichte!" nimmt euch mit auf eine spannende Entdeckungstour durch acht Jahrhunderte Berliner Geschichte und Geschichten. Im Museumslabor werden Mitmach-Aktionen angeboten. *Poststr. 16, 10178 Berlin-MI, stadtmuseum.de*

TIPP

Museum Europäischer Kulturen

Was hat die Mode des letzten Jahrhunderts mit uns zu tun? Kinder und Familien sind eingeladen, die Alltagskultur und Lebenswelten in Europa vom 18. Jahrhundert bis heute zu erkunden. Dabei wird stets ein Bezug der historischen Sammlung zu aktuellen Themen hergestellt. Die großartige Ausstellung „ALL HANDS ON: Flechten" mit tollen Angeboten für Kinder wurde bis Mai 2026 verlängert. Auch „Läuft. Die Ausstellung zur Menstruation" kann man noch bis März 2025 sehen. Die Website der Staatlichen Museen zu Berlin informiert euch regelmäßig über alle Angebote. Für alle Häuser der Staatlichen Museen zu Berlin gilt: Freier Eintritt für Kinder und Jugendliche bis 18 Jahre. *Arnimalle 25, 14195 Berlin-ZE, smb.museum*

Museum FLUXUS+

Der Name der in den 1960er-Jahren entstandenen Kunstrichtung Fluxus bezeichnet einen fließenden Übergang von Kunst und Leben. Das Potsdamer Museum präsentiert eine Vielzahl ihrer Werke und möchte auch in seinen Familien- und Ferienprogrammen das Verständnis für zeitgenössische Kunst erweitern. *Schiffbauergasse 4F, 14467 Potsdam, fluxus-plus.de*

TIPP

Museum für Kommunikation

In dem Museumsgebäude an der Leipziger Straße versteht man es, die Geschichte, Gegenwart und Zukunft der Kommunikation spannend und kreativ zu vermitteln. Vom Faustkeil bis zum Smartphone, vom Briefkasten bis zur Mailbox werden alle Meilensteine beleuchtet. An Familiensonntagen dürfen rätselhafte Codes entschlüsselt und unsichtbare Briefe geschrieben werden. Die Dauerausstellung ist ebenso sehenswert wie die Sonderausstellungen. Bis September 2025 beleuchtet „Nachrichten – News?" als erste umfassende Ausstellung über Nachrichten in Deutschland das Verhältnis zu den medialen Meldungen und zeichnet die historische Entwicklung von Nachrichten nach. *Leipziger Str. 16, 10117 Berlin-MI, mfk-berlin.de*

TIPP

Museum für Naturkunde

Als eines der beliebtesten Museen der Stadt bietet das Museum für Naturkunde vielseitige Formate für Kinder und Familien zu den unterschiedlichsten Themen von Artenschutz bis Mineralien. Highlights sind der Dinosauriersaal und die Wand der biologischen Vielfalt mit mehr als 3.000 verschiedenen Tierarten und Mineralien. Die erfolgreiche Sonderausstellung „Dinosaurier! Zeitalter der Riesenechsen" ist bis auf weiteres zu sehen. In den kommenden Jahren wird das Museum saniert, die Installation „Zukunftsplan" infomiert rund um die baulichen Maßnahmen und die Sammlungserschließung. Da derweil auch die Vogelsammlung schließen muss, zeigt die Sonderschau „ZUGvögel – Eine Sammlung in Bewegung" die historischen Vogelpräparate. *Invalidenstr. 43, 10115 Berlin-MI, museumfuernaturkunde.berlin*

Museum in der Kulturbrauerei

Die Dauerausstellung zur Alltagskultur in der DDR kann kostenfrei besucht werden. Kinder lernen, womit in der Deutschen Demokratischen Republik gespielt und die Freizeit verbracht wurde. Empfehlenswert ist der Kiezspaziergang „Geschichte(n) für Groß und Klein" durch Prenzlauer Berg. *Knaackstr. 97, 10435 Berlin-PB, hdg.de*

Museum Knoblauchhaus

Im Nikolaiviertel kann man in die Welt des Biedermeier eintreten. Sorgsam rekonstruierte Wohnräume zeigen, wie hier vor 200 Jahren die Familie Knoblauch lebte und ihr Unternehmen betrieb. So lernt man anschaulich die damalige Wohnkultur und das Lebensgefühl kennen. Im Ausstellungsbereich „Berliner Salon" kann man zudem befreundeten Personen der Familie Knoblauch begegnen, darunter so berühmte Menschen wie der Baumeister Karl Friedrich Schinkel und die Gelehrten Wilhelm und Alexander von Humboldt. *Poststr. 23, 10178 Berlin-MI, stadtmuseum.de*

Museum Nikolaikirche

Seit fast 800 Jahren ziert die Nikolaikirche das Berliner Stadtbild. Wer hierher kommt und die Stufen in das aus Feldstein gemauerte Untergeschoss des Doppelturms hinabsteigt, entdeckt die wohl ältesten Räume Berlins. Die im Museum beherbergte Dauerausstellung gibt Einblicke in die Geschichte des Bauwerks sowie die des benachbarten Nikolaiviertels. *Nikolaikirchplatz, 10178 Berlin-MI, stadtmuseum.de*

Museum Pankow

Das Bezirksmuseum bietet an mehreren Standorten Einblicke in die Lebensverhältnisse und Geschichten von Pankow, Prenzlauer Berg und Weissensee. In der Heynstraße lässt sich eine Beletage des einstigen Stuhlrohrfabrikanten Fritz Heyn besichtigen, am Helmholtzplatz eine einfachere Wohnung, wie sie um 1900 eingerichtet war. An der Prenzlauer Allee zeigt die Dauerausstellung „Gegenentwürfe" Themen der Stadtentwicklung an Beispielen. *Prenzlauer Allee 227/228, 10405 Berlin-PB; Dunckerstr. 77, 10437 Berlin-PB; Heynstr. 8, 13187 Berlin-PA, berlin.de/museum-pankow*

Wertvoll statt teuer

Über Grenzen denken, Dinge hinterfragen, neue Perspektiven entdecken – mit den unterschiedlichsten künstlerischen Ausdrucksformen in Berührung zu kommen, ist für Heranwachsende von unschätzbarem Wert. Gut, dass dies vielerorts in Berlin, unabhängig vom elterlichen Geldbeutel, ermöglicht wird.

1 Staatliche Museen zu Berlin
Besucherdienste, Seite 59

Seit Herbst 2024 bietet das Rieckhallenatelier im Hamburger Bahnhof – Nationalgalerie der Gegenwart neue Räume für die abwechslungsreichen Family Sundays-Aktionen. Für 10 oder 15 Euro (je nach Personenzahl) kann dabei die ganze Familie gemeinsam auf MuseumsXpeditionen durch die Ausstellungen gehen, mit künstlerischen Techniken experimentieren und an neuen Installationen mitwirken. Alle Häuser der Staatlichen Museen zu Berlin gewähren Kindern und Teens bis 18 Jahren freien Eintritt und bieten jedes Wochenende und in den Schulferien ein bezahlbares buntes Programm.

Zahlreiche Berliner Museen, darunter alle Häuser der Stiftung Stadtmuseum sowie der Stiftung sind für Kinder und Teens unter 18 Jahren immer kostenlos zugänglich. Nahezu alle Berliner Ausstellungshäuser veranstalten zum kostenfreien monatlichen Museumssonntag spezielle Kinder- und Familienaktionen. Weitere günstige oder gratis Kulturangebote für Kinder: *berlinmitkind.de/kostenlos*

Volkswagen Group Art4All Family Sundays

Jeden Sonntag können Familien im Hamburger Bahnhof zum kleinen Preis gemeinsam kreativ werden. *smb.museum/art4all*

Museumssonntag

An jedem ersten Sonntag im Monat gilt für alle freier Eintritt in zahlreiche Museen und Gedenkstätten. *museumssonntag.berlin*

Atelier Bunter Jakob

Die kostenlose Kunstwerkstatt für Kinder von sechs bis 13 Jahren kann mittwochnachmittags ohne Anmeldung besucht werden. *Berlinische Galerie, Seite 59*

Berliner Kulturzentren

Die Kultur- und Nachbarschaftszentren bieten vielseitige Events, Kurse und Workshops für Familien zu meist geringen Kosten an. *Kulturzentren ab Seite 96*

Berliner FamilienPass und Super-Ferien-Pass

Zahlreichen Ermäßigungen für Kulturorte und Kreativaktionen. *jugendkulturservice.de*

Kulturevents für Kinder

Das ganze Jahr über locken Festivals und Events mit spannenden und oftmals kostenlosen Angeboten. *Eventhighlights 2025, ab Seite 22; Veranstaltungskalender: berlinmitkind.de*

TIPP

Museumsdorf Düppel

In dem saisonal geöffneten Freilichtmuseum dreht sich alles um das Leben im Mittelalter. Während der Saison von Ende März bis Anfang November gehen große und kleine Besucher:innen auf eine wahre Zeitreise und entdecken mittelalterliche Lebensweisen sowie spannende Handwerkstechniken. An Wochenenden und in den Ferien locken tolle Mitmach-Aktionen. Im Außengelände führt ein Wildtier-Pfad auf die Fährte von Wildschwein, Wolf und Co. *Clauertstr. 11, 14163 Berlin-ZE, dueppel.de*

TIPP

Museumspark Rüdersdorf

Das Freilichtmuseum und Industriedenkmal, das sich direkt vor den Toren Berlins befindet, ist bequem mit öffentlichen Verkehrsmitteln erreichbar. Auf dem 17 Hektar großen Gelände wird Geschichte lebendig. Ausstellungsstücke wie die Rumfordöfen und Schachtofenbatterien bieten Einblicke in vergangene Epochen. Für noch tiefere Einblicke in die Geschichte sorgen geologische Führungen, bei denen Besucher:innen versteinerte Tiere aus dem Trias-Meer im Steinbruch selbst entdecken können. *Heinitzstr. 9, 15562 Rüdersdorf, museumspark.de*

Musikinstrumenten-Museum

Das Museum des Staatlichen Instituts für Musikforschung beherbergt Tausende Instrumente vom 16. bis zum 21. Jahrhundert. Bei „Probier's aus!" können Kinder ab fünf Jahren im MiM-Kids Lab Instrumente ausprobieren und herausfinden, welche zu ihnen passen. Auch die Familienführungen und -konzerte sind toll! *Tiergartenstr. 1, 10785 Berlin-TI, simpk.de*

TIPP

Naturkundemuseum Potsdam

Super Tipp für kleine und große Naturfreund:innen und Forscher:innen: Direkt in der historischen Potsdamer Innenstadt können Familien die bunte Tierwelt Brandenburgs entdecken – vom Adler bis zum Wolf. Euch erwarten spektakuläre Tierpräparate, nachgestellte Lebensräume in verschiedenen Dioramen und zahlreiche tolle Angebote für Kinder und Familien. Die neue Sonderausstellung „Tiere im Polarlicht" stellt bis Juni 2025 tierische Lebewesen aus dem hohen Norden vor. Hier wird auch schon an die Jüngsten gedacht – monatlich finden Babyführungen statt. *Breite Str. 13, 14467 Potsdam, naturkundemuseum-potsdam.de*

Neue Nationalgalerie

Neben aktuellen Sonderausstellungen lockt die Sammlungspräsentation mit über 250 Werken hochrangiger Künstler:innen aus der Zeit von 1900 bis 1945. Ob in Veranstaltungen oder auf eigene Faust mit dem Ausstellungsbegleiter für Familien – vermesst das Gebäude, untersucht die Kunstwerke und macht die Neue Nationalgalerie zu eurer Bühne. Die Website der Staatlichen Museen zu Berlin informiert euch regelmäßig über alle Angebote. Für alle Häuser der Staatlichen Museen zu Berlin gilt: Freier Eintritt für Kinder und Jugendliche bis 18 Jahre. Auf der Baustelle neben der Neuen Nationalgalerie entsteht das neue Museum des 20. Jahrhunderts berlin modern, das 2027 eröffnen soll. *Potsdamer Str. 50, Kulturforum Potsdamer Platz, 10785 Berlin-TI, smb.museum*

Neues Museum

Hatte Nofretete Kinder? Wie liest man Hieroglyphen? Wie präpariert man Mumien? Welche Geschichte steckt hinter dem „Elch am Hansaplatz" oder dem „Neandertaler von Le Moustier"? Kinder und Familien können die facettenreiche Ausstellung im Neuen Museum entdecken. Die Veranstaltungsthemen wechseln, Mehrfach kommen lohnt sich also! Die Website der Staatlichen Museen zu Berlin informiert euch regelmäßig über alle Angebote. Für alle Häuser der Staatlichen Museen zu Berlin gilt: Freier Eintritt für Kinder und Jugendliche bis 18 Jahre. *Bodestr. 1-3, 10178 Berlin-MI, smb.museum*

Oderbruch Museum Altranft

Kinder kommen hier bei einem Ausflug in den Oderbuch auf ihre Kosten, denn das ganze Museum ist zum Anfassen konzipiert. Die riesige Murmelbahn, stellt die Wasserläufe in der Kulturlandschaft dar, in der Museumswerkstatt im Schloss können sich Kinder und Jugendliche bei Workshops ausprobieren und die Audiotour „Talk Walk" führt hörens- und sehenswert durch das einstige Fischer:innendorf. *Am Anger 27, 16259 Bad Freienwalde OT Altranft, oderbruchmuseum.de*

PalaisPopulaire

Das Vermittlungsangebot des Ausstellungshauses widmet sich der Kunst, Musik und Literatur, wobei die kostenlose Förderung der Kreativität groß geschrieben wird. Jeden ersten Sonntag im Monat stehen hier Kinder ab sechs Jahren im Mittelpunkt: Dann gibt es beim SundayPopulaire Kunst, Musik oder Kinderbuchlesungen. Parallel dazu können Eltern an Überblicksführungen teilnehmen. *Unter den Linden 5, 10117 Berlin-MI, palaispopulaire.db.com*

NEU

Paradox Museum

Das BIKINI BERLIN ist um ein Ziel für Familien reicher – seit Juni 2024 verbindet dort das Paradox Museum die Welt der Wissenschaft, der Kunst und der menschlichen Wahrnehmung. Mit mehr als 70 verblüffenden Exponaten auf 900 Quadratmetern Fläche, die von Paradoxien inspiriert sind, ist es ein Ort, an dem man mit allen Sinnen experimentieren kann. *BIKINI BERLIN Concept Shopping Mall, 1. OG, Budapester Str. 46, 10787 Berlin-CH, paradoxmuseumberlin.com*

Pergamonmuseum

Das Pergamonmuseum auf der Museumsinsel Berlin ist für die Grundinstandsetzung im Rahmen des „Masterplans Museumsinsel" derzeit bis mindestens 2027 komplett für Besucher:innen geschlossen. *Am Kupfergraben 5, Museumsinsel, 10117 Berlin-MI, smb.museum*

Pergamonmuseum. Das Panorama

Das Studio des Künstlers Yadegar Asisi hat für das beeindruckende 360-Grad-Ausstellungsprojekt das Panorama einer besonderen antiken Stadt wieder aufleben lassen. Es führt die Besucher:innen zurück in das Jahr 129 n. Chr. und zeigt ihnen die antike Stadt Pergamon an der kleinasiatischen Westküste. Zudem werden etwa 80 der wichtigsten Werke der Antikensammlung gezeigt. Die Website der Staatlichen Museen zu Berlin informiert euch über alle Angebote. Für alle Häuser der Staatlichen Museen zu Berlin gilt: Freier Eintritt für Kinder und Jugendliche bis 18 Jahre. *Am Kupfergraben 2, 10117 Berlin-MI, smb.museum*

NEU

PETRI Haus

Das archäologische Haus und Besuchszentrum ist errichtet, die Eröffnung der Ausstellungsbereiche fürs Frühjahr 2025 geplant. „PETRI Berlin. Entdecke die Archäologie" ist direkt über den Fundamenten der Cöllnischen Lateinschule von 1350 erbaut und nimmt diese und weitere Spuren der Berliner Siedlungsgeschichte in den Blick. Ausstellungen und Begleitprogramme sollen die einzelnen Schritte der archäologischen Arbeiten von der Entdeckung der Objekte im Boden über die restauratorische Aufarbeitung bis hin zur Ausstellung der Funde darstellen und erlebbar machen. Das Vermittlungsprogramm wird vor allem Kinder ab dem Grundschulalter ansprechen. *Gertraudenstr. 8, 10178 Berlin-MI, petri.berlin*

Polyrama – Museum für Lebensgeschichten

Das kleine Museum präsentiert auf einer Fläche von rund 60 Quadratmetern die Lebensgeschichten verschiedener Personen und Communities. Familien und Kinder können sich die Geschichten anhören und mehr über die Lebenserfahrungen anderer Menschen lernen. Ein gemütliches Cafè lädt zum längeren Verweilen ein. *Stuttgarter Platz 2, 10627 Berlin-SB, polyrama.de*

Potsdam Museum

Das Stadtmuseum in Potsdams historischer Mitte präsentiert vielfältige Objekte. In der ständigen Ausstellung begeben sich Besucher:innen auf einen Spaziergang durch über 1.000 Jahre Potsdamer Geschichte und entdecken, wie sich die Stadt im Laufe der Zeit gewandelt hat. Für Kinder und Teens gibt es ein abwechslungsreiches museumspädagogisches Angebot. *Am Alten Markt 9, 14467 Potsdam, potsdam-museum.de*

TIPP

Puppentheater-Museum Berlin

Ein Anliegen des Museums ist es, über die Geschichte des Puppentheaters zu informieren, vergangene Spielformen aufzuzeigen und so Interesse zu wecken für das Puppen-und Figurentheater von heute. In jährlich wechselnden Ausstellungen werden immer neue Themen vermittelt. Spielerische Führungen sowie Puppentheateraufführungen, Märchenerzählungen, Lesungen und Workshops für Kinder ab drei Jahren und Erwachsene ergänzen das Programm. *Karl-Marx-Str. 135, 12043 Berlin-NK, puppentheater-museum.de*

Sammlung Scharf-Gerstenberg

Lesende Esel, verrückte Kühe, tanzende Stiere – in der Sammlung Scharf-Gerstenberg steht die Welt Kopf! Was dachten sich die Künstler:innen dabei? Was denken Kinder darüber? Auf welche verrückten Ideen bringen die Werke Kinder? Die Website der Staatlichen Museen zu Berlin informiert euch regelmäßig über alle Angebote. Für alle Häuser der Staatlichen Museen zu Berlin gilt: Freier Eintritt für Kinder und Jugendliche bis 18 Jahre. *Schloßstr. 70, 14059 Berlin-CH, smb.museum*

Samurai Museum Berlin

Jahrhundertelang prägten die Samurai die Geschichte Japans, sowohl auf dem Schlachtfeld als auch am kaiserlichen Hof. In der Dauerausstellung bringen über 1.000 Objekte Lebensweise, Kunst und Traditionen des feudalen Japans nahe. Das eindrucksvolle Ausstellungsdesign bietet einzigartige Einblicke in das Leben und Handwerk der legendären Kriegselite. Für Kinder und Teens mit Japan oder Ninja-Faible ein echtes Highlight. *Auguststr. 68, 10117 Berlin-MI, samuraimuseum.de*

Schloss Köpenick

Wie viele Personen wohnten hier? Wer hat das Schloss eingerichtet? Das teure Porzellan, das funkelnde Gold, die schweren Gardinen und exotischen Hölzer waren einst moderner Luxus. Wie wirkt Schloss Köpenick heute auf uns? Wie würde ein Schloss heute gebaut und eingerichtet werden? Die Website der Staatlichen Museen zu Berlin informiert euch regelmäßig über alle Angebote. Für alle Häuser der Staatlichen Museen zu Berlin gilt: Freier Eintritt für Kinder und Jugendliche bis 18 Jahre. *Schlossinsel 1, 12557 Berlin-KÖ, smb.museum*

Schloss und Gutshof Britz

Das prachtvolle Gebäude im Süden Neuköllns wurde um 1700 gebaut. Zu dem Gesamtensemble zählen der Schlossgarten sowie ein Gutshof mit historischen Gebäuden. Im restaurierten Pferdestall ist das Museum Neukölln mit seiner ständigen Ausstellung „99 x Neukölln" zu finden. Besonders lohnenswert ist der Besuch zu den zahlreichen Veranstaltungen auf dem herrlich idyllischen Gutshofgelände. *Alt-Britz 73-81, 12359 Berlin-NK, schloss-gutshof-britz.de; museum-neukoelln.de*

Schloss und Park Biesdorf

Schon von Weitem ist das Kleinod der Berliner Denkmallandschaft dank seines achteckigen Turms zu erkennen. Wer hier die Pforten durchschreitet, bekommt bei freiem Eintritt die wechselnden Ausstellungen zur zeitgenössischen Kunst sowie eine kleine Dauerausstellung zur Geschichte des Hauses zu sehen. Das Labor M bietet ein künstlerisches Vermittlungsprogramm für Kinder und Familien. *Alt-Biesdorf 55, 12683 Berlin-MA, schlossbiesdorf.de*

Spielzeugmuseum im Havelland

Im schönen Havelland findet man einen besonderen Ort vor, der bei älteren Besucher:innen nostalgische Erinnerungen weckt und Kinder fasziniert. Von Puppen bis Baukästen, von Eisenbahn bis Spielzeugnähmaschine – das Museum zeigt Tausende von Spielsachen aus den letzten 150 Jahren. Direkt nebenan findet ihr das Kinderbuchmuseum. *Schulweg 1, 14728 Kleßen, spielzeugmuseum-havelland.de*

Stasimuseum

Das ehemalige Ministerium für Staatssicherheit (MfS) der DDR in Lichtenberg beherbergt heute das Museum, in dem man sich auf drei Etagen über die Funktion und Arbeitsweise der Stasi in der SED-Diktatur informieren kann. Kern der Ausstellung stellen die historischen Diensträume des damaligen Ministers Erich Mielke dar, die weitestgehend im Originalzustand erhalten sind. Das Areal des MfS zwischen Normannenstraße, Magdalenenstraße, Frankfurter Allee und Ruschestraße wird zum Campus für Demokratie als Forum für die diskursive Auseinandersetzung mit Geschichte entwickelt. *Ruschestr. 103, 10365 Berlin-LI, stasimuseum.de; campus-für-demokratie.berlin*

Kinderklassiker

Solange das Stammhaus saniert wird, bespielt die Komische Oper mehrere Bühnen. Stücke für Kinder und Familien kommen im Schillertheater zur Aufführung, neben der neuen Kinderoper „Die kleine Hexe", kehrt „Tom Sawyer" in dieser Spielzeit zurück. Von Herbert Grönemeyer komponiert bereichert die schwungvolle Verwechslungskomödie „Pferd frisst Hut" den Spielplan, der von weiteren tollen „Oper jung"-Angeboten begleitet wird. *Komische Oper, Seite 93*

TIPP

Stiftung Brandenburger Tor – Max Liebermann Haus

Die Stiftung Brandenburger Tor bietet im Max Liebermann Haus am Pariser Platz genügend Raum, um Kunst zu erleben und selbst kreativ zu werden. In Familienführungen und Kinderworkshops unter Anleitung fachpädagogischer Kunstvermittler:innen werden gemeinsam die aktuellen Ausstellungen entdeckt, besprochen und kreativ verarbeitet. Noch bis März 2025 wird die Sonderausstellung „Die Mauer: vorher, nachher, Ost und West" gezeigt. *Pariser Platz 7, 10117 Berlin-MI, stiftungbrandenburgertor.de*

Stiftung Reinbeckhallen – Sammlung für Gegenwartskunst

Der Grundstock der Sammlung, die kontinuierlich weiterentwickelt wird, entstand aus Stiftungen zeitgenössischer Kunstwerke des Privatsammlers Sven Herrmann. Zu den Ausstellungen finden Führungen und Workshops für Familien und Kinder statt. *Reinbeckstr. 11, 12459 Berlin-KÖ, stiftung-reinbeckhallen.de*

NEU

The Art of the Brick

In dem ehemalige Kaufhaus im Herzen von Berlin-Neukölln lässt die Ausstellung Besucher:innen auf über 1.100 Quadratmetern in eine farbenfrohe und kreative Umgebung eintauchen. Neben beeindruckenden Skulpturen gibt es interaktive Bereiche, in denen Kinder und Erwachsene ihrer Kreativität freien Lauf lassen können. Eine spezielle Spiel- und Bauzone lädt dazu ein, eigene Kunstwerke zu erschaffen. Für noch mehr Spaß sorgt ein LEGO-Pool, in dem tausende Steine darauf warten, zu neuen Kreationen zusammengefügt zu werden. *CANK, 2. OG, Karl-Marx-Str. 95, 12043 Berlin-NK, theartofthebrickexpo.com/berlin*

NEU

The Upside Down Museum Berlin

Immersive Erlebnisse liegen im Trend – das neue Social Media Museum am Potsdamer Platz verbindet Information mit Unterhaltung und möchte die Kreativität der Besucher:innen anregen. Ihr könnt dort in Themenräumen Berliner Kultur und Geschichte erkunden, verblüffende optische Täuschungen, auf den Kopf gestellte Kulissen und großartige Raumkonzepte erleben sowie eure eigenen Talente entdecken. *Alte Potsdamer Str. 7, 10785 Berlin-TI, the-upsidedown.com*

The Wall Museum

Das Museum ist direkt an der Berliner Mauer im ehemaligen Wachturm Mühlenspeicher zu finden. In 13 Themenräumen wird mit multimedialen Präsentationen,

Original-Exponaten und Beiträgen berühmter Persönlichkeiten die ereignisreiche Geschichte vom Bau der Berliner Mauer bis zu ihrem Fall erzählt. *Mühlenstr. 78, 10243 Berlin-FR, thewallmuseum.com*

Tränenpalast

Der Tränenpalast hat seinen Namen nicht von ungefähr. Zu Zeiten der Mauer gab es hier einen Grenzübergang. Ein Wiedersehen der Westverwandtschaft, die nach dem Ostbesuch ausreiste, war ungewiss und der Abschied tränenreich. Heute beherbergt der Palast die Dauerausstellung „Ort der Deutschen Teilung". Kinder ab acht Jahren können an einem spielerischen Rundgang teilnehmen und am Ende ein Westpaket öffnen. *Reichstagufer 17, 10117 Berlin-MI, hdg.de*

Urban Art Kids

Die zeitgenössische Galerie für Kinderkunst im Herzen Charlottenburgs widmet sich jungen Besucher:innen und gibt den Heranwachsenden einen Ort, an dem sie ihre Kreativität ausleben und ihrer Fantasie freien Lauf lassen können. In wechselnden Ausstellungen werden die Werke von lokalen und internationalen Künstler:innen präsentiert. Verschiedene Workshops für Kinder ab vier Jahren beleuchten die Kunst in all ihren Facetten. Wie man richtig kunstvolle Kindergeburtstage feiert, weiß das Künstler:innenteam natürlich auch. *Sesenheimer Str. 7, 10627 Berlin-CH, urbanartkids.com*

URBAN NATION

Diese Sammlung verlegt die Straße buchstäblich ins Gebäude. So zeichnet die interaktive Ausstellung im Museum für Urban Art die Entstehungsgeschichte einer Kunstströmung nach, die zu einer der erfolgreichsten der Gegenwart gehört. Doch nicht nur im Ausstellungshaus sind spannende Street Art-Werke zu bestaunen, hier werden auch die Architektur und Oberflächen des Gebäudes zum Bildträger, sodass das Haus selbst ein Kunstwerk ist. Die neue Ausstellung „LOVE LETTERS TO THE CITY" zeigt bis Mai 2027 Werke von über fünfzig internationalen und in Berlin lebenden Streetartists. Der Eintritt ins Museum und zu Veranstaltungen ist frei. *Bülowstr. 97, 10783 Berlin-SB, urban-nation.com*

NEU

Wassersportmuseum Grünau

Seit September 2024 ist das Wassersportmuseum Grünau mit neuer Dauerausstellung „Wasser Sport Grünau" am neuen Standort wiedereröffnet. Das Museum, das sich nun im Tribünengebäude der historischen Regattastrecke befindet, ist das einzige Spezialmuseum seiner Art in Deutschland. Die Exponate umfassen historische Rennboote, Kanus, Vereinsfahnen, Pokale, Medaillen, Embleme, Zeitschriften, Kataloge und Landkarten. Das Museum richtet sich sowohl an einzelne Besucher:innen als auch an Familien und Gruppen. Der Eintritt ist frei. *Regattastr. 191, 12527 Berlin-KÖ, sportmuseum.hypotheses.org*

NEU

Werkbundarchiv – Museum der Dinge

Rund 40.000 Dinge gab es lange an der Oranienstraße mitten in Kreuzberg zu entdecken. Darunter kleine, große, leichte, schwere, unsinnige, aber auch nützliche sowie alte Dinge. Nachdem der alte Standort verlassen werden musste, hat das Museum im November 2024 in der Leipziger Straße die Dauerausstellung neu eröffnet und setzt sein liebenswertes Programm mit Kinderworkshops und Geburtstagsangeboten fort. *Leipziger Str. 54, 10117 Berlin-MI, museumderdinge.de*

Werkstatt Exilmuseum

Vom einstigen Anhalter Bahnhof steht heute nur noch die Ruine des Eingangsportals. Von hier aus flohen nach der Machtübernahme durch die Nationalsozialist:innen 1933 unzählige Verfolgte mit dem Zug ins Exil. Für viele Emigrant:innen war dies der letzte Ort, an dem sie Berliner Straßenpflaster unter den Sohlen spürten. Das geplante Exilmuseum Berlin wird auf der Freifläche zwischen der Portalruine und dem angrenzenden Fußballplatz stehen und soll 2028 eröffnen. Bis dahin bietet die Werkstatt in der Fasanenstraße mit Workshops, Theaterperformances, Filmvorführungen, Lesungen und Gesprächen erste Einblicke in das entstehende Museum. *Fasanenstr. 24, 10719 Berlin-CH, stiftung-exilmuseum.de*

TIPP

Ziegeleipark Mildenberg

Während hier früher Milliarden Ziegel für Berlins Bauten hergestellt wurden, können Familien heute auf spannende Entdeckungstour gehen. Dort warten multimediale Ausstellungen zur Ziegelei- und Technikgeschichte, spannende Führungen, Fahrten mit den Schienenfahrrädern, eine große Spielwiese mit Kleintierzoo sowie tolle Events. Darüber hinaus kann man an den alten Streichtischen ausprobieren, wie das mit der Ziegelherstellung damals genau ablief. Auf dem Wasserspielplatz lernen Kinder spielerisch über die Entstehung, Verarbeitung und den Transport von Ton. Wenn einen der große Hunger überkommt, kann man auf der Picknickwiese am Wasser eine Pause einlegen. *Ziegelei 10, 16792 Zehdenick, ziegeleipark.de*

Widriges Wetter

1

Dauerregen, Schneematsch, grauer Himmel – Trübsinn und Lagerkoller machen sich breit? Lasst euch die Laune nicht verhageln – es gibt einige tolle stimmungsaufhellende Indooraktivitäten.

1

Statt Wasser von oben

Wenn schon nass, dann am besten richtig. Packt eure Kinder und Badesachen ein und ab ins Spaßbad oder noch besser in eine Therme, in der Kinder willkommen sind! Am besten schließt ihr euch mit Freund:innen zusammen, sodass die Erwachsenen abwechselnd auch mal in den Wellnessbereich entschwinden können. Der Weg nach Templin lohnt sich besonders, wenn man Unterdreijährige dabei hat, für die es in der Naturtherme einen eigenen Bereich gibt, während sich ältere Kinder bis zwölf Jahren auch im Indoorspielplatz austoben können. *Thermen und Erlebnisbäder, ab Seite 182*

2

Auspowern statt anöden

Das Wetter ist seit Tagen mies, die Laune langsam auch? Dann kann es nicht schaden, mal alle Gliedmaßen ordentlich durchzuschütteln und sich richtig auszupowern. Das gilt für den Nachwuchs ebenso wie für die vielleicht etwas eingerosteten Eltern: Hüpfen lockert alles auf! Und so werden aus den ersten vielleicht noch zaghaften Versuchen oft schnell Freudensprünge. *Trampolinhallen ab Seite 192*

3

Farbenpracht statt Lichtmangel

Wir lieben Berlin, aber der Berliner Winter kann einen fertig machen. Für Abhilfe bei akutem Licht-und Wärmemangel vermag ein Abstecher nach Dahlem zu sorgen, wo ihr in den Gewächshäusern des Botanischen Gartens durch tropische und subtropische Klima- und Pflanzenwelten spazieren und dabei Wärme, Farben und neues Wissen aufsaugen könnt. *Botanischer Garten Berlin, Seite 140*

4

Sternen- statt Regenhimmel

Egal, wie nervig das Wetter auf unserem Planeten gerade sein mag, ein Blick in die Weiten des Weltatlas rückt meist einiges der irdischen Sorgen zurecht. Auf alle Fälle bietet das Programm der Berliner Planetarien und Sternwarten immer unterhaltsame und lehrreiche Einblicke in die Astronomie für die ganze Familie.
Bei den FullDome-Shows beispielsweise im Zeiss Großplanetarium kann man sich zurücklehnen und genießen. *Zeiss Großplanetarium, Seite 89*

4

5

Neon statt Grau

Grauer Himmel schlägt euch aufs Gemüt? Wieso dann nicht gleich in ganz andere Lichtsphären eintauchen und sich sportlich miteinander messen? Beim Schwarzlicht-Minigolf beispielsweise am Tempelhofer Hafen lässt der Fun für die ganze Familie inmitten bunter Neonwelten alle beschwingt wieder nach Hause kommen. *Dockx Schwarzlicht Minigolf, Seite 196*

Astronomie, Technik und Experimente

Archenhold-Sternwarte

Die älteste und größte Volkssternwarte Deutschlands, die auch das 1896 gebaute und mit 21 Metern Brennweite längste bewegliche Linsenfernrohr der Welt beherbergt, bringt kleinen und großen Sternenliebhaber:innen den Himmel ein Stückchen näher. Im Planetarium finden regelmäßig spannende Shows für Kinder und Familien statt. Astronomisches Grundwissen wird auf spielerische Art und Weise auch im himmelskundlichen Museum im Treptower Park vermittelt. *Alt-Treptow 1, 12435 Berlin-TR, planetarium.berlin*

Besucherbergwerk F60

Wer in das knapp zwei Stunden von Berlin entfernte Lichterfeld fährt, trifft auf einen Giganten der Technik. Hier steht die alte Abraumförderbrücke F60, die mit 502 Metern Länge, 204 Metern Breite, 80 Metern Höhe und einem Gewicht von 10.000 Tonnen ein wahrer Koloss ist. Früher trug die riesige Maschine Braunkohle ab, heute können mutige Besucher:innen sie erklimmen und gleichzeitig etwas über die Geschichte und die Gegenwart des Braunkohleabbaus in der schönen Lausitz erfahren. Verschiedene Führungen vermitteln Hintergrundwissen. *Bergheider Str. 4, 03238 Lichterfeld, f60.de*

Kinderforscherzentrum HELLEUM

Murmel- und Kugelbahnen bauen, Wasserexperimente, Windkraft und Sonnenenergie spüren, testen, nutzen, und entdecken, was im Inneren steckt, auseinandernehmen und Neues bauen, chemische und physikalische Experimente mit Lebensmitteln, Naturphänomene wie Hitze, Licht und Feuer untersuchen, Messen, Wiegen, Vergleichen – die Themen und Möglichkeiten zum freien Forschen im HELLEUM sind vielfältig. In der kostenlosen offenen Lernwerkstatt gibt es die Möglichkeit, die Ausstattung des Kinderforscher:innenzentrums zu nutzen und mit Hilfe der Lernbegleiter:innen spannenden Phänomenen auf die Spur zu kommen. *Kastanienallee 59, 12627 Berlin-HE, helleum-berlin.de*

NEU

NANO Science Center

Kleines verstehen, Großes bewirken: Das Extavium benennt sich um in NANO. In dem Potsdamer wissenschaftlichen Mitmachmuseum gibt es für jede:n ab drei Jahren Spannendes zu entdecken, denn hier kann sogar der Satz des Pythagoras angefasst werden. Ob Mathematik, Physik, Biologie, Ökologie, Chemie oder Informatik – das Motto „Wissenschaft begreifen" wird hier wörtlich genommen und in wechselnden Experimentierkursen umgesetzt. Forscher:innen-Geburtstage bieten Spaß und Spannung. *Am Kanal 57, 14467 Potsdam, nano-potsdam.de*

Orbitall Raumfahrt im FEZ-Berlin

Wer schon immer mal wie echte Astronaut:innen den Flug ins Universum wagen wollte, kommt ins Orbitall. Während in der futuristischen Schleuse Tipps für die Expedition gegeben werden, machen sich angehende Raumfahrer:innen in der Trainingshalle mit Drehsessel, Taumelscheibe und Rhönrad körperlich fit fürs All. Familien können an den Wochenenden gemeinsam auf Weltraummissionen gehen. *Straße zum FEZ 2, 12459 Berlin-KÖ, orbitall.fez-berlin.de*

TIPP

Science Center Spectrum

In dem zum Deutschen Technikmuseum gehörenden Science Center Spectrum eröffnet sich für Kinder ab vier Jahren eine Welt der Experimente. Über 150 interaktive Stationen in acht Themenbereichen laden auf vier Etagen dazu ein, spielerisch die Welt der Naturwissenschaft und Technik zu erkunden. Spielen und Staunen, Anschauen und Ausprobieren sowie Lachen und Lernen stehen dabei im Mittelpunkt. *Möckernstr. 26, 10963 Berlin-KR, technikmuseum.berlin*

TüftelLab

Im Aufbauhaus am Moritzplatz bietet das TüftelLab Kindern und Jugendlichen Gelegenheit, an einer nachhaltigeren Welt zu tüfteln. Egal, ob mit 3D-Drucker, Schneidplotter, Lasercutter, VR und vielen weiteren digitalen Werkzeugen – in dem Edu-Makerspace können Kinder ab sechs Jahren ihre eigenen Ideen umsetzen. Die Angebote sind kostenfrei. *Prinzenstr. 85C, 10969 Berlin-KR, tueftellab.de*

TIPP

TUMO Berlin

In dem hochmodern ausgestattetes Lernzentrum können sich Jugendliche zwischen zwölf und 18 Jahren, kostenlos nach der Schule in zehn zukunftsorientierten digitalen Bereichen und kreativen Technologien weiterbilden. Die Teenager:innen gestalten ihren Entwicklungspfad selbstständig. Sie arbeiten sowohl alleine mit einer Lern-Software, als auch in Gruppen-Projekten und Workshops mit anderen Teens unter Anleitung von Expert:innen. *Wilmersdorfer Str. 59, 10627 Berlin-CH, berlin.tumo.de*

URANIA-Planetarium und Bürgel-Gedenkstätte

Im Holländischen Viertel Potsdams befindet sich das Planetarium, in dem das Weltall zum Erlebnis wird. Hier können Kinder ab vier Jahren Sternengeschichten und lehrreiche Comic-Shows sehen. *Gutenbergstr. 71/72, 14467 Potsdam, urania-planetarium.de*

Wilhelm-Foerster-Sternwarte mit Planetarium am Insulaner Berlin

Selbst Sterne mit dem Teleskop von der Sternwarte aus beobachten und sich von den Veranstaltungen im Planetarium unter dem Sternenhimmel verzaubern lassen – beides können Kinder ab drei Jahren am Insulaner-Hügel in Schöneberg durch die einzigartige Verbindung von Sternwarte und Großplanetarium. *Munsterdamm 90, 12169 Berlin-SB, planetarium.berlin*

TIPP

Zeiss Großplanetarium

Das Großplanetarium kann sich stolz Europas modernstes Wissenschaftstheater nennen. Hier faszinieren 360-Grad-Fulldome-Programme aus der Welt der Astronomie, Wissenschaft und Kultur. Kinder ab vier Jahren können verschiedene astronomische Programme erleben. *Prenzlauer Allee 80, 10405 Berlin-PB, planetarium.berlin*

Bühnen

Astrid-Lindgren-Bühne im FEZ-Berlin

Das Team der Bühne fühlt sich dem Credo der Namenspatronin verpflichtet: Wie die weltbekannte schwedische Kinder- und Jugendbuchautorin Astrid Lindgren die Aufführungen das junge Publikum in eine fantasievolle Welt aus Abenteuer, Poesie und Musik. Die Bühne im FEZ-Berlin hat 559 Plätze und zeigt neben Gastspielen aus dem Musik-, Tanz- und Puppentheaterbereich vor allem eigene Repertoirestücke nach Astrid Lindgren wie „Pippi Langstrumpf", „Mio, mein Mio" oder auch „Der kleine Wassermann" nach Otfried Preußler. *Straße zum FEZ 2, 12459 Berlin-KÖ, astrid-lindgren-buehne.fez-berlin.de*

TIPP

ATZE Musiktheater und Luftschloss

Das beliebte Berliner Musiktheater für Kinder bringt Erstaunliches, Ergreifendes, Lustiges und Tiefgründiges, in jedem Fall Musikalisches für Kinder ab drei Jahren auf seine Bühnen. Kinderbuchklassiker werden ebenso ins Musiktheater übersetzt wie eigens

Einen Part spielen

Diese Spielzeit ist es endlich soweit – das Kinder- und Jugendtheater in Lichtenberg kann nach mehrjähriger Sanierung wieder seine Bühnen und neuen Werkstatträume bespielen. Zur Wiedereröffnung nimmt mit dem Familienmusical „Wazn Teez?“ ein bunter Premierenreigen seinen Lauf. Zudem gibt es den Kinderclub und weitere partizipative Formate, in denen junge Menschen nicht nur im übertragenen Sinn eine Rolle spielen. *Theater an der Parkaue, Seite 95*

entwickelte Geschichten mit Tiefgang und Unterhaltungswert. Die Open-Air-Bühne Luftschloss, auf dem Tempelhofer Feld, begeistert von April bis September mit Theater, Musiktheater, Konzerten, Lesungen, Artistik und vielem mehr. *Luxemburger Str. 20, 13353 Berlin-WE; Open-Air-Bühne Luftschloss: Tempelhofer Damm, 12101 Berlin-TE, atzeberlin.de*

Ben Blus Illusionstheater

Bei den Shows des Illusionisten Ben Blu kann man in die Welt der Magie eintauchen. Für junge Zauberfreund:innen ab vier Jahren stehen mit „Simsalabim" und „Simsalabuuh!" extra Kindershows auf dem Spielplan. Neu ab Herbst 2024: die Show „Zeit der Illusionen". Außerden können Kinder hier auch zaubern lernen und Kindergeburtstage feiern. *Meinekestr. 24, 10785 Berlin-CH, illusionstheater-berlin.de*

Berliner Philharmoniker

Bei den Philharmoniker:innen sind schon die Kleinsten willkommen. Wer eines der klangvollen Familien- oder Mitmachkonzerte besucht, kann das Orchester live erleben. In Zusammenarbeit mit dem Musikinstrumenten-Museum kann man beide Häuser bei gemeinsamen Familienführungen erkunden. *Herbert-von-Karajan-Str. 1, 10785 Berlin-TI, berliner-philharmoniker.de*

TIPP

CABUWAZI

Die gelb-roten Zirkuszelte sind an mehreren Stellen in der Stadt zu finden. Dort gibt es alles, was das kleine Artist:innenherz begehrt. Balancieren, Springen, Rollen, Laufen und Strecken gehören zu den artistischen Grundlagen und können in den Nachmittagskursen geübt werden. *Wiener Str. 59H, 10999 Berlin-KR; Columbiadamm 84, 10965 Berlin-TE; Bouchéstr. 74, 12435 Berlin-TR; Otto-Rosenberg-Str. 2, 12681 Berlin-MA; Venusstr. 90, 12524 Berlin-KÖ; Wartenberger Str. 175, 13053 Berlin-HO, cabuwazi.de*

Circus Schatzinsel

Im Zirkus am Kreuzberger Spreeufer können Kinder ab sechs Jahren künstlerische Zirkusshows vom Training bis zur Premiere gestalten und kreatives Miteinander erleben. Am Trapez, auf dem Einrad oder mit den Jonglierbällen wird die Schwerkraft überwunden und Erfolge werden als Team in der Manege gefeiert. *May-Ayim-Ufer 4, 10997 Berlin-KR, circus-schatzinsel.de*

Coq au Vin

Das Kindertheater holt den Zirkus ins Theater und das Theater in den Zirkus. Fantasievoll, spektakulär und garantiert lustig kredenzt es Kindergeschichten rund um den Zirkus und sorgt damit für generationsübergreifenden Theaterspaß. Die Inszenierungen sind an Spielorten wie dem Pfefferberg Theater, dem Saal des Kreuzberger Biergarten Jockel oder im Yaam zu sehen. *coqauvin.de*

NEU

Das Weite Theater

Seit November 2024 kann der neu sanierte alte Standort am Stadtpark in Lichtenberg wieder bespielt werden, aber auch im Cedio an der Storkower Straße kommen weiterhin Stücke für Menschen von drei bis 103 Jahren auf die temporäre Bühne. Das Ziel des Weiten Theaters ist es, Schau- und Puppenspiel und Musik auf der Bühne miteinander gleichberechtigt zu verbinden. Neu im Repertoire seit November 2024: „Susi. Die Enkelin von Haus Nummer 4" für Kinder ab neun Jahren. *Parkaue 23, 10367 Berlin-LI; Storkower Str. 207, 1. OG, 10369 Berlin-LI, das-weite-theater.de*

Deutsche Oper Berlin

Im Herzen Charlottenburgs ist Berlins größtes Opernhaus zu finden, das bereits die Allerkleinsten begeistert. Das vielfältige Programm reicht von Baby- und Knirpskonzerten über Familienführungen bis hin zu innovativ inszenierten Klassikern. Der Nachwuchs kann bei den Opernmäusen, im Kinder- oder Jugendclub aktiv werden. *Bismarckstr. 35, 10627 Berlin-CH, deutscheoperberlin.de*

TIPP

FELD Theater für junges Publikum

Um es mit den eigenen Worten des Theaters zu sagen: Tanz, Theater, Performance, Musik, Puppen- und Objekttheater – nicht das Genre ist dem Theaterteam wichtig, sondern alle Formen der darstellenden Kunst, an denen kleine und große Menschen Spaß haben und durch die sie in den Austausch miteinander kommen. Im FELD gibt es Stücke für Jung und Alt: vom forschenden Spiel mit Materialien und Figuren, über Tanz und Performances, von Laborsituationen mit Musik und Film bis hin zu fantasievollen Geschichten. *Gleditschstr. 5, 10781 Berlin-SB, jungesfeld.de*

TIPP

Felicio

Das kleine, gemütlich eingerichtete, Prenzlauer Berger Puppentheater ist ein Ein-Mann-Betrieb. Dort können sich alle Besucher:innen wohl fühlen und die herrlich inszenierten Puppenspiele von Karsten Ackermann genießen. Für Kinder ab drei Jahren gibt es altbekannte Märchen und wundersame Geschichten. *Schivelbeiner Str. 45, 10439 Berlin-PB, felicio.de*

TIPP

Figurentheater Grashüpfer

Schon in längst vergangenen Zeiten war es ein Ritual, am Feuer zu erzählen. Das Figurentheater im Treptower Park führt diese Tradition mit gemütlichen Märchenabenden in der Jurte fort. Ob traditionelles Handpuppenspiel in der Guckkastenbühne, freie Animation von Objekten, kunstvolle Marionetten, Schattenpuppentheater, offenes Spiel- und Mitspielpuppentheater – alle künstlerischen Formen des Genre werden hier gepflegt und dargeboten. Familiennachmittage bieten die Gelegenheit, rund ums Puppenspiel kreativ zu werden. Auch die hier stattfindenden Festivals sind Highlights! *Puschkinallee 16A, 12435 Berlin-TR, theater-grashuepfer.de*

Fliegendes Theater

Durchschreitet man die Toreinfahrt in der Urbanstraße, entdeckt man schnell das ehemalige Fabrikgebäude, in dem das Fliegende Theater mit modernen Figuren- und Objektinszenierungen zu finden ist. Seit 1978 werden hier Stücke für Kinder und Erwachsene erarbeitet und inszeniert. Das Repertoire umfasst vielfältige Stücke für Kita- und Schulkinder, die am Wochenende und in den Ferien auch für Familien zu sehen sind. *Urbanstr. 100, 10967 Berlin-KR, fliegendes-theater.de*

TIPP

Friedrichstadt-Palast Berlin

Die Grand Show „Falling in Love" ist ein funkelndes Spektakel, nicht nur aufgrund der von Millionen Swarovski Kristallen übersäten Kostüme von Jean Paul Gaultier. Im Mittelpunkt der Show steht You, ein junger, gehörloser Poet. Die Altersempfehlung liegt bei acht Jahren. Die vom Leben der mexikanischen Künstlerin Frida Kahlo inspirierte neue Young Show „Frida Frida" für alle ab fünf Jahren begeistert seit November 2024 mit mitreißenden südamerikanischen Motiven und farbenprächtigen Bühnenbildern. *Friedrichstr. 107, 10117 Berlin-MI, palast.berlin*

Galli Theater

Das Theater ist idyllisch in den schönen Heckmannhöfen gelegen und gibt dort die Märchen von den Bremer Stadtmusikanten, Rotkäppchen oder Aschenputtel für Kinder ab vier Jahren zum Besten. Auf dem Abendspielplan steht dann Unterhaltsames für Erwachsene. Aber Kinder können nicht nur zuschauen, sondern dürfen selbst in Rollen schlüpfen. Bei Geburtstagsfeiern, in Theaterkursen und bei Ferienangeboten können sie ihr Talent erproben. Schön sind auch die Gastspiele im Jagdschloss Grunewald. *Oranienburger Str. 32, in den Heckmann-Höfen, 10117 Berlin-MI, galli-berlin.de*

Globe Berlin

Das Globe Berlin wird aus Bauteilen des ehemaligen Globe Theaters an der Sömmeringstraße in Charlottenburg neu entstehen. Bis der (Wieder)Aufbau beginnt, dient im Sommer ein ringförmiger Laufsteg aus gestapelten hölzernen Bauteilen als „Open-O-Bühne". Schauspiel, Wortkunst und Weltmusik – all das wird hier auf die Bühne an der Spree gebracht. *Sömmeringstr. 15, 10589 Berlin-CH, globe.berlin*

TIPP

Grips Theater

Die renommierte Bühne ist darauf ausgerichtet, durch Theater Kinder und Jugendliche zur Mitsprache zu ermächtigen und sie an kritisches Hinterfragen heranzuführen. Dabei werden Stücke aus den 1970er-Jahren wie „Bella, Boss und Bulli" (ab sechs Jahren) auch mal neu inszeniert. Für die jüngsten Theaterzuschauer:innen finden sich Stücke wie „Vier bei dir" auf dem Spielplan, der jede Spielzeit durch neue Inszenierungen und Uraufführungen bereichert wird. Gespielt wird an zwei Standorten: in Mitte und am Hansaplatz. *Altonaer Str. 22, 10557 Berlin-TI; Grips Podewil, Klosterstr. 68, 10179 Berlin-MI, grips-theater.de*

Hans-Otto-Theater

Neben einem reichhaltigen Erwachsenenprogramm spielt das produktive Schauspielhaus ein umfang- und abwechslungsreiches Repertoire für das junge Publikum. In der Spielzeit 2024/25 werden gleich sechs neue Stücke für Kinder und Jugendliche im Potsdamer Kulturquartier inszeniert. *Schiffbauergasse 11, 14467 Potsdam, hansottotheater.de*

Haus des Rundfunks

Mit seinen drei beeindruckenden Sendesälen ist das Haus des Rundkunks das älteste eigenständige Funkhaus der Welt. Heute finden im Großen Sendesaal Konzerte und Aufnahmen unter anderem vom Rundfunk-Sinfonieorchester Berlin (RSB) sowie die Familien- und Schulkonzerte für Kinder von sechs bis zwölf Jahren statt. *Masurenallee 8-14, 14057 Berlin-CH, rsb-online.de*

Haus für Poesie

Das Literaturzentrum in der Kulturbrauerei in Prenzlauer Berg fokussiert sich auf Poesie und bringt Dichter:innen aus aller Welt nach Deutschland. Ein wichtiges Anliegen des Hauses ist es, den schriftstellerischen Nachwuchs zu fördern und Kinder und Jugendliche für Lyrik zu begeistern. Dies geschieht unter anderem im Rahmen von Festivals. *Knaackstr. 97, 10435 Berlin-PB, haus-fuer-poesie.org*

Hexenberg Ensemble

Das Hexenberg Ensemble begeistert von Mitte November bis Ende Februar mit tollen Stücken im Glaspalast des Pfefferberg Theaters und präsentiert auf eindrucksvolle Weise Grimms Märchen. Nachmittags sind die Märchen kindgerecht, während abends für Erwachsene gespielt wird. *Schönhauser Allee 176, 10119 Berlin-MI, hexenberg-ensemble.de*

Kammerorchester Unter den Linden

Das Kammerorchester Unter den Linden ist das einzige professionelle Orchester Berlins, das hauptsächlich Konzerte für Kinder, Jugendliche und Familien veranstaltet. Besondere Markenzeichen der Konzerte sind ihre lebendige, humorvolle Präsentation auf der Bühne und die vielfältigen Möglichkeiten des Publikums, insbesondere der Kinder, am Bühnengeschehen teilzuhaben und mitzumachen. Die Familienkonzertreihe „Tiere, Tango und Trompeten" kann man im Kammermusiksaal der Philharmonie in Tiergarten genießen, die „Familienkonzerte in Dahlem" finden im Rudolf-Steiner-Haus statt. *Rudolf-Steiner-Haus, Berndottestr. 90-92, 14195 Berlin-ZE, kudl-berlin.de*

TIPP

Komische Oper Berlin

Während der Sanierung des Stammhauses an der Behrenstraße bespielt die Komische Oper verschiedene Orten – das Kinderprogramm kommt im Schillertheater auf die Bühne. Wie faszinierend Musiktheater sein kann, vermittelt sie bereits ihren jüngsten Zuschauer:innen mittels spannender Workshops und Führungen. In der Spielzeit 2024/25 können sich Familien wieder auf die Abenteuer von Huckleberry Finn und Tom Sawyer, aber auch die neue Kinderoper „Die kleine Hexe" freuen. *Am Schillertheater 1, 10625 Berlin-CH, komische-oper-berlin.de*

TIPP

Konzerthaus Berlin

Ob Musiktheater oder Instrumentenvorstellung – im Junior-Programm des Konzerthauses ist fast alles zum Anfassen und Mitmischen. Denn das macht doch viel mehr Spaß als einfach nur still auf dem Platz zu sitzen. In der Saison 2024/25 gibt es wieder ein vielfältiges Angebot für Kinder und Jugendliche, die RasselBande-Babykonzerte laden schon die Allerkleinsten von drei bis zwölf Monaten ein, das KlangKüken-Programm richtet sich an Kinder ab drei Jahren, es gibt Familienkonzerte ab sieben Jahren und vieles mehr für musikbegeisterte Familien! Auch den Kindertag im März solltet ihr euch nicht entgehen lassen. *Gendarmenmarkt, 10117 Berlin-MI, konzerthaus.de*

Kunger.Kiez.Theater

Das Berliner Off-Theater des Kungerkiezes bringt in seiner eigenen Spielstätte originelle Stücke für Kinder, Jugendliche und Erwachsene zu Aufführung. *Im Park Center Treptow, 1. OG, Am Treptower Park 14, 12435 Berlin-TR, theater.kungerkiez.de*

TIPP

Nikolaisaal Potsdam

Das moderne Konzert- und Veranstaltungshaus im historischen Gebäude in Potsdams Innenstadt ist ein fantastischer Ort für musikbegeisterte Familien, ganz besonders für jene, die schon mit kleinen Kindern in den Genuss klassischer Live-Musik kommen möchten. Die Familien-, Baby- und Kleinkinder-Konzerte locken auch Berliner Familien in die Nachbarstadt. *Wilhelm-Staab-Str. 10/11, 14467 Potsdam, nikolaisaal.de*

Pfefferberg Theater

Im historischen Ambiente der einstigen Brauerei heißt das Theater Besucher:innen willkommen. Im Winter kommen die Märchendarbietungen des Hexenberg Ensembles auf die Bühne. Auch Veranstaltungen im Rahmen von Literatur LIVE finden am Pfefferberg statt, der vor oder nach dem Kulturgenuss auch mit Braugasthaus und Biergarten lockt. *Schönhauser Allee 176, 10119 Berlin-PB, pfefferberg-theater.de*

TIPP

Pierre Boulez Saal

Ein Konzert zu erleben und die Freude an der Musik miteinander zu teilen, ist ein wunderbares Abenteuer für alle. Der schöne Konzertsaal in Mitte ist stets eine gute Wahl für kinderfreie Abende, aber auch als frischgebackene Eltern kann man dort Musik genießen: Mit den Elternzeit-Konzerten bietet der Pierre Boulez Saal Eltern mit Babys jeweils 45-minütige Musikerlebnisse in ungezwungener Atmosphäre. *Französische Str. 33D, 10117 Berlin-MI, boulezsaal.de*

Prime Time Theater

Das erste Kinderstück „Die Nährstoffgeschichte" des Komödientheaters ist eine Bühnenadaption des gleichnamigen Kinderbuchs und erklärt Kindern im Kita- und Grundschulalter spielerisch und interaktiv, warum bestimmte Lebensmittel gut für sie sind und was Vitamine und Nährstoffe so gesund und hilfreich macht. *Müllerstr. 163, 13351 Berlin-WE, primetimetheater.de*

Rundfunk-Sinfonieorchester Berlin

Das RSB ist für seine liebevoll inszenierten Familien- und Kinderkonzerte bekannt. Die Konzertreihe „Rapauke macht Musik" für Kinder von drei bis sechs Jahren erfreut sich immer großer Beliebtheit. Die vier Konzerte bauen aufeinander auf und können als Abo gebucht werden. Mit dem Format „Tubadur im Konzert" bietet das RSB auch für Kinder im Grundschulalter Konzerte im kammermusikalischen Rahmen. *Reichsstr. 105, 12051 Berlin-CH, rsb-online.de*

Schaubude Berlin

Der Spielplan der Schaubude, der ein wöchtenlich wechselndes Kinder- und Abendprogramm beinhaltet, vereint unterschiedliche ästhetische Handschriften des zeitgenössischen Puppen-, Figuren- und Objekttheaters. Beim jährlichen Festival „Theater der Dinge" gastieren nationale und internationale Theater. Darüber hinaus werden kreative Kinderworkshops und Ferienprogramme geboten. *Greifswalder Str. 81-84, 10405 Berlin-PB, schaubude.berlin*

Schlossplatztheater

Auf dem aktuellen Spielplan des Köpenicker Theaters stehen Produktionen für Kinder, Jugendliche und Erwachsene. Musiktheaterproduktionen haben sich dabei zum künstlerischen Schwerpunkt entwickelt. Eigene Theaterstücke mit Musik für Kinder von vier bis zehn Jahren stehen ebenso auf dem Spielplan wie Gastspiele und Koproduktionen mit anderen Theatergruppen. Zum Programm gehört auch das „Junge Schlossplatztheater“, mit theaterpädagogischen Projekten. *Alt-Köpenick 31, 12555 Berlin-KÖ, schlossplatztheater.de*

Staatsoper Unter den Linden

Das vielfältige Programm der Jungen Staatsoper lädt Kinder und Jugendliche ein, die Oper während spezieller Familienvorführungen und bei Kinderkonzerten zu erleben. Im Opernkinderorchester lernen junge Instrumentalist:innen im Alter von sieben bis 13 Jahren den Orchesterbetrieb kennen. Zudem veranstaltet die Staatsoper einmal im Jahr im Sommer unter freiem Himmel die „Staatsoper für alle“ auf dem Bebelplatz. *Unter den Linden 7, 10117 Berlin-MI, staatsoper-berlin.de*

Stage BLUEMAX Theater

Am Potsdamer Platz erklingt seit 19 Jahren der Sound der Blue Man Group – die knallbunte Show „The Beat of Berlin“ begeistert auch kleine Zuschauer:innen mit Musik und faszinierenden Effekten. *Marlene-Dietrich-Platz 4, 10785 Berlin-TI, stage-entertainment.de*

Stage Theater des Westens

Im schönen Theaterbau an der Kantstraße wird bis Ende Februar 2025 noch „Ku'Damm 59 – Das Musical“ gespielt, bevor ab Mitte April „Romeo und Julia – Liebe ist alles“ auf die Bühne zurückkehrt. Es spielt in Verona zur Zeit Shakespeares und basiert auf dessen Originaltext. Mit aufwendigen Kostümen und modernen Choreografien ist das Musical ein riesiges Spektakel, zu dem Kinder ab drei Jahren Zugang bekommen. *Kantstr. 12, 10623 Berlin-CH, stage-entertainment.de*

TIPP

Tanzkomplizen im Podewil

Tanzkomplizen ist die erste Spiel- und Produktionsstätte Berlins, die ausschließlich und kontinuierlich Tanz für junges Publikum auf die Bühne bringt. In Zusammenarbeit mit zeitgenössischen Choreograf:innen werden neue Stücke und Formate aus unterschiedlichen Tanzgenres sowie Gastspiele und Repertoirestücke für Kinder ab dem Grundschulalter entwickelt. Tanzkomplizen ist Teil des Vereins TanzZeit, der Berliner Schüler:innen in Unterrichtsformaten mit zeitgenössischem Tanz in Berührung bringt. *Klosterstr. 68, 10179 Berlin-MI, tanzkomplizen.de*

NEU

Theater an der Parkaue

Das Junge Staatstheater zählt zu den spannendsten Theaterorten der Stadt, der in dieser Spielzeit nach mehrjähriger Sanierung wieder all seine Bühnen und Werkstätten am Stammhaus wieder in Besitz nehmen kann. Das wird gleich mit zehn Premieren für Kinder und Jugendliche gefeiert; „Antigones Vermächtnis“, „Wazn Teez“, „Leuchtend, klein, zitronensauer“, „Sasja und das Reich jenseits des Meeres“, „Scheiblettenkind“, „Raumrauschen“, „Die Nashörner“, „Newsroom“, „Mensch“ und „Space Explorers“. Aber nicht nur als Zuschauende wird der Nachwuchs hier ernst genommen – im Kinderclub können sie ihr eigenes Stück erarbeiten. *Parkaue 29, 10367 Berlin-LI, parkaue.de*

Theater der kleinen Form

Die familiären Räume des Kindertheaters sind ein feiner Ort für Kitakinder, um die Welt des Puppentheaters kennenzulernen. An Inszenierungen wie „Das sehr unfreundliche Krokodil“, „Die Nachtigall“ oder „Die Zuckerfee“ haben auch Erwachsene ihre Freude. *Gubener Str. 45, 10243 Berlin-FR, theater-der-kleinen-form.de*

Theater Jaro

Die Theatergruppe bringt ausschließlich eigene Stücke auf die Bühne und begeistert damit Zuschauer:innen von zwei bis zehn Jahren. Schauspieler:innen, Puppen und viel Musik erzählen liebevolle Geschichten von Dinosauriern, Feen und fliegenden Kamelen. Neben den beliebten Jaro-Stücken für Kleinkinder wie „Ein Dinosaurier im Kühlschrank“ oder „Waschtag bei Familie Clown“ gibt es auch Inszenierungen für etwas ältere Kinder zu aktuellen Themen. *Schlangenbader Str. 30, 14197 Berlin-WI, theater-jaro.de*

Theater Mirakulum

Als künstlerisches Allroundtalent leitet Thomas Mierau das Theater, das bei Berliner Kindern und Erwachsenen für seine Individualität und kreative Atmosphäre sehr geschätzt wird. Seit 1991 werden dort Märchenadaptionen, Fabelbearbeitungen und Alltagsgeschichten in den Spieltechniken Marionette, Handpuppe, Farbschemen und Schattenspiel dargeboten. *Brunnenstr. 35, 10115 Berlin-Mi, mirakulum.de*

Theater Morgenstern

Das Kinder- und Jugendtheater bringt spannende und innovative Bearbeitungen alter Sagen und Märchen, Klassiker der Weltliteratur, zeitgenössische Autor:innen und eigene Stückentwicklungen im Theatersaal des ehemaligen Rathaus Friedenau auf die Bühne. *Rheinstr. 1, 10159 Berlin-SB, theater-morgenstern.de*

TIPP

Theater o.N.

Das kleine Theater mitten im Kollwitzkiez hat sich einen Namen mit seiner Theaterarbeit für das jüngste Publikum gemacht: Die künstlerisch anspruchsvollen und abwechslungsreichen Inszenierungen für die Kleinsten ab sechs Monaten zeugen davon. *Kollwitzstr. 53, 10405 Berlin-PB, theater-on.com*

TIPP

Theater Strahl

In der zweiten Spielzeit am ersten eigenen Spielorts am Ostkreuz wartet das Theater dort und im Kulturhaus Schöneberg wieder mit einem tollen Mix aus Schauspiel, Masken-Beatbox-Theater, Tanztheater und interaktiven Stücken für alle ab zwölf Jahren auf – in den warmen Monaten auch Open Air. Mit dem Ziel, möglichst viele Jugendliche aus allen Lebensbereichen anzusprechen, wird ein umfangreiches theaterpädagogisches Programm geboten. *Kulturhaus Schöneberg: Kyffhäuserstr. 23, 10781 Berlin-SB; Ostkreuz: Marktstr. 9-12, 10317 Berlin-LI, theater-strahl.de*

Varia Vineta

Theaterfans ab drei Jahren können in dem gemütlichen Pankower Theater mit Stücken rund um die bekannten Figuren Schneewittchen, Rapunzel, Frau Holle oder Hänsel und Gretel und in den Theater-Schnupperkursen in die Welt der Märchen eintauchen. *Berliner Str. 53, 13189 Berlin-PA, stadttheaterpankow.de*

Wintergarten – Das Varieté

Pünktlich zur besinnlichen Zeit des Jahres setzt der Wintergarten immer von November bis Januar seine beliebte Familienveranstaltungsreihe „Zimt & Zauber“ in Zusammenarbeit mit CABUWAZI fort – diese Spielzeit widmet sich die Show von November 2024 bis Januar 2025 der Geschichte des Zauberers von Oz. *Potsdamer Str. 96, 10785 Berlin-TI, wintergarten-berlin.de*

Zimmer 16 – camera dell' arte

Sowohl Spielstätte für Theater, Comedy, Musik und Film als auch Ausstellungsraum für Malerei und Fotografie ist diese Kleinkunstbühne. Das Angebot des Kindertheaters im Zimmer 16 richtet sich mit vielen Gastspielen an junge Zuschauer:innen zwischen zwei und acht Jahren. Es zeichnet sich durch seine Diversität vom traditionellen Puppentheater über das Marionettentheater bis hin zu Mitspieltheater und Kinderkonzerten aus. *Florastr. 16, 13187 Berlin-PA, zimmer16.com*

Kulturzentren

Alte Möbelfabrik

Unter Einbeziehung verschiedener künstlerischer Ausdrucksformen und professioneller Anleitung von Theaterschaffenden entwickeln Kinder in festen Gruppen Stücke zu lebensnahem Themen, die im Schlossplatztheater auf die Bühne gebracht werden. Außerdem gibt es Ferienworkshops, einen offenen kreativen Bereich, der zum Malen, Gestalten, Theaterspielen, Bewegen und zu gemeinsamen Neueentdeckungen einlädt sowie Kurse, die Theater und Musik verbinden. *Karlstr. 12, 12557 Berlin-KÖ, alte-moebelfabrik.de*

Alte Münze

Das ehemalige Münzprägewerk am Ufer der Spree, bietet Raum für Kunst- und Kulturschaffende sowie für verschiedene Veranstaltungsformate. Auch abseits dieser lohnt sich ein Besuch im Pflanzencafé The Greens, einer grünen Oase mit regionalen ökologischen-pflanzlichen Speisen. *Molkenmarkt 2, 10179 Berlin-MI, alte-muenze-berlin.de, the-greens-berlin.de*

Berlin Global Village

Das Eine-Welt-Zentrum auf dem Areal der früheren Kindl-Brauerei beherbergt viele entwicklungspolitische und migrantisch-diasporische NGOs, verschiedene Beratungs- und Kulturangebote sowie die Ludothek Global für Kinder bis zehn Jahre. *Am Sudhaus 2, 120537 Berlin-NK, berlin-global-village.de*

Die gelbe Villa

Die Kreuzberger Villa ist Schauplatz des Familienfests im Rahmen des internationalen literaturfestivals berlin im September. Das ganze Jahr über können Kinder und Jugendliche zwischen sechs und 16 Jahren hier ein umfangreiches Angebot wahrnehmen, das handwerkliche und künstlerische Workshops beinhaltet. *Wilhelmshöhe 10, 10965 Berlin-KR, die-gelbe-villa.de*

Felleshus – Gemeinschaftshaus der Nordischen Botschaften

Das frei zugängliche Kultur- und Veranstaltungszentrum der fünf Nordischen Botschaften ist ein Veranstaltungsort öffentlicher Ausstellungen und Lesungen, Konzerte, Filmvorführungen, Vorträge, Konferenzen und Kinderprogramme. Die Kantine und „Kaffebar“ laden zum Verweilen ein. *Rauchstr. 1, 10787 Berlin-TI, nordischebotschaften.org*

TIPP

FEZ-Berlin

Das größte gemeinnützige Kinder-, Jugend- und Familienzentrum in Europa befindet sich mitten in einem erholsamen Waldpark – der Wuhlheide – und verfügt über 170.000 Quadratmeter Outdoor- sowie 13.000 Quadratmeter Indoor-Fläche. Auch wenn man das FEZ schon zu kennen glaubt, kann man es immer wieder neu für sich entdecken. Einzigartig sind die inhaltlichen Angebote zu den Schwerpunkten globales Lernen und Bildung zur nachhaltigen Entwicklung. Außerdem findet man dort die Astrid-Lindgren-Bühne, das Alice Museum für Kinder, das Orbitall Raumfahrtzentrum, die Öko-Insel, die Schwimmhalle sowie den Badesee mit Sandstrand. *Straße zum FF7 2, 12459 Berlin-KÖ, fez-berlin.de*

Haus der Kulturen der Welt

Das Haus widmet sich in seinen Ausstellungen und Veranstaltungen den komplexen Fragen der Welt. Es ist ein Schmelztiegel für Kunst, Wissenschaft und Gesellschaftspolitik, der auch ein spannendes Bildungs- und Workshop-Programm für Kinder und Jugendliche bietet. Tipp am Rande: Im Weltwirtschaft-Restaurant und Biergarten lässt sich herrlich einkehren. *John-Foster-Dulles-Allee 10, 10557 Berlin-TI, hkw.de*

House of One

2021 wurde am Petriplatz der Grundstein für das interreligiöse Friedensprojekt gelegt und 2023 die House of One-Box auf der Baustelle eröffnet. Dort informieren Ausstellungen und Veranstaltungen über den Fortgang der Bauarbeiten. Das Gebäude, das drei Gebetsräume der monotheistischen Religionen – Synagoge, Kirche und Moschee – in sich vereinen wird, entsteht auf den Fundamenten der Petrikirchen. *Petriplatz, 10178 Berlin-MI, house-of-one.org*

Kulturhaus Spandau

Im Herzen der Spandauer Altstadt ist das Kulturhaus zu finden. Nicht nur im Sommer begeistert hier die Freiluftbühne an der Zitadelle mit Kinderkonzerten und -theaterstücken, auch im Winter ist das Kulturhaus mit den Theatervorstellungen einen Besuch wert. *Mauerstr. 6, 13597 Berlin-SP, kulturhaus-spandau.de*

Schwartzsche Villa

Galerie, Konzertsaal, Atelier, Proberäume, Druckwerkstatt – die Schwartzsche Villa ist all das in einem. Besonders spannend ist das Kindertheaterprogramm, das Kindertheatermacher:innen und mobilen Bühnen Raum für Gastspiele gibt. Dementsprechend abwechslungsreich sind die Aufführungen in der Villa. *Grunewaldstr. 55, 12165 Berlin-ST, schwartzsche-villa.de*

ufaFabrik

Auf mehr als 8.000 Quadratmetern werden in der ökologischen Kulturoase vom Musikgarten bis zur Babymassage, von der Tierpflege auf dem Bauernhof bis hin zum Beatboxmusical für Kinder tolle Programme geboten. *Viktoriastr. 10-18, 12105 Berlin-TE, ufafabrik.de*

YAAM

Das Kulturzentrum an der Spree bietet nebetypischen Spielplatz-Geräten wie Schaukel, Wippe und einem riesigen Sandkasten mit Spielzeugen und Planschbecken in der Kids Corner und auf dem gesamten Gelände auch regelmässig Aktivitäten und Festivitäten für unterschiedliche Altersklassen. Dies reicht von den Familientagen SUNDAY CLASSIX bis zu den Aufführungen des Theater Coq au Vin. Das Angebot für alle reicht von Workshops bis hin zu urbanen Sportangeboten und natürlich vielen tollen Konzerten. *An der Schillingbrücke 3, 10243 Berlin-FR, yaam.de*

Sehenswürdigkeiten

Berliner Dom

Wer einmal einen spektakulären Panoramablick über Berlin genießen möchte, kann dies von der Domkuppel aus tun. Auch die Besichtigung des monumentalen Kirchengebäudes lohnt sich und ist für Kinder kostenlos. Eindrucksvoll sind die Familienkonzerte, die dort zu besonderen Anlässen wie St. Martin oder zu Weihnachten stattfinden. Die Wiedereröffnung der Hohenzollerngruft mit großem Ausstellungsbereich, multimedialen Infos, mit neuem Domshop und gemütlichem Café. ist für Herbst 2025 geplant. *Am Lustgarten, 10178 Berlin-MI, berlinerdom.de*

Berliner Fernsehturm

Der 368 Meter hohe Turm, der durch seine Silhouette das Berliner Stadtbild prägt, ist eine der bedeutendsten Sehenswürdigkeiten, gilt er doch als höchstes Bauwerk Deutschlands. Von hier aus erhalten Besucher:innen einen spektakulären Ausblick über die ganze Stadt. *Panoramastr. 1A, 10178 Berlin-MI, tv-turm.de*

Berliner Funkturm

Die Aussichtsplattform des Funkturms bietet an der frischen Luft, aber geschützt hinter der Glasverkleidung auf 126 Metern Höhe, einen super Blick über die Stadt und ihre Wahrzeichen. *Panoramastr. 1A, 14057 Berlin-CH, funkturm-messeberlin.de*

Denkmal für die ermordeten Juden Europas

Zwischen Brandenburger Tor und Potsdamer Platz liegt das Holocaust-Mahnmal. Das Stelenfeld besteht aus 2.711 Betonblöcken unterschiedlicher Höhe. Unterirdisch befindet sich der „Ort der Information", der über die Entrechtung, Verfolgung und Ermordung der jüdischen Menschen Europas aufklärt. Mit Zeugnissen individueller Lebensgeschichten wird an die Opfer erinnert. Empfohlen wird der Besuch von Jugendlichen mit erwachsener Begleitung ab 14 Jahren. *Cora-Berliner-Str. 1, 10117 Berlin-MI, holocaust-denkmal-berlin.de*

Deutscher Bundestag

Für die Besichtigung der beeindruckenden Kuppel und der Dachterrasse des Reichstagsgebäudes muss man sich vorher beim Besucher:innenservice anmelden. Man kann Führungen buchen, um mehr über die Geschichte und Architektur des Ortes zu erfahren. Kindern erklärt der Audioguide „Mit Karlchen Adler auf die Kuppel" spielerisch, was im Bundestag passiert. *Platz der Republik 1, 11011 Berlin-TI, bundestag.de*

Eastside Gallery

Das noch längste erhaltene Teilstück der Berliner Mauer ist in Friedrichshain unweit der Oberbaumbrücke zu finden. Gleich nach dem Mauerfall im November 1989 wurde sie von 118 Kunstschaffenden aus aller Welt bemalt. Am 28. September 1990 öffnete die Open-Air-Galerie und feiert im September 2025 mit einem neuen Dokumentationszentrum und verschiedenen Veranstaltungen das 35. Jubiläum. *Mühlenstr. 3-100, 10243 Berlin-FR, eastsidegallery-berlin.com*

Flatowturm im Park Babelsberg

Wer bis zum Zinnenkranz des Turms hinaufklettert, durchquert sehenswerte Schlossräume. Oben belohnt ein herrlicher Panoramablick. Überhaupt ist das UNESCO-Welterbe Park Babelsberg stets einen Besuch wert. *Park Babelsberg 12, 14482 Potsdam, spsg.de*

TIPP

Flughafen Tempelhof mit THF Tower

Der denkmalgeschützte Bau diente im Zweiten Weltkrieg der Rüstungsproduktion durch Zwangsarbeiter:innen. Doch als Symbol der Freiheit wurde der Flughafen durch die Luftbrücke von 1948/49 weltberühmt. Auf geführten Rundgängen kann man das Gebäude mit einer Fläche von 300.000 Quadratmetern erkunden. Im Besucher:innenzentrum CHECK-IN ist die Ausstellung „EIN WEITES FELD." zu sehen. Die Ausstellung „Ready for Take-Off – 100 Jahre Flughafen Berlin-Tempelhof" erzählt im THF Tower die Geschichte des Orts von NS-Zeit über Luftbrücke und Spionage bis hin zur Nachnutzung als offener Ort für alle. *Platz der Luftbrücke 5, 12101 Berlin-TE, thf-berlin.de*

Gendarmenmarkt

Mit seinen monumentalen Baudenkmälern gilt er als schönster Platz Berlins. Französischer Dom und Deutscher Dom flankieren das Konzerthaus. Die Sanierungsarbeiten am Platz dauern noch an, daher findet 2024 der Weihnachtszauber nochmal auf dem Bebelplatz statt. *Gendarmenmarkt, 10117 Berlin-MI*

Kaiser-Wilhelm-Gedächtniskirche

Die Kirche mit ihrer Turmruine, die heute als Mahnmal für den Frieden gilt, können Interessierte in täglichen Führungen besichtigen, dort an Familiengottesdiensten oder Konzerten teilnehmen und von Ende April bis Anfang Oktober bei speziellen Wochenendführungen das Innere der Turmruine erkunden. *Breitscheidplatz, 10789 Berlin-CH, gedaechtniskirche-berlin.de*

Neue Synagoge – Centrum Judiacum

Der prächtige Bau in der Oranienburger Straße war einst die größte Synagoge Deutschlands. Heute ist es der Sitz des Centrum Judaicums, in dem die Herausforderungen kultureller Vielfalt und Differenzen sowie die verschiedensten Ausprägungen des Jüdischseins thematisiert werden. Jüdische Geschichte in Berlin ist hier ein Beispiel dafür, Geschichte überhaupt aus verschiedenen Perspektiven zu sehen. *Oranienburger Str. 28-30, 10117 Berlin-MI, centrumjudaicum.de*

Nikolaiviertel

Mitten in Berlin kommt man sich vor wie in einer anderen Stadt und Zeit. Die Häuser zwischen Spree und Rotem Rathaus wurden im Vorfeld der Feierlichkeiten zur 750-Jahr-Feier Berlins von 1981 bis 1987 nach historischem Vorbild neu errichtet. Die namensgebende doppeltürmige Kirche trägt in ihrem Gemäuer Spuren aller Epochen und zeigt in Miniaturmodellen die Geschichte des Viertels. *Rund um den Nikolaikirchplatz, 10178 Berlin-MI, berlin-nikolaiviertel.com*

Olympiastadion

Wer sich auf die Spuren deutscher Sport- und Architekturgeschichte begeben möchte, besucht das Olympiastadion. Ihr könnt das Gelände auch auf eigene Faust erkunden, mehr erfährt man aber bei den Führungen. Kinder können hier auch ihren Geburtstag feiern, dann geht es mit einem Guide zu den spannendsten Schauplätzen des Stadions, auch in die unterirdische Aufwärmhalle, die ansonsten für die Öffentlichkeit gesperrt sind. Nach der Tour können die Kids gegen den Ball treten und sich beim Slalomlaufen, Weitsprung oder Wettrennen ausprobieren. *Olympischer Platz 3, 14053 Berlin-CH, olympiastadion.tickets*

NEU

Pfaueninsel

Sieben Jahre lang wurde das beliebte Lustschloss aus dem 18. Jahrhundert saniert. Im Frühsommer 2025 wird es auf der romantischen kleinen Insel feierlich wiedereröffnet, vor der herrlichen Kulisse alter Bäume und der dort freilebenden prächtigen Pfauenvögel. Kinder können bei Führungen mit der Inselelfe Tana auf Entdeckungstour gehen. Mit der App „Actionbound" lassen sich zwei verschiedene Touren als Schnitzeljagd über die Insel unternehmen. *Nikolskoer Weg, 14109 Berlin-ZE, spsg.de*

Schloss Charlottenburg

Früher residierte die preußische Königin Sophie Charlotte in dem für sie erbauten Prachtbau. Heute beherbergt das Schloss Ausstellungen, in denen die Schätze aus der Silberkammer der Hohenzollern oder der Residenz Enkels Friedrich des Großen gezeigt werden. Führungen durch das Schloss und die barocke Parkanlage garantieren Spaß für die ganze Familie. Mit der App „Actionbound" können Kinder diesen wie andere Gärten der Stiftung Preußische Schlösser und Gärten Berlin-Brandenburg erkunden. *Spandauer Damm 10-22, 14059 Berlin-CH, spsg.de*

Schloss und Garten Schönhausen

Das Barockschloss Schönhausen in Pankow hat sich vom Sommersitz der preußischen Königin über ein Kunstdepot während des Nationalsozialismus und bis zum Amtssitz des DDR-Präsidenten einer starken Wandlung unterzogen. In kaum einem anderen preußischen Schloss ist die Zeitgeschichte Deutschlands so ablesbar wie in Schönhausen. *Tschaikowskistr. 1, 13156 Berlin-PA, spsg.de*

Schloss und Park Sanssouci

Ein Familienausflug nach Potsdam ist immer eine gute Idee und dann steht das weltbekannte Parkensemble meist ganz oben auf der Wunschliste. Hier können Besucher:innen die von Eleganz geprägten Räume oder den Schlosspark zwischen der Orangerie, dem Chinesischen Teehaus und den berühmten Weinbergterrassen erkunden. Auch ein Besuch des westlich gelegenen Neuen Palais lohnt sich, ebenso wie die Teilnahme am vielseitigen Veranstaltungsprogramm für Familien! *Maulbeerallee, 14469 Potsdam, spsg.de*

Siegessäule

1864 bis 1873 ursprünglich vor dem Reichstag erbaut, wurde die Säule während des Nationalsozialismus auf ihre heutige Höhe von 67 Metern erweitert und im Rahmen der Planungen für die „Reichsstadt Germania" versetzt. Geziert wird die Säule von der Figur der römischen Siegesgöttin Viktoria. Wer genug Kondition aufbringt, erklimmt die im Inneren gelegene Wendeltreppe mit ihren 285 Stufen bis zur Aussichtsplattform auf rund 51 Metern. *Großer Stern, 10557 Berlin-TI*

TIPP

Zitadelle Spandau

Die Renaissancefestung beherbergt das älteste Gebäude Berlins, den Juliusturm. Familien können hier jedoch nicht nur hoch hinauf steigen oder spannende Führungen erleben, sondern auch Open Air-Konzerte, Kindertheater, Workshops oder das Stadtgeschichtliche Museum besuchen. Und dann gibt es ja noch die Fledermäuse, die einen im Keller erwarten. *Am Juliusturm 64, 13599 Berlin-SP, zitadelle-berlin.de*

Stadtführungen

Berliner Wassertaxi

Berlins schönste Seiten kann man herrlich auf dem Wasserweg entdecken. Während der Schiffsrundfahrt schippert man an Berlins bekanntesten Wahrzeichen vorbei. *berlinerwassertaxi.de*

Detektiv-Trail

Bei der Rätseltour entlang der Spree erhält man eine Schatzkarte – ausgedruckt oder in der App – und folgt dem Detektiv Dachs. Die Trails sind für Familien mit Kindern ab sieben Jahren konzipiert. *detektiv-trails.de*

Foxtrail

Super Mix aus Schnitzeljagd, Sightseeing und Outdoor-Escape Game: Die Jagd nach dem schlauen Tier führt in kleinen Teams von zwei bis sechs Personen ab zehn Jahren quer durch Berlin und Potsdam. *foxtrail.de*

GEOLINO Stadtrallye – Meet the World

Ausgestattet mit einem iPad kommen Kinder ab acht Jahren bei der Stadtrallye den Geheimnissen Berlins oder Potsdams auf die Spur. *meet-the-world.de*

lialo

Als Familie zeitlich unabhängig durch die Kieze geführt werden, das geht mit dem Smartphone auf über 80 lialo-Touren – viele davon kostenfrei. An den Stopps warten abwechslungsreiche Aufgaben. *lialo.com*

Maranja Adventure Club

Die spannenden Outdoor Escape Games können im Kindermodus auch von jungen Rätselfans ab zehn Jahren gespilet werden. *maranja.eu*

Pindactica

Mit den Entdecker:innenheften können Kinder ab sechs Jahren alleine, mit der Familie oder dem Pindactica-Team auf verschiedene Outdoor-Entdeckungstouren gehen. *pindactica.de*

Reederei Riedel

Wer Berlin vom Wasser aus erkunden möchte, kann sich auf der„Berlin Hauptstadt Spreefahrt“ zurücklehnen und Spannendes erfahren. *reederei-riedel.de*

Stadt im Ohr

Die Familienhörspiele zum Mitlaufen sind per App verfügbar. So entdecken Kinder ab neun Jahren gemeinsam mit dem weit gereisten Kater Socks den geschichtsträchtigen Prenzlauer Berg oder folgen der Audiotour „Zwischen den Welten“ über die Oberbaumbrücke. *stadt-im-ohr.de*

Stadtspiel Schnitzeljagd Berlin

Bestens geeignet für Familien, die Berlin mit Kindern und Spaß erkunden möchten, ist die Schnitzeljagd „Berlins Mitte für Kinder“. In zwei bis drei Stunden erkundet man dabei die bekanntesten Sehenswürdigkeiten und Attraktionen und erfährt nebenbei viel über Berlins Geschichte. *stadtspiel-berlin.de*

StattReisen Berlin

Kinder zwischen acht und zwölf Jahren können gemeinsam mit ihren Eltern an den öffentlichen Kindertouren teilnehmen und auf spielerische Weise Berlin entdecken. Sieben verschiedene Kindertouren hat das Team im Repertoire. *stattreisenberlin.de*

Stern und Kreisschifffahrt

Die verschiedenen Schiffstouren führen durch Berlins historische Mitte und durchs Regierungsviertel oder über die Seen der Umgebung. *sternundkreis.de*

Streetart-Führungen

Caro Eickhoff bringt in ihren zweistündigen Graffiti- und Streetart-Führungen Familien die hiesige Welt der Straßenkunst nahe. Dabei geht sie mit den Teilnehmer:innen ab acht Jahren mit Augen für die Kunst im öffentlichen Raum spazieren, gibt Hintergrundinfos anhand vieler praktischer Beispiele sowie viel Raum für Fragen und Beobachtungen. *streetart-fuehrungen.de*

Your City Quest

Flexibler als mit den Smartphone-Stadtrallyes geht es kaum. Nach der Buchung erhaltet ihr einen Code, mit dem ihr die jeweilige Mission starten könnt, wann ihr möchtet. Ihr könnt das Abenteuer auch unterbrechen und später weiterspielen. *yourcityquest.de*

Shopping

Baby und Schwangerschaft

9 Monate Berlin

Wenn sich der Babybauch zu runden beginnt, schwindet allmählich die Anzahl der passenden Anziehsachen. Es lohnt sich, etwas fürs eigene Wohlbefinden zu tun und sich für die Schwangerschaftsmonate gemütliche und ausgehtaugliche Sachen zu gönnen. Im Arnimkiez findet ihr stilvolle Umstandsmode, die auch noch nach der Schwangerschaft begeistert. Fair und nachhaltig produziert in Europa. *Schivelbeiner Str. 41, 10439 Berlin-PB, 9monateberlin.de*

NEU

abricot coco

Erst nur als Pop Up geplant, sind die Designerinnen Rebecca und Paula mit ihrem Fair Fashion Modeladen seit September 2024 fest in den Kollwitzkiez gezogen. Das Atelier in der Choriner Straße bleibt erhalten und ist Adressat von Retouren, falls ihr online aus dem stetig wachsenden Sortiment bestellt. Schöner ist es aber, sich vor Ort von den wunderschönen Schnitten und Materialien zu überzeugen. Die Kleidungsstücke der Kollektion sind so wandelbar konzipiert, dass sie auch nach der Schwangerschaft weiter getragen werden können. Neuerdings gibt es auch eine wunderbare Kinderkollektion: Mini-Me. *Sredzkistr. 54, 10405 Berlin-PB, abricot-coco.com*

NEU

ANGELCAB Brandstore

Der Brandstore ist vom Kollwitzkiez nach Tempelhof zu Cleo & Caesar umgezogen. Dort könnt ihr weiterhin die Kinderwagen und Babytragen der bayerischen Manufaktur in Augenschein nehmen, deren Anliegen es ist, handgefertigte und individuelle Kinderwagen mit schadstofffreien Materialien zu produzieren. *Kaiserin-Augusta-Str. 13, 12103 Berlin-TE, angelcab.de*

Babybox and Family

Die Gründerinnen legen viel Wert auf die Art und Herkunft der hochwertigen Materialien der Stücke, die sie für Babys und Kleinstkinder kuratieren. Der Store bietet neben ausgewählten Einzelteilen Geschenksets und Erstlings-Boxen, die mit viel Know-how zusammengestellt werden. Die „Mummy Boxen" enthalten tolle Dinge für Schwangerschaft, Geburt und Wochenbett. Wer nicht in Mitte vorbeischauen kann, hat die Möglichkeit, individuelle Video-Beratungen zu vereinbaren. *Fehrbelliner Str. 24, 10119 Berlin-MI, babyboxfamily.com*

baby-walz

Der Fachmarkt hat es sich zur Aufgabe gemacht, die ersten Jahre des Nachwuchses professionell zu begleiten. Werdende Eltern sind hier gut beraten, denn hier gibt es alles für die Erstausstattung und die ersten Jahre mit dem Nachwuchs. Ob ihr nach Kinderwagen, Autositzen, Möbeln, Kleidung oder Spielsachen sucht, hier gibt es das Rundumangebot. *Knesebeckstr. 59-61, 10719 Berlin-CH, baby-walz.de*

TIPP

BabyOne

Vor allem beim ersten Kind ist die Liste der Anschaffungen doch recht lang, selbst wenn man sich erstmal nur auf das Nötigste beschränkt. Um sich einen Überblick zu verschaffen und an einem Ort die benötigte Ausstattung von Wiege bis Wickelkommode zu besorgen, lohnt sich die Fahrt in einen der BabyOne-Fachmärkte. Gleich vier Filialen gibt es in Berlin und eine in Teltow direkt am Stadtrand zu Steglitz. In allen erhält man fachkundige Beratung zu der ganzen Produktvielfalt für Babys und Kleinkinder. *Bundesallee 17, 10717 Berlin-WI; Pankower Allee 47, 13409 Berlin-RE; Nonnendammallee 117, 13629 Berlin-SP; Alboinstr. 18-24, 12103 Berlin-TE; Oderstr. 45, 14513 Teltow, babyone.de*

Bugaboo Store Berlin

Urbane Familien sind viel auf Asphalt und Kopfsteinpflaster, aber bei Ausflügen in die Natur auch über Stock und Stein mit Kinderwagen und Buggy unterwegs. Daher lohnt sich die Investition in einen hochwertigen Kinderwagen und Sorgfalt bei der Auswahl des neuen Gefährts. Der Brand Store in Mitte bietet sich besonders dafür an, zu testen und mit guter Beratung herauszufinden, welches Kinderwagenmodell am besten zu einem passt. Alles mögliche Zubehör von Fußsack bis Wickeltasche findet sich im Sortiment, ebenso wie Autokindersitze und Hochstühle. *Alte Schönhauser Str. 3, 10119 Berlin-MI, bugaboo.com*

Familie Bär

Von der Babyschale bis zum Reboarder: Bei Familie Bär findet ihr alles, was eure Kleinen für unterwegs brauchen. Die Fachleute helfen, den richtigen Kindersitz für jede Gelegenheit auszuwählen und stehen euch mit Rat und Tat zur Seite. Toll ist das Angebot, dass ihr für die ersten Fahrten mit eurem Neugeborenen zwei bis drei Wochen vor der Geburt erstmal eine Babyschale leihen könnt, bevor ihr dann danach eine wirklich zum Kind passende kauft. *Heinersdorfer Str. 23, 12209 Berlin-ST, familiebaer.com*

Dauerhaft kuscheln

Lieblingssachen statt Massenwegwerfware! Katharina und Antje haben ihr nachhaltiges Berliner Label für Baby- und Kleinkindermode gegründet, um im wahrsten Sinne wertvolle Stücke zu schaffen, die mitwachsen und noch lange weitergegeben werden können. Zeitlos schön und irre kuschelig sind die Babyhosen, -strickjacken, -decken und -accessoires noch dazu! *mamelo.de*

Firlefanz Baby-Kaufhaus

Inzwischen gibt es Ableger in Magdeburg und Rostock, doch die größte Auswahl an neuen und gebrauchten Kinderwagen und Babyausstattung findet ihr nach wie vor im Berliner Stammhaus des Familienunternehmens auf mehr als 500 Quadratmetern. Bekleidung und Spielzeug für die Kleinen gibt es auch. Und ihr könnt dort nicht nur Kinderwagen und Babytragesysteme verschiedener Hersteller:innen ausprobieren, sondern auch individuelle Beratungstermine vereinbaren. Gibt es Reparaturbedarf, hilft der Werkstatt-Service. *Grevesmühlener Str. 30-32, 13059 Berlin-HO, firlefanz.club*

Girasol

Die Berliner Marke ist international bekannt für Baby-Tragetücher. Diese werden ausschließlich für Girasol in einem eigens geschaffenen Netzwerk von Färber:innen, Weber:innen und Schneider:innen in Guatemala in verantwortungsbewusster Handarbeit hergestellt. Die verwendeten Stoffe werden regelmäßig in Deutschland von unabhängigen und zertifizierten Instituten auf Schadstofffreiheit und Speichelechtheit getestet. Im Schöneberger Laden kann man die Tücher und Tragen ausprobieren und natürlich käuflich erwerben. *Eisenacher Str. 71, 10823 Berlin-SB, girasol.de*

TIPP

Hug & Grow

Man merkt, dass es dem Team um die ganzheitliche Begleitung von Familien geht. So können sie zu Themen wie Tragen, Stoffwindeln oder Babymassage kompetent beraten. Online und vor Ort könnt ihr euren Nachwuchs mit nachhaltiger Kindermode eindecken sowie Tragehilfen, Stoffwindeln, Holzspielzeug, Rucksäcke oder Naturkind-Kinderwagen erwerben. Das Moabiter Geschäft gilt zu Recht als einer der besten Babyläden Berlins, aber es versorgt euren Nachwuchs noch weit über die ersten Schritte hinaus – das Sortiment reicht bis ins Teeniealter. Apropos Schritte: In den Räumen findet ihr auch einen Schuhladen. *Kirchstr. 20, 10557 Berlin-TI, hug-and-grow.de*

Knuddelkind Berlin

Wer einen fahrbaren Untersatz für den Nachwuchs sucht, findet diesen in dem Lichtenberger Babyladen. Kinderwagen, Buggys, Autositze und Hochstühle hat Knuddelkind im Sortiment. Für Leute, die gerne mit leichtem Gepäck unterwegs sind, sind die ultrakompakten Buggys interessant. Praktisch ist auch der Verleihservice, hier können Sitze für Auto, Bus und Flugzeug gemietet werden. *Margaretenstr. 3, 12203 Berlin-ST, knuddelkind.berlin, kindersitzverleih.de*

Madame Jordan

Christiane Jordan und Antje Rudolph produzieren seit 2009 ihre eigenen Madame Jordan Babytragen und -tücher sowie Ringslings mitten in Berlin, die den Bedürfnissen von Eltern und Kind gerecht werden. Sie verkaufen aber auch Tragelösungen anderer Hersteller:innen wie Ergobaby, Tula oder Manduca. Ein Besuch im Laden ist hilfreich, um das für euch passende System und Modell zu finden. Hier könnt ihr Tragen ausgiebig testen und ausleihen. Darüber hinaus könnt ihr individuelle Trageberatungstermine vereinbaren, um Fragen rund ums Tragen zu klären. Wer ganz eigene Vorstellungen und Anforderungen an eine Babytrage hat, kann diese hier auf Wunsch anfertigen lassen. *Pappelallee 44, 10437 Berlin-PB, madamejordan.de*

maibee

Auch im Umland von Berlin können junge Familie stilvolle und sichere Kindersitze, Babytragen und mehr vor Ort anschauen, ausprobieren und sich von den Expert:innen beraten lassen. Anne Lischke, die maibee 2021 übernommen hat, ist als Dreifachmutter aus eigener Erfahrung bewusst, dass jedes Kind andere Bedürfnisse hat und so ist auch die Entscheidung für das jeweilige Transportsystem unterschiedlich. Babytragen, Kinderwagen und Buggys könnt ihr auch mieten, wenn ihr sie erst testen möchtet. *Hauptstr. 1A, 15366 Neuenhagen bei Berlin, maibee.shop*

TIPP

Milchwiese

Als Milchpumpen-Verleih begann 2016 die Geschichte der Milchwiese, die sich zu einem umfassenden familienorientierten Angebot rund um Frauengesundheit entwickelt hat. Dabei stehen Stillzeit und Schwangerschaft weiterhin im Mittelpunkt, dazu findet ihr dort beste Beratung und Produkte, ebenso wie für Fragen rund um die Rückbildung. Milchpumpen und Beckenbodentrainer lassen sich übrigens mit Rezept bestellen. Im Shop gibt es zudem ausgewählt Schönes zum Wohnen, Spielen und Kuscheln mit Kindern. *Kaiserdamm 19, 14057 Berlin-CH, milchwiese.de*

myPram

20 Minuten nordöstlich von Berlin hat der Babyartikel-Verleihservice in Biesenthal seinen Sitz. In dem Fachgeschäft und Onlineshop findet ihr aber nicht nur Babyschalen, Kindersitze, Buggys und Reisebetten, die man mieten oder kaufen kann, sondern auch eine feine Auswahl an Babytextilien, Holzspielzeug, Accessoires und Kinderbüchern. *August-Bebel-Str. 24, 16359 Biesenthal, mypram.com, mypram-verleih.de*

Kinderkleidung

NEU BeWinged

Im Fokus des Sortiments des im Mai 2024 eröffneten Ladens stehen all die Dinge, die helfen, Verkehrsteilnehmer:innen sichtbarer zu machen. Dazu gehören auffällige Regenjacken, Westen und eine Vielzahl reflektierender oder blinkender Accessoires wie Aufkleber, Anhänger, Gurte, Arm- und Beinbänder. Abgerundet wird das Angebot durch reflektierende Rucksäcke, Schulter-Brust- Bags und Bauchtaschen sowie eine große Fahrradhelm-Auswahl für Jung und Alt. *Raumerstr. 34, 10437 Berlin-PB, bewinged.de*

Bölschelino

Ob gefütterte Leggings, gemütliche Schlafanzüge, sportliche Sweater oder bequeme Jeans – das gut in der Mitte des Friedrichshagener Einkaufsboulevard zwischen S-Bahnhof Friedrichshagen und Müggelseedamm gelegene Geschäft deckt Kinder mit schöner Mode in den Größen 56 bis 164 ein. *Bölschestr. 106, 12587 Berlin-KÖ, boelschelino.jimdofree.com*

Camp4

Bei Camp4 wird mit Leidenschaft ausgerüstet, denn wer hier berät, ist selbst auf den Gebieten Klettern, Wandern, oder Paddeln versiert. Ob Wanderschuhe, Kletterbekleidung oder Campingausrüstung – hier findet ihr die passende Ausstattung, Kleidung und Beratung, auch für Outdoorabenteuer mit Kindern. Wer keine Zeit für einen Besuch im Ladengeschäft findet, kann alles auch im Onlineshop bestellen. *Karl-Marx-Allee 32, 10178 Berlin-MI, camp4.de*

NEU Cleo & Caesar

Euch erwartet in geschmackvoll eingerichteten Räumen ein ebenso ausgewähltes Sortiment an Baby- und Kindersachen. Ihr könnt auch online bestellen, falls ihr es nicht in Franziskas schönen Laden in Tempelhof schafft. Wobei sich das sogar doppelt lohnt, seitdem dort auch die Kinderwagen, Babytragen und Spielsachen von Angelcab mit eingezogen sind. *Kaiserin-Augusta-Str. 13, 12103 Berlin-TE, cleoandcaesar.de*

TIPP d.nik

Das Motto des „KinderConceptStores für Mode, Bewegung, Kreativität" am Kollwitzplatz lautet seit seiner Gründung 2009: Leben heißt sich bewegen, sich und die Welt entdecken und spielerisch erobern. Alles, was man dazu braucht, findet ihr bei d.nik. Inhaberin Jana Rupprecht legt bei der Auswahl an Produkten stets ihr Augenmerk auf Funktionalität und Design. So sind die Einrichtungs- und Spielobjekte, die Kinder in Kreativität, Bewegung und Gestaltungsfreiheit fördern, sowie Kleidung und Wäsche u.a. von The Animals Observatory, AO76, Bobo Choses und Petit Bateau mit feinem Gespür für Ästhetik ausgewählt. *Wörther Str. 14, 10405 Berlin-PB, dnik-berlin.de*

Der Aussteiger KIDS

Egal ob Dschungel, Wüste oder heimischer Wald – bei der KIDS-Filiale von Der Aussteiger findet ihr alles, was junge Abenteurer:innenherzen höher schlagen lässt. Von robusten Klamotten über praktische Werkzeuge bis hin zu spannenden Entdecker:innensets gibt es die passende Ausrüstung, um mit Kindern Draußenabenteuer zu erleben. Aber auch für den normalen Kita- und Schulalltag findet sich hier Nützliches und Schönes. *Danziger Str. 28, 10435 Berlin-PB, der-aussteiger.de*

Dollyrocker

Wie bei ihrem eigenen gleichnamigen Upcycling-Label legen Gabi Hartkopp und Ina Langenbruch seit über 20 Jahren beim sonstigen Sortiment den Schwerpunkt auf Kreativität und Nachhaltigkeit. So befindet sich nichts in den Regalen, was die Inhaberinnen des Ladens am Boxhagener Platz nicht selbst kaufen würden. Das Ergebnis ist eine feine Auswahl skandinavischer Kindermode, schönen Stücken aus Wolle und Seide sowie Accessoires, nachhaltige Papeterie und Wickeltaschen. *Gärtnerstr. 25, 10245 Berlin-FR, dollyrocker.de*

finkid Store

Das Design des finnischen Labels ist schlicht, schön und orientiert sich an dem, was funktional ist. So hat sich die Marke fürs Stadt- und Naturleben einen Namen gemacht und ist aus Berliner Kinderkleiderschränken gar nicht mehr weg zu denken. Der Store stattet euch zudem mit Kinderschuhen aus. Viele der Gummisohlen sind ökologisch aus Naturkautschuk produziert. *Bundesallee 117, 12161 Berlin-WI, finkid.de*

TIPP folk Berlin

In Sarah Winborns wundervollem Concept Store für Baby- und Kindersachen gibt es einfach alles für das Leben mit Kind. Das Sortiment reicht von Kinderkleidung über Bücher und Spielzeug bis zu Wohnaccessoires und Partydeko. Dabei stehen Marken wie Monkind, Liewood, Konges Slojd und Jellycat in den Regalen, um nur einen Bruchteil zu nennen. *Mittenwalder Str. 47, 10961 Berlin-KR, folkberlin.com*

Raumgefühl

1

Fabienne Kid's Living

Ihr möchtet euch nach hochwertigen, nachhaltigen und haltbaren Kindermöbeln wie von Lifetime umsehen? Dann macht einen Ausflug in den Helmholtzkiez, wo ihr in direkter Nachbarschaft zum MACHmit! Museum zuverlässig eine feine Auswahl an Möbeln und Accessoires für Kinder sowie kompetente und freundliche Beratung findet. *Senefelderstr. 33, 10437 Berlin-PB, fabienne-kidsliving.de*

Stocubo

Kinderleicht auf- und umzubauen – so können die modularen Regalsyteme und Kindermöbel des Berliner Möbellabels mitwachsen und im Laufe der Zeit verschiedentlich genutzt werden. Die Spielmöbel Kiezküche und 3-in-1-Kiezladen können später ebenfalls als Regalelemente weiter genutzt werden. Im neuen Showroom in Mitte könnt ihr Material und Farbpalette in Augenschein nehmen. *Tucholskystr. 31, 10117 Berlin-MI, stocubo.de*

d.nik

Seit 2009 ist der KinderConcept-Store im Kollwitzkiez beheimatet und hat mit seinem geschmackvollen, stetig um neue Produkte und Label erweiterte Sortiment schon viele Familienwohnungen verschönert. *Wörther Str. 14, 10405 Berlin-PB, dnik-berlin.de*

KLEIN-HOLZ

Aus ökologischen Materialien nachhaltig und hochwertig und vor allem schadstofffrei gefertigt sind die Massivholz-Betten, -Schränke, -Tische und -Stühle, die ihr in einer großen Auswahl im Bayerischen Viertel vorfindet. Das Kindermöbelhaus verfügt über jahrzehntelange Erfahrung mit der Einrichtung von Kinderzimmern und berät individuell. *Bamberger Str. 30, 10779 Berlin-WI, klein-holz.de*

filipok Berlin

Im Onlineshop findet man eine größere Auswahl an Wohnaccessoires, Spielsachen und -möbeln als im kleinen Laden. Dieser ist vor allem Showroom für die eigene Montessori-inspirierte Kindermöbelserie. Ob Hocker, Kinderschreibtisch, Wendehocker oder Wendebank – die filipok-Möbel zeichnen sich durch ihr minimalistisches Design aus. *Kastanienallee 40, 10119 Berlin-MI, filipok-berlin.de*

2

1 Wigiwama bei filipok
2 Stocubo

Globetrotter Ausrüstung

In der Berliner Filiale des Outdoor-Ausrüsters wird schon die Reisevorbereitung zum Erlebnis. Fachkundig werden Abenteurer:innen jeden Alters hier beraten und bekommen für jede Expedition das richtige Equipment. Im Laden kann viel ausprobiert und getestet werden. Wer plant, die Welt im großen Stil zu bereisen, kann sich rund um alle Impffragen beraten lassen. *Schloßstr. 20, 12165 Berlin-ST, globetrotter.de*

TIPP

Goldfish Kinderkaufhaus

Nur einen Katzensprung vom Weinbergspark entfernt finden stilbewusste Eltern eine super Shopping-Anlaufstelle. Inhaberin Isabelle Sacher stöbert europaweit auf Messen – wie sie selbst sagt – „schön Praktisches und praktisch Schönes" für Kinder und Familien auf. Das Kinderkaufhaus führt eine feine Auswahl an Kleidung und Schuhen für Babys und Kinder bis 14 Jahren sowie Rucksäcke und Accessoires. Ausgewähltes Spielzeug und Schönes zum Einrichten, Dekorieren und Leben mit Kindern runden das Sortiment ab. *Brunnenstr. 24, 10119 Berlin-MI, goldfish.berlin*

HAI Berlin

Toll, wenn man sich darauf verlassen kann, dass jemand anderes die schönsten ökologisch produzierten Dinge für Babys und Kinder zusammenträgt. In der Kastanienallee bei HAI werden sie zudem außergewöhnlich schön präsentiert. In den Regalen sind die Kostbarkeiten für Baby, Kind und Eltern so ausgewählt aufgereiht, dass schon das Ansehen eine wahre Freude ist. *Kastanienallee 43, 10119 Berlin-MI, haiberlin.com*

TIPP

halber meter

In dem Köpenicker Kids Concept Store von Daniela Tobian, die sich seit vielen Jahren als Bloggerin und Autorin mit Kindermode beschäftigt, finden qualitäts- und designbewusste Familien eine wunderbare Auswahl an Bekleidung, Spielzeug und vielem anderen für Babys und Kinder bis sechs Jahre. Außerdem gibt es ausgewählte Mama und Mini Capsule Styles sowie passende Geschenke für (werdende) Mütter. *Grünstr. 15, 12555 Berlin-KÖ, halbermeter.store*

Hamburger Kinderstube

In Schöneberg kann man eines der traditionsreichsten Kindermodelabels Deutschlands kennenlernen. Hier gibt es Schickes im Stile der 1920er-Jahre wie den Hamburger Mantel, Matrosenhemden, Taufkleider, Kinderanzüge sowie andere festliche Kleidung. *Motzstr. 59, 10777 Berlin-SB, hamburger-kinderstube.de*

Hoppla Charlotte

Hier wird nur verkauft, was aus fairer und ökologischer Produktion stammt. Einkleiden können sich kleine und ganz kleine Kinder, aber auch die Großen werden fündig. Der Laden regt dazu an, Infos über ökointelligentes Design und den Produktionsvorgang vor Ort zu erfragen und zu diskutieren. Schöne Accessoires, Spielsachen und eine Bücherecke ergänzen das Sortiment. *Alfredstr. 4, 10365 Berlin-LI, hopplacharlotte.de*

Hucklebuck & Finja Nordkinder

Kinder lieben es, draußen Abenteuer zu erleben und dabei darf es natürlich nicht zwicken und zwacken. Hucklebuck & Finja ist genau die richtige Adresse, wenn es um windige, stürmische oder schneereiche Wetterlagen und die richtige Kleidung für Kinder und Teens bis 14 Jahre geht. Bei der Auswahl der Labels wird auf Komfort, qualitativ hochwertige Verarbeitung und auf schöne, oft skandinavische Designs geachtet. *Dunckerstr. 22, 10437 Berlin-PB, hucklebuck-finja.de*

Junghans Kindermode

Hier kann in schöner Atmosphäre nach Accessoires sowie Baby- und Kinderbekleidung für die Kleinsten gestöbert werden. An den Stangen hängen ausgewählte Dinge kleiner Label, Stofftiere von Jellycat schmücken die Schaufenster und ihr findet hier auch besonders schöne Accessoires. *Gärtnerstr. 8, 10245 Berlin-FR, junghans-kindermode.de*

KaDeWe

Das Kaufhaus des Westens dürfte den meisten ein Begriff sein. Dort findet sich alles, was in der Designwelt Rang und Namen hat. Für den Nachwuchs gibt es Mode, Kinderschuhe und Accessoires ausgewählter Marken von Bellerose bis Tartine et Chocolat. Auch eine große Auswahl an Spielzeug ist hier zu finden. *Tauentzienstr. 21-24, 10789 Berlin-SB, kadewe.de*

Kiezkinder

In der Pankower Florastraße lässt sich gut flanieren, zwischen S- und U-Bahnhof Pankow und Wollankstraße versammeln sich einige einladende Geschäfte und Cafés. Fast an der Wollankstraße angekommen, findet man bei Kiezkinder ökologische, oft regional produzierte Baby-und Kindermode, selbst geschneiderte Mode des eigenen Labels Kiezkinder Handmade sowie Kinderschuhe. Zudem hält der Laden eine Couch zum Stillen, einen Wickeltisch und ein offenes Ohr für all eure Fragen rund ums Kind bereit. *Florastr. 2, 13187 Berlin-PA, kiezkinder-shop.de*

Kleine Fische

Ein Kamel mit Kirschkernen im Bauch zum Liebhaben oder einen Entenschnabel zum Umbinden – in dem Charlottenburger Laden gibt es Kinderkleidung für drunter und drüber, Schuhe, Kostüme, Trinkflaschen und Brotdosen, Babydecken, Nachtlichter, Handpuppen, ausgewähltes Spielzeug, kleine Geschenke für Geburtstagstüten und Adventskalender. *Leonhardtstr. 21, 14057 Berlin-CH, kleinefische.de*

kleiner knorsh

Der kleine knorsh hat sich ein paar ganz besondere Schnitte für die eigene Kollektion einfallen lassen. Die knorsh-Buxe beispielsweise wächst mit und lässt sich in Sachen Gemütlichkeit und Haltbarkeit nichts vormachen. Wer mag, kann sich Farbe und Muster der gewünschten Sachen aussuchen und das ohne Aufpreis. Darüber hinaus gibt es Kindermode von anderen namhaften Hersteller:innen sowie eine Auswahl skandinavischer Secondhand-Stücke in den Größen 56-164, hauptsächlich in Bio-Qualität. Wer gerne selbst schneidert, findet eine kleine aber feine Stoffauswahl hier im Bötzowkiez. *Hufelandstr. 24, 10407 Berlin-PB, knorsh.de*

TIPP

klix – kleine Sachen

In beiden Läden findet ihr ausgewählte Baby- und Kinderkleidung stylischer und nachhaltiger Kindermodelabel, ergänzt von handgemachten Einzelstücken. Dabei wird besonders auf Qualität, zeitloses Design, langlebige Materialien und eine faire Herstellung geachtet. Darüber hinaus führt das klix Kinderrucksäcke, Schulranzen, Spielzeuge, Accessoires und Dekoartikel. Während ihr in der Schöneberger Filiale eine eigene Nähwerkstatt mit handgemachten Einzelstücken vorfindet, gibt es in der Filiale in Lichterfelde primär eine riesige Schuhauswahl, die auch Barfußschuhe enthält. Beide Läden liegen jeweils wunderschön in Berliner Kiezgegenden, die zum Bummeln einladen. Aber auch online könnt ihr bequem rund ums Kind shoppen. *Apostel-Paulus-Str. 1, 10823 Berlin-SB; Curtiusstr. 13, 12205 Berlin-ST, klix-berlin.de*

Langbrett

Spaziert man die Kastanienallee entlang, lohnt ein Blick in den Store, dessen Produkte kompromisslos nachhaltig und fair produziert sind. Die Skateboards sind aus regionalem Holz handgefertigt und die Kleidung aus Bio-Baumwolle sowie ohne chemische Zusätze. Ganz nach dem Motto „weniger, aber besser kaufen" ist die Auswahl der Eigenmarke für Kinder fein und erlesen. *Kastanienallee 44, 10119 Berlin-MI, langbrett.com*

Bewegtes Spiel

Eine Erfolgsgeschichte: Inzwischen sind Millionen Stapelsteine international in Kinderzimmern, Kitas und Schulen im Einsatz und bringen Kinder in Bewegung. Der erste Store hat im Herbst 2024 in Berlin eröffnet, so könnt ihr die ganze Viefalt der Spielelemente nun live ausprobieren. *Stapelstein, Seite 132*

TIPP

Lila Lämmchen

Ökologische Nachhaltigkeit, achtsamer Konsum und verantwortungsvolles Handeln sind für das Team eines der ersten Berliner Naturtextilienläden eine Lebenseinstellung. Ob im Stammladen im Helmholtzkiez oder im Ableger am Maybachufer – bei Lila Lämmchen könnt ihr euch darauf verlassen, dass alle Produkte fair und umweltschonend hergestellt wurden. So sind beide beste Anlaufstellen für ökologische Baby- und Kinderkleidung (bis zwölf Jahre). Ebenfalls im Sortiment: Spielwaren, Geschenkartikel und Bücher. In Prenzlauer Berg wird im angrenzenden und neugestalteten Schuhladen der Schwerpunkt auf Barfußschuhe für Kinder gelegt. *Dunckerstr. 79, 10437 Berlin-PB; Maybachufer 23, 12047 Berlin-NK, lilalaemmchen-shop.de*

Limonadenbaum

Zwischen Landwehrkanal und Reuterplatz findet man den Limonadenbaum hinter einer gefliesten Fassade in Mintgrün und Gelb. Ausgewählte Kinderkleidung teilt sich dort die Räumlichkeiten mit einer entzückenden Auswahl an Spielsachen. Gut Erhaltenes aus zweiter Hand lässt sich hier genauso wie Neuware ergattern. Darunter einiges Feines von Loud + Proud, Cosilana, Barefood, oder CeLaVi. *Nansenstr. 17, 12047 Berlin-NK, limonadenbaum.de*

TIPP

Maravillas Kids Concept Store

Nachhaltigkeit und Funktionalität können Hand in Hand gehen, ohne dabei auf Stil und Kreativität zu verzichten. Das beweisen Läden wie der Kids Concept Store am Ludwigkirchplatz immer wieder aufs Neue mit einer breiten Palette an praktischen Produkten, die gleichermaßen schön wie umweltbewusst hergestellt sind. Von ökologisch produzierten Kleidungsstücken für Babys und Kinder über Hausschuhe und Gummistiefel bis zu wiederverwendbaren Trinkflaschen und Lunchboxen aus nachhaltigen Materialien reicht das ansehlich präsentierte Sortiment. *Ludwigkirchplatz 11, 10719 Berlin-WI, maravillas.de*

TIPP

Mayara Kids Concept Store

Einer der Orte, die einen Bummel durchs Viertel so charmant machen. Francesca und Josephine haben ihren Laden ganz in der Nähe des Maybachufers so liebevoll eingerichtet, dass man sich gleich wohl fühlt. Hier verkaufen sie ihre selbstgenähte und genderneutrale Kinderkleidung, außerdem gibt es eine vielfältige Auswahl an Kinderspielzeug, Büchern und anderen Kleinigkeiten für Babys und Kinder. *Bürknerstr. 5, 12047 Berlin-NK, mayara-kinder.de*

TIPP

Me & my Mum

Der Laden im Winskiez ist eine Institution, wenn ein Kindergeburtstag ins Haus steht – hier bekommt man von Girlanden bis Geburtstagskuchentopper alles zum Feiern und jede Menge schöne Geschenke. Vor allem aber gibt es schöne Kindermode, Mützen, Krabbel- und Hausschuhe, Kostüme, Trinkflaschen und Rucksäcke verschiedener Marken. Maileg- und Jellycat-Fans werden sich besonders über die Auswahl an Kuscheltieren und Spielsachen freuen. Praktisch: Per Click & Collect könnt ihr in Ruhe alles zuhause in den Online-Warenkorb packen und dann einfach abholen. *Marienburger Str. 2, 10405 Berlin-PB, meandmymum.de*

Mia und Leo

Nachhaltige und stilvolle Kindermode, Schuhe, Spielsachen und Accessoires, die Freude machen, findet ihr im Helmholtzkiez. Ob für den Alltag oder besondere Anlässe – bei Mia und Leo könnt ihr jede Menge hübsche Outfits und Geschenke einkaufen. *Stargarder Str. 20, 10437 Berlin-PB, @miaundleo_kinderladen*

Mimi & Me Berlin

Ob hübsche Kleider oder kuschelige Pullover – die Regale des familiengeführten Shops sind gefüllt mit allerlei Kleidsamem für den Nachwuchs bis Größe 164: Lieblingsstücke von Marken wie Babyface, CeLaVi oder Loud + Proud sowie Secondhand-Kleidung. *Lindenallee 57, 13088 Berlin-WS, mimiandme-berlin.de*

Minipünktchen

Im Herzen von Wannsee kann man Kindermode in den Größen Gr. 50-152 von Marken aus Holland, Dänemark, Schweden, Deutschland und England shoppen. Mit viel Liebe zum Detail werden auch die Accessoires für das Kinderzimmer, personalisierte Babyartikel, ausgefallene Spielwaren und Partyzubehör ausgewählt. Das Outlet hat freitags, samstags und nach Vereinbarung geöffnet. *Chausseestr. 12, 14109 Berlin-ZE, Outlet: Charlottenstr. 5, 14109 Berlin-ZE, minipuenktchen.de*

TIPP

mjot

Einmal ins Schaufenster geblickt, kann man an dem Laden im Bergmannkiez einfach nicht vorbeigehen. Von lässig bis festlich gibt es Kinder- und Damenmode französischer, belgischer und spanischer Labels, dazu Spielzeug, Deko und Accessoires. Einige der hier vertretenen Marken findet man sonst nur selten in Berlin. Es lohnt sich, auf die Lagerverkauf- und Sales-Termine zu achten – kaum sonstwo macht man so schöne Schnäppchen. *Friesenstr. 5, 10965 Berlin-KR, mjot.de*

TIPP

Oktopulli

Angetreten sind die Gründerinnen Nancy Frehse und Carla Reuter 2021 mit der Mission, genderneutrale und ressourcenschonende Mode für Klein und Groß lokal zu produzieren. Seither sind Team und Sortiment gewachsen und haben bundesweit Fans gewonnen. Berliner:innen können sich live im Kreuzberger Laden von der bunten Vielfalt der mitwachsenden Kleidung überzeugen. Die angrenzende Werkstatt ist einsehbar – so lässt sich miterleben, wie die Oktopulli-Stücke entstehen. *Mittenwalderstr. 57, 10961 Berlin-KR, oktopulli.de*

Petit Bateau Boutique

Ein französischer Kinderreim war einst namensgebend für dieses Label, das vor allem für hochwertige und zeitlos schöne Kindermode steht. In der Petit Bateau Boutique in Steglitz kann man in großer Auswahl die ganze Kollektion entdecken. *Schloßstr. 27, 12163 Berlin-ST, petit-bateau.de*

TIPP

petit cochon

Seit 2012 wird die wunderschöne mitwachsende Baby- und Kinderkleidung in Berlin aus natürlichen Materialien produziert und ist vielfach preisgekrönt, u.a. mit dem Deutschen Nachhaltigkeitspreis, dem Deutschen Innovationspreis, dem Green Product Award Schlicht. 2025 werden Annahmen und Angebot von „Petit Cochon Secondhand". erweitert. *Manfred-von-Richthofen-Str. 15, 12101 Berlin-TE, petit-cochon.de*

Rehwinkel

Der familiär geführte Laden versammelt mit Marken wie Naya, Reset und Condor klassische Kindermode aus Spanien, Dänemark, Großbritannien und Deutschland in seinen Räumen. Auch Mütter werden hier fündig, denn es gibt eine schöne Auswahl an Damenmode ebenso wie Accessoires für Klein und Groß. *Nehringstr. 18, 14059 Berlin-CH, rehwinkel-boutique.de*

TIPP

Snugata Organic Kidswear

Inhaberin Sarah Knuth sorgt verlässlich für eine feine Auswahl: Bei Snugata findet man ausschließlich Bio-Kleidung sowie fair produzierte Accessoires für Kinder, die aus nachhaltiger und fairer Produktion stammen. Schöne Sachen bis Größe 152 können als nachhaltig hergestellte Neuware und im feinen Secondhand-Bereich bedenkenlos geshoppt werden. *Bänschstr. 34, 10247 Berlin-FR, snugata.de*

This City Rocks

Das Sortiment für Babys und Kinder ist zwar überschaubar, aber die kleine Friedrichshainer Manufaktur ist eine feine Adresse für stylische Berlin-Mitbringsel und Geburtstagsgeschenke. Meist erkennt man erst auf dem zweiten Blick den Berlinbezug, bei den Mustern gehen die Berliner Designerinnen um Claudia Dziallas spielerisch mit den Wahrzeichen der Hauptstadt um. *Libauer Str. 23, 10245 Berlin-FR, thiscityrocks.de*

vincente

Vor gut 20 Jahren nahm die vincente-Geschichte ihren Lauf als Birgit Tappe ihr eigenes Baby bestrickte. Inzwischen wird in Kreuzberg an zwei alten Handstrickapparaten Strickmode für Babys, Kinder und Erwachsene aus feinsten Naturmaterialien gefertigt. Die Kleidungsstücke werden bereits beim Stricken geformt, für eine bessere Passform. Seit 2024 wird auch das ökologische Tencel/Lyocell-Garn für Sommerteile wie Kleider, T-Shirts und Hosen verwendet. *Dieffenbachstr. 15, 10967 Berlin-KR, vincente.de*

WARENHAUS Bouchon & Sooth

Das Friedenauer Warenhaus bietet einen Mix aus Dingen zum Anziehen, Wohnen, Spielen und Verschenken. Die Mode ist fair produziert und größtenteils in Bio-Qualität. Für Schulkinder gibt es höhenverstellbare Schreibtische, die mitwachsen können. Neben Produkten des eigenen Labels sind ebenso Marken wie Sense Organic und Fagus vertreten. *Südwestkorso 70, 12161 Berlin-SB, warenhaus-berlin.com*

WILLA

Der direkt an der Markthalle Neun gelegene Concept Store ist der Zusammenschluss verschiedener Ateliers. Darunter das ökologische Kindermode-Label harfmann piccolino von Sarah Harfmann mit besonders schönen nachhaltigen Kleidungsstücken. *Eisenbahnstr. 6, 10997 Berlin-KR, willaberlin.com; harfmann-design.com*

Wunschbaum

Am Rüdesheimer Platz im Herzen des Rheingau-Viertels lässt es sich herrlich verweilen, Spielplatz, familienfreundliche Cafés und dieser wunderbare Laden lassen keine Wünsche offen. Das Sortiment besteht aus ausgewählter Bekleidung für Babys und Kinder (Größe 50-140), Babyspielzeug, individuell angefertigten Windeltorten und Personalisiertem wie Kissen und Shirts. Noch mehr zum Spielen und Verkleiden gibt es im dazugehörigen Laden Die Spielzeugbude. *Rüdesheimer Platz 1, 14197 Berlin-WI, wunschbaum-shop.de*

HAPPY
HAPPY

Findefreude

Flohmarkt im Mauerpark

Alles andere als ein Geheimtipp, aber immer wieder ein Sonntagshighlight: Stöbern und Schlemmen auf dem ganzjährig stattfindenden Flohmarkt, auf dem sich trotz zahlreicher professioneller Händler:innen immer noch Schnäppchenschätze aus privater Hand entdecken lassen. Und im Anschluss das bunte Treiben im Mauerpark mit Musik und Spiel genießen. *Bernauer Str. 63-64, 13355 Berlin-WE, flohmarktimmauerpark.de*

Schoeneboerg Flowmarkt

Charmant, kreativ und köstlich – so präsentiert sich der beliebte Schöneberger Flohmarkt. Von April bis Oktober könnt ihr dort inmitten von Kunst, Kultur und Kulinarik flanieren, wenn sich der Crelleplatz alle zwei Wochen sonntags in eine Oase für kleine und große Genießer:innen und Entdecker:innen verwandelt. *Crelleplatz, 10827 Berlin-SB, schoeneboerg.de*

The Preloved Market

Etwa alle drei Monate mieten sich die stilsicheren Flohmarktmacherinnen um Martina aka crocodilemimmi in eine Location ein. Bei der Auswahl achten sie auf einen guten Mix aus nachhaltigen Kinderlabels, Frauenkleidung und Accessoires. *@crocodilemimmi*

Flohmarkt meets Minigolf

Findet leider nur ein paar Mal im Jahr statt, aber lohnt unbedingt den Besuch. Auf der Neuköllner Minigolfanlage erwarten euch dann Familienspaß und Flohmarkt-Schnäppchen. *Hertzberg Golf, S. 196*

Flohmarkt am Arkonaplatz

Der familienfreundlich am tollen Spielplatz gelegene und von zahlreichen Cafés umgebene sonntägliche Trödelmarkt wird seinem Ruf mehr als gerecht. Hier verkaufen zwar auch einige Händler:innen, aber nach wie vor viele Familien ihre Vintage-Schätze. *Arkonaplatz 1, 10435 Berlin-MI, flohmarkt-arkonaplatz.de*

Kinderflohmarkt Kind und Kegel

Am Helmi verkaufen nur Familien ihre Kindersachen. Die Termine findet ihr wie die vieler anderer kleiner Flohmärkte auf der Facebookseite „Kinderflohmarkt Prenzlauer Berg". *Raumerstr., 10437 Berlin-PB, facebook.com/kinderflohmarktPrenzlauerBerg*

2

1 The Preloved Market
2 Flohmarkt am Arkonaplatz

Secondhand

Anna och Larson

In dem gut sortierten Laden im Graefekiez findet jede:r etwas Passendes für den Nachwuchs. Hübsche Kindersachen hängen in den Größen 50-152 an der Stange. Auch Spielzeug und Kinderbücher sind im Sortiment. Besonders schön ist die Auswahl an Woll- und Kaschmirhosen aus recycelten Materialien. *Graefestr. 1, 10967 Berlin-KR, @annaochlarson*

TIPP

Bella Bimba

Wenn man vom Bergmannkiez zum Viktoriapark will, lohnt sich der Schlenker über die Hagelberger Straße, denn Bella Bimba bietet schon seit Jahrzehnten verlässlich gut erhaltene Kinderkleidung an. Eine Spielecke und der Eisladen nebenan sorgen für zusätzliche Zufriedenheit bei den Kleinen. *Hagelberger Str. 4, 10965 Berlin-KR, T: 7868494*

Drei Käse Hoch

Im Herzen von Friedenau, nahe des Innsbrucker Platzes, befindet sich der Secondhand-Laden mit 20 Jahren Erfahrung, der sich vor allem auf gebrauchtes Nützliches und Schönes für Kinder von null bis vier Jahren spezialisiert hat: Kinderwagen, Autositze und Babytragen, Fahrräder, Laufräder und Kleinmöbel sowie Holzspielsachen von HABA und Selecta. Außerdem gibt es Bücher und Gesellschaftsspiele. *Hauptstr. 73, 12159 Berlin-SB, drei-kaese-hoch.de*

Filou

Seit gefühlten Ewigkeiten beherbergt Filou ein gut sortiertes Sammelsurium an Nützlichkeiten für Kinder und Eltern. Mode für Schwangere und Babys ist hier genauso vertreten wie Hochstühle, Autositze, Kinderwagen und Babytragen. Bollerwagen können vor Ort ausgeliehen werden und bei kleineren Reparaturen an Wagen oder Buggy hilft das Personal gerne weiter. *Florastr. 45, 13187 Berlin-PA, filou-pankow.de*

Findus

Einer der ältesten Läden Berlins für Kindersachen aus zweiter Hand bietet ein umfangreiches Sortiment: Sehr gut erhaltene Kinderbekleidung in den Größen 44 bis 164, Schuhe, Babysachen, Tragesysteme, Auto- und Fahrradsitze, Laufräder, Holzspielzeug, Kinderwagenzubehör und vieles mehr. Ausgewählte Artikel sind auch als Neuware im Angebot. *Stargarder Str. 64, 10437 Berlin-PB, findus-berlin.de*

NEU

Flohkids

Beide Standorte sind im Herbst 2024 neu eröffnet worden. Was Flohkids bietet? Für alle, die Gebrauchtes weitergeben möchten: Kein Draußen-Rumstehen bei Schlecht-Wetter-Flohmärkten, kein mühsames Beschreiben und Fotografieren für Onlineplattformen, auch keine nervigen Preisverhandlungen – hier bucht man sich einen Stand online, legt die Preise fest, räumt den Stand ein, den Rest erledigt dann das Flohkids-Team. Alle anderen können hier in aller Ruhe die Vintageschätze aus privater Hand entdecken und erwerben, während Kinder in der Spielecke spielen. *Flohkids Berlin-Nord, Romain-Rolland-Str. 87, 13089 Berlin-PA; Flohkids Berlin-Ost, Landsberger Str. 267, 12623 Berlin-HE, flohkids.de*

Frauen und Kinder zuerst

Im idyllischen Kollwitzkiez lockt einiges zu einem ausgiebigen Shoppingbummel. So auch dieser Secondhand-Laden, der Kinder- und Frauenmode aus zweiter Hand präsentiert. Für den Nachwuchs gibt es auch Neuware, die mit qualitativen Materialien und pfiffigen Schnitten in Handarbeit hergestellt wird. *Kollwitzstr. 92, 10435 Berlin-PB, T: 75568564*

Hilly's

Der schon lange im Kollwitzkiez verwurzelte Secondhand-Laden ist eine verlässliche Quelle für Guterhaltenes. An die Stange kommen nur Stücke von Qualitätsmarken, die noch in einem Top-Zustand sind. Hier findet ihr unter anderem Schönes von Pure Pure, Cosilana, Enfant und Maximo. Neben schöner Kinderkleidung gibt es auch eine Damenabteilung. *Kollwitzstr. 39, 10405 Berlin-PB, hillys-berlin.de*

Kleiderwald

Zwischen hochwertigen, fair gehandelten Öko-Teilen finden sich viele feine Basics für Kinder und Frauen. Wer auf der Suche nach etwas Schönem fürs Kinderzimmer ist, kann hier auch nach Accessoires, Spielzeug oder Kinderbüchern stöbern. *Stargarder Str. 65/66, 10437 Berlin-PB, die-stargarder.de*

TIPP

Lilli & Paul

In dem Secondhand-Store gibt es eine große Vielfalt: Tripp Trapp-Stühle samt Zubehör, Spielzeug, Bücher, Kleidung für Kinder, Teens und Erwachsene. Besonders empfehlenswert ist der Laden zudem aufgrund seines Labels Finns's für LGBTQ+-Heranwachsende mit Bindern und Gaffs. *Wegenerstr. 18, 10713 Berlin-WI, lilli-und-paul.de, @finns_berlin*

Erlebnisshopping

The Upside Down bietet eine interaktive, immersive Erlebniswelt auf über 3.000 Quadratmetern: Verschiedene Themenräume mit dem Schwerpunkt Berliner Geschichte, Karaoke, Bällebad, Drinks und Snacks sorgen für Familienspaß! Mit Kostümen, Spielzeug und großen Figuren wie Pikachu oder Dinosauriern zum Anfassen begeistert der duo Flagshipstore. Die moderne Spielhalle Gamestate lockt mit aufregenden Games und interaktiven Erlebnissen. Kinofans kommen im CinemaxX Potsdamer Platz auf ihre Kosten. Vom Panoramapunkt bietet sich ein atemberaubender Blick und der Manifesto Foodmarket lädt zu kulinarischen Weltreisen ein.

Der Potsdamer Platz bietet unzählige Möglichkeiten für erlebnisreiche Familientage. Besonders im The Playce gibt es ganzjährig viel zu entdecken – bei jedem Wetter!

Der Potsdamer Platz bietet ganzjährig spannende Events für Familien. Besonders beliebt sind die Halloweenparty und das Festival of Lights. Für Kinder gibt es zudem die Kids Noon Years-Party – bei der kindgerechten Silvesterfeier wird das neue Jahr bereits um 12:00 Uhr mittags eingeläutet. *potsdamerplatz.de*

TIPP

NochMall

Die NochMall ist das erste Kaufhaus für Gebrauchtwaren in Berlin. Hier werden aber nicht nur Möbel, Kleidung, Elektrogeräte, Haushaltswaren, Spielzeug, Bücher und etliches mehr auf über 2.000 Quadratmetern verkauft. Vielmehr ist sie ein Erlebnisort für Kreislaufwirtschaft und Abfallvermeidung. Im Repaircafé können mit Unterstützung sachkundiger Techniker:innen mitgebrachte, kaputte Geräte selbst repariert werden. Regelmäßig finden Workshops statt – ihr könnt auch für Kindergeburtstage anfragen. *Auguste-Viktoria-Allee 99, 13403 Berlin-RE, nochmall.de*

Paulinchen Kids

Bei freundlicher Beratung kann man sich das Passende aus dem Angebot an gut erhaltenen Kindersachen und -schuhen aussuchen. Auch Kinderwagen, -sitze und Spielzeug sind im Sortiment vorhanden. *Leonhardtstr. 11, 14057 Berlin-CH, paulinchen-kids.de*

rosenrot

Sowohl die Fassade als auch das Innere des Ladens macht dem blumigen Namen alle Ehre. Im schönen Ambiente finden sich Kleidung aus zweiter Hand für Schwangere und Kinder sowie Babyspielzeug, Bücher und Gesellschaftsspiele. Wenn die Kleinen nicht mitshoppen möchten, können sie die Zeit nutzen und die Spielecke erkunden. Wer selbst guterhaltene Kinderkleidung für die nächste Jahreszeit zu Hause hat, die verkauft werden soll, kann diese zum Ankauf bei rosenrot vorbeibringen. *Eisenbahnstr. 48, 10997 Berlin-KR, rosenrot-in-kreuzberg.blogspot.de*

Siebenstern

Wenn auch der heiß geliebte Pullover irgendwann zu klein ist, hat Siebenstern eine kleine Rettungsstation eingerichtet, um den schönen Stücken zu einem neuen Zuhause zu verhelfen. Neben Kinderkleidung und -schuhen aus Erst- und Zweitbesitz umfasst das Sortiment Spielwaren, vorrangig aus Holz, alles für den Kindertransport sowie sorgfältig ausgesuchte Kinderliteratur. *Florastr. 26, 13187 Berlin-PA, siebenstern-berlin.de*

Stadtkind

Das wilde Stadtleben verlangt nach vernünftiger Stadtkleidung, die jeder Wetterlage stand hält. Glücklicherweise finden echte Großstadtkinder in der Winsstraße gut erhaltene Kleidung bis Größe 152. Hin und wieder gibt es auch ein bisschen Neuware wie Regensachen, Gummistiefel, Mützen und funkelnde Glitzerschläppchen. *Winsstr. 28, 10405 Berlin-PB, T: 42027456*

Trollby

Für das Trollby-Team ist Secondhand gelebte Nachhaltigkeit. Von Still- und Umstandsmode über Baby-Erstausstattung bis hin zu Kinder- und Jugendkleidung bis Größe 176, Spielzeug und Büchern könnt ihr in dem schönen Laden nahe des U-Bahnhofs Eisenacher Straße alles für kleines Geld finden. Darüber hinaus gibt es eine Auswahl an Kinderwagen und -betten, Babyschalen, Autositzen und Tragesystemen. *Eisenacher Str. 78, 10823 Berlin-SB, trollby.com*

Yukalou und Yukatwo

Der Kungerkiez in Alt-Treptow ist ein schöner Flanierort für Familien. Bei Gelegenheit lohnt es sich, einen Blick in den Secondhand-Laden Yukalou zu werfen. Hier gibt es mit viel Liebe ausgewählte Vintageteile für Klein und Groß, aber auch neue nachhaltige Kleidung und Barfußschuhe. Großer Wert wird auf Naturmaterialien gelegt. Gleiches gilt für den Ableger Yukatwo in Neukölln. *Karl-Kunger-Str. 14, 12435 Berlin-TR; Böhmische Str. 12, 12055 Berlin-NK, yukalou.de*

Kinderschuhe

Brüderchen und Schwesterchen

Der kleine Fuß steht in dem Pankower Laden im Mittelpunkt. Ausgemessen wird er besonders gründlich, bevor es auf die Suche nach dem passenden Schuh geht. Zum Glück dauert dies nicht lange, denn das Personal steht euch kompetent zur Seite. *Breite Str. 12, 13187 Berlin-PA, bruederchenundschwesterchen.info*

TIPP

Der Kinderschuh am Platz

Wer auf der Suche nach dem richtigen Schuhwerk für kleine Kinderfüße ist, wird beim Kinderschuhladen am Kreuzberger Hohenstaufenplatz bestens beraten. Krabbelkinder werden mit weichen Prewalkern oder Füßlingen ausgestattet und Laufiernerinnen finden hier den passenden ersten Schuh, um die Welt auf zwei Beinen zu erkunden. Ebenso gibt es für ältere Kinder und Teenies eine große Auswahl. In dem Laden ist zudem auch die Piñateria anzufinden. *Schönleinstr. 8, 10967 Berlin-KR, derkinderschuhimhof.de*

TIPP

Der Kinderschuh im Hof

Ausmessen ist gut – anprobieren ist besser! Das Motto hat sich bewährt und so werden in dem schönen Kinderschuhladen im Hinterhof in der Kastanienallee jeden Tag viele Schuhe probegelaufen.

Das Team unterstützt euch dabei fachkundig. Schuhwerk gibt es für Laufanfänger:innen, ältere Kinder, Jugendliche und Erwachsene. *Kastanienallee 11, 10435 Berlin-PB, derkinderschuhimhof.de*

Dr. Gruber

Im Mittelpunkt des Angebots stehen hochwertige Schuhe für jedes Fußprofil – ob schmal, mittel oder breit. Die Kinder- und Jugendschuhspezialist:innen bieten eine sorgfältig ausgewählte Auswahl renommierter Marken sowie exklusive Modelle der eigenen Linie. So findet ihr in dem Laden vor den Toren Berlins für jeden Kinder- oder Teeniefuß den perfekten Schuh. *Hertzstr. 17, 14612 Falkensee, dr-gruber-schuhe.de*

Grimmel Kinderschuhe

Der Kreuzberger Laden bietet genug Raum, dass man mit dem neuen Schuhwerk Pirouetten drehen kann. Dazu gibt es auch allen Grund, denn bei Grimmel Kinderschuhe findet ihr Lieblingsstücke von Marken wie Naturino, Camper, froddo, Nanga und Co. *Körtestr. 27, 10967 Berlin-KR, grimmel-kinderschuhe.de*

Hermelinchen Kinderschuhe

Spätestens, wenn der Nachwuchs die ersten Anstalten macht, sich in die Senkrechte zu begeben, tauchen neue Fragen auf. Was braucht ein Fuß, der gerade laufen lernt? Und welcher Schuh ist der beste? Bei Hermelinchen im Berliner Norden gibt es eine breite Auswahl bekannter Marken. *Hermsdorfer Damm 181, 13467 Berlin-RE, hermelinchen-kinderschuhe.de*

Hug & Grow Schuhladen

Integriert in den Hug & Grow Laden findet ihr den Kinderschuhladen mit Berlins größtem Sortiment an ökologischen Baby- und Kinderschuhen in den Größen 18 bis 35 mit Spezialisierung auf Barfußschuhe. *Kirchstr. 20, 10557 Berlin-TI, hug-and-grow.de/schuhladen*

Ka-vali – Lieblingsschuhe für Kinder

Wer auf der Suche nach dem passenden Schuhwerk für große und kleine Kinderfüße ist, wird nicht weit entfernt vom Müggelsee fündig. Mit viel Liebe und Zeit wird dafür gesorgt, dass die Kleinen das Geschäft in hochwertigen und bequemen Schuhen wieder verlassen. *Bölschestr. 116, 12587 Berlin-KÖ, ka-vali.de*

Kinderschuhwelt

Im Sortiment des Charlottenburger Ladens finden sich hochwertige und nachhaltige Schuhe für die Kleinsten zum Krabbeln und Laufenlernen. Für die größeren Kids dann aber auch Halbschuhe, Sneakers und gefütterte Winterschuhe bis Größe 40. *Bismarckstr. 69, 10627 Berlin-CH, kinderschuhwelt.de*

Klein Eppenpriem

Um neue Pfade zu gehen, braucht es Schuhe, die optimal passen und die Kinderfüße bei ihrer Entwicklung unterstützen. Krabbelkinder und Lauflerner:innen werden in dem Kinderschuhladen am Comeniusplatz mit ihrem ersten Schuhwerk ausgestattet, ältere Kinder mit Stoff-, Leinen- sowie hochwertigen Lederschuhen. *Kopernikusstr. 34, 10243 Berlin-FR, eppenpriem.berlin*

Kleine Helden

Nichts ist beim Kauf eines Kinderschuhs wichtiger als eine umfassende und gute Beratung. Hier wird dafür gesorgt, dass jeder kleine Fuß seine passende Sohle findet – und zwar auch dann, wenn der Nachwuchs noch nicht selber sagen kann, wo es drückt. Von Größe 18-42 findet ihr qualitativ hochwertiges Schuhwerk in cooler Optik. *Güntzelstr. 43, 10717 Berlin-WI, kleineheldenberlin.de*

Kleine Kundschaft

In dem Schöneberger Kinderschuhladen liegt das Augenmerk besonders auf Qualität, Komfort, Funktionalität und Nachhaltigkeit. Die Modelle von Marken wie Camper und Naturino werden sorgfältig ausgewählt. *Bundesallee 87, 12161 Berlin-SB, kleine-kundschaft.de*

Kleine Schritte

Drei Filialen, mehr als ein Dutzend verschiedene Schuhmarken von Froddo bis Ricosta – da findet sich für jeden kleinen Fuß der passende Schuh. Auch einige Barfußsohlen sind im Sortiment und die Auswahl an Sneakern wächst. Wer sich für einen neuen Schuh entschieden hat, kann ihn auf Ästen, Bambus, Steinen und Rasen probelaufen. *Hufelandstr. 24, 10407 Berlin-PB; Florastr. 20/21, 13187 Berlin-PA; Berliner Allee 88, 13088 Berlin-WS, kleine-schritte.com*

TIPP

Kleiner SchuhBladen

Der Kinderschuhbedarf rund um den Boxhagener Platz ist riesig – im Laden werden kleine Kids mit Schuhwerk in Größe 18 bis 35 ausgestattet. Für die großen gibt es Sneaker, Sandalen und Boots bis Größe 41. In Sachen Nachhaltigkeit macht man keine Kompromisse, es gibt ausschließlich Schuhwerk aus natürlichen, schadstofffreien Materialien, darunter Barfußschuhe in verschiedenen Formen und Farben. *Seumestr. 12, 10245 Berlin-FR, kleiner-schuhbladen.de*

Kinderrucksack KID im Design „Mermaid Lola“ von Step by Step. *stepbystep-schulranzen.com*

RUCKSACK FÜR KINDER

Ob Vorschule, Freizeit oder Schule: KID macht überall eine gute Figur. Das Hauptfach ist DIN A4-fähig, so finden Hefte und Malbücher ihren Platz. Das Sitzkissen schützt zudem vor Schmutz und Nässe bei Ausflügen.

stepbystep-schulranzen.com

Authentische Familienfotos aus eurem Leben und Geburtsreportagen von *fotografiemensch.de*

Neu von tonies®: „KLE!NE EXPERTEN“ Ab in die Welt des Wissens, z.B. mit Buckelwal Blub. *tonies.com*

MOGLi Snacks in Bio- und Demeter-Qualität. *mogli.de*

Bunte Stifteboxen und Wohnaccessoires im WERKHAUS-Shop Berlin, *Friedrichstr. 123, 10117 Berlin*

LÄSSIG Schulranzen Set „Boxy Unique“. *laessig-fashion.de/schule*

SO EINZIGARTIG WIE DU

Mit einem zertifizierten und ausgezeichneten Tragesystem, durchdachten Stauraum, cleveren Details und einer Vielzahl an Reflektoren wird das siebenteilige Schulranzen-Set „Boxy Unique“ zum idealen Begleiter für die Grundschule.

laessig-fashion.de/schule

So geht Straße: Endlich ein realistisches Verkehrsbuch für Stadtkinder! *jacobystuart.de*

CUBORO – das Kugelbahnsystem aus der Schweiz. *cuboro.ch*

LASST EURE FANTASIE ROLLEN!

Das CUBORO Kugelbahnsystem umfasst mehr als 100 verschiedene, miteinander kombinierbare Buchenholzteile mit vielseitigen Funktionen. Unzählige Möglichkeiten warten darauf, von euch entdeckt zu werden.

cuboro.ch

HÄNSKA Schultaschen aus Biobaumwolle zum Selbergestalten. *haenska.com*

Ultraleicht. Robust. Zeitlos.
Handmade in Berlin seit 2005.
kundschafter.net

Unterwegs natürlich snacken. *mogli.de*

T-Rex Suni – einer der neuen „KLE!NEN EXPERTEN" Tonies für Kinder ab drei Jahren. *tonies.com*

Ein Klick auf eine der sieben Regenbogentasten genügt, um loszuhören. *wobie.de*

SPOTIFY FÜRS KINDERZIMMER

Mit der wobie box streamen Kinder ab vier Jahren selbständig Musik, Hörbücher und Podcasts direkt von Spotify. Tschüss Tonträger, hallo Spotify-Vielfalt! Und das Handy gehört wieder uneingeschränkt den Eltern!

wobie.de

Ultraleicht Schulranzen – Perfekt für den Schulalltag! *gmtbags.com*

Kleines Schuhwerk

Durch Pfützen hüpfen oder über Wiesen flitzen – das Kleine Schuhwerk hilft bei der Auswahl des richtigen Kinderschuhs und stellt sicher, dass es bei all den Abenteuern nirgendwo drückt. Von Größe 17 bis 42 gibt es schönste Schuhe in schickem Design, hochwertig und nachhaltig produziert. Neben Kindern und Jugendlichen werden auch Frauen fündig. *Grunewaldstr. 9A, 10823 Berlin-SB, kleinesschuhwerk.de*

klix – kleine Schuhe

Der liebevoll eingerichtete Laden in Lichterfelde hat seinen Schwerpunkt auf Kinderschuhe gelegt. Hier findet man schöne Kinderschuhe und auch die beliebten Barfußschuhe in den Größen 18-40. Zudem gibt es eine Auswahl an Kleidung, Rucksäcken und Kleinigkeiten für Kinder. Im Schöneberger Laden ist ebenfalls eine feine Schuhauswahl sowie ein großes Kinderkleidungsortiment zu finden. *Curtiusstr. 13, 12205 Berlin-ST; Apostel-Paulus-Str. 1, 10823 Berlin-SB, klix-berlin.de*

TIPP

Lieblinge

Am besten ist es, Kinder so viel wie möglich barfuß laufen zu lassen, so wird die sensorische Entwicklung optimal gefördert. Da dies aber nicht immer möglich ist, bietet die Berliner Manufaktur mit Orthopädie Expertise den perfekten Lauflernschuh „Made in Prenzlauer Berg". Auch Schuhwerk mit robusterer Sohle steht in den Regalen. Neu sind die Barfußschuhe für Teenager:innen und Erwachsene. *Schönfließer Str. 1, 10439 Berlin-PB, lieblinge.com*

Lila Lämmchen Schuhe

Der Schuhladen legt seinen Schwerpunkt auf Barfußschuhe in den Größen 20-42 von Marken wie Affenzahn, Blifestyle und Telyoh. Diese könnt ihr übrigens gleich auf dem Barfußpfad ausprobieren. *Dunckerstr. 78, 10437 Berlin-PB, lilalaemmchen-shop.de*

OVERKILL

Sneaker sind das beliebteste Schuhwerk für Heranwachsende, die heute oft schon im Grundschulter den klassischen Kinderschuhgrößen entwachsen. Entstanden aus der Berliner Graffiti-Szene versorgt der Kreuzberger Sneaker- und Streetwear-Laden diese seit 2003 mit den passenden Outfits und Zubehör. Vor allem das Sneaker-Sortiment ist seither stetig gewachsen. Seit 2016 gibt es neben dem ursprünglichen Ladengeschäft das OVERKILL Women, wo sich auch Kindersneaker finden. *Köpenicker Str. 195A und 194 (OVERKILL Women), 10997 Berlin-KR, overkillshop.com*

pantinchen

Der Laden gegenüber der Markthalle Neun sorgt für eine gute Ausgangslage beim Schuhkauf mit Kindern, denn er ist gut sortiert und bietet viel Raum zum Ausprobieren. Schuhe findet ihr in den Größen 18-41 von ausgesuchten Manufakturen aus Europa. *Pücklerstr. 19, 10997 Berlin-KR, pantinchen.de*

Paraplü

Der schicke Shop versorgt Kinderschuhsuchende mit kompetentem Rat und einer stilvollen Auswahl. Nicht nur Schuhe, auch Kinderkleidung und ein paar Spielsachen könnt ihr hier shoppen. *Greifenhagener Str. 19, 10437 Berlin-PB, paraplü.de*

TIPP

Patschefuß Kinderschuhe

Die besten Ideen entstehen oft aus eigenen Bedürfnissen – so war die Suche nach geeigneten Schuhen für ihre eigenen Kinder der Anlass für Eva und Salim, ihr Geschäft für qualitativ hochwertige und nachhaltig produzierte Kinderschuhe in Wilmersdorf zu eröffnen. Auch Schuhe für den Schulsport, Turnschlappen, Hausschuhe, Socken, Strümpfe und Strumpfhosen führen sie in schönster Auswahl und nachhaltiger Qualität. *Pariser Str. 54, 10791 Berlin-WI, patschefuss.de*

Schuhschaukel

Das Team berät gerne zum umfangreichen Sortiment erstklassiger Schuhe in den Größen 17-43. Hergestellt ist das Schuhwerk vorwiegend aus natürlichen Materialien wie Filz, Naturkautschuk und Leder. *Neufertstr. 24, 14059 Berlin-CH, schuhschaukel.de*

SKO Kinderschuhe

Bei der Zusammstellung des Sortiments wird stets auf Produkte gesetzt, die möglichst nachhaltig, fair und angepasst an die Bedürfnisse kleiner Füße produziert werden. In dem liebevoll geführten Schuhladen im skandinavischen Stil findet ihr eine tolle Auswahl in den Größen 18-35. *Manfred-von-Richthofen-Str. 19, 12101 Berlin-TE, @sko.berlin*

Stadt Land Fluss

Wer die Welt erobern will, braucht zuallererst einmal das passende Schuhwerk. Der Laden im Friedrichshainer Samariterviertel hat eine feine Auswahl an Erstlingsschuhen und Kleinkindsohlen, mit denen man sich in jeder Umgebung zurechtfindet. Zusätzlich zum guten Schuh gibt es auch noch Mützen, Hüte, Strümpfe und Handschuhe. *Bänschstr. 46, 10247 Berlin-FR, stadtlandflussberlin.de*

VEJA
Der erste deutsche Brandstore der nachhaltigen Schuhmarke befindet sich in Berlin-Mitte. Zusätzlich zur Lifestyle- und Running-Kollektion für Männer, Frauen und Kinder bietet ein Schuster dort die Reparatur und Reinigung von Turnschuhen und Schuhen an. *Alte Schönhauser Str. 42, 10119 Berlin-MI, veja-store.com*

TIPP
Wildling
Schuhe, Firma und die Menschen dahinter mit ihrem Verständnis von nachhaltigem Produzieren und Wirtschaften sind beachtenswert! Wildling stellt mit seinen ökologischen Minimalschuhen für Klein und Groß wieder Nähe zum Boden her. Der Fuß kann so eine stärkere Muskulatur ausbilden. Neu ist, dass an der Wasserdichtigkeit der Schuhe gearbeitet und zwei neue, geschlossene Sohlen entwickelt wurden. *Kollwitzstr. 81, 10435 Berlin-PB, wildling.shoes*

Spielwaren

AllerleiSpiel
Im Inneren des Ladens an der Prenzlauer Allee verbirgt sich mehr als man zunächst beim Blick durch das schmale Schaufenster vermuten mag. Genau so sollte ein Spielzeugladen sein – bunt, voller Abenteuer und Schätze zum Spielen und Verschenken. *Prenzlauer Allee 211, 10405 Berlin-PB, allerleispiel.de*

Brettspielgeschäft.Berlin
Spiele fördern Kreativität, Sozialkompetenz, Konzentration und strategisches Denkvermögen, bringen Menschen jeden Alters zusammen und machen einfach Spaß. Wer auf der Suche nach einem neuen Lieblingsspiel ist, wird im Brettspielgeschäft gut beraten. Hier entdecken Spielbegeisterte auf hunderten Regalmetern eine reichhaltige Auswahl an Kinder-, Familien-, Brett-, Würfel-, Strategie-, Reise- und Aktivspielen für gesellige Familienmomente. *Eberswalder Str. 27, 10437 Berlin-PB, brettspielgeschaeft.berlin*

Der kleine Zirkusladen
Der kleine Zirkusladen stattet alle kleinen und großen Artist:innen, Clowns, Einradfahrer:innen, Jongleur:innen und Zauber:inn an zwei Standorten mit dem nötigen Equipment aus. Die bunten, prall gefüllten Läden sind tolle Spiel- und Spaß-Fundgruben für alle. *Schillerstr. 70, 10627 Berlin-CH; Kopernikusstr. 10, 10245 Berlin-FR, zirkusladen.com*

Die kleine Gesellschaft
In drei Filialen kann durch das Spielwarensortiment gestöbert werden. Bevölkert werden die Regale von Drachen, Einhörnern, Feen und anderen Spielfiguren. Auch zum Basteln, Malen und Verkleiden findet sich reichlich. Besonders ist die hauseigene Kollektion an Spielsachen und Souvenirs mit Berlin-Bezug. *Rykestr. 41, 10405 Berlin-PB; Friedrichstr. 129, 10117 Berlin-MI; Terminal 1, Willy-Brandt-Platz 1, 12529 Schönefeld, kleinegesellschaft.com*

Die Spielzeugbude
Am Rüdesheimer Platz gibt es im Wunschbaum nicht nur Kleidsames, sondern Verkleidungen und Kostüme, Plüschtiere, Bücher, Puzzles, Holzspielzeug, Kartenspiele und Gesellschaftsspiele in der dazugehörigen Spielzeugbude. *Rüdesheimer Platz 1, 14197 Berlin-WI, wunschbaum-shop.de*

TIPP
Die wilden Schwäne
Die alteingesessenen Spielzeugexpert:innen führen in beiden Läden ausgewählte Kinderbücher, Jonglage-Artikel, Puzzles und alles zum Experimentieren und Selbermachen. Besonders ist auch das ganzjährige Angebot an Kostümen, schließlich stehen Rollenspiele und Verkleidungen bei Kindern immer hoch im Kurs. *Breite Str. 39, 13187 Berlin-PA; Schönhauser Allee 63, 10437 Berlin-PB, wildeschwaene.de*

NEU
duo flagshipstore & Deko Behrendt
Im The Playce findet ihr neuerdings alles zum Verkleiden, Feiern und Dekorieren. Im September 2024 neueröffnet, bietet der duo flagshipstore auf einer Fläche von 900 Quadratmetern ein außergewöhnliches Flair für Jung und Alt. *The Playce, UG, Alte Potsdamer Str. 7, 10785 Berlin-TI, duoflagshipstore.de*

TIPP
Flying Colors
Deutschlands ältester und Berlins einziger Drachenladen besteht bereits seit 1983. Jonglierartikel und Drachen in allen Formen und Farben kann man hier erstehen. Für den Powertag im Park gibt es Frisbees, Slacklines, Federbälle und Co. *Eisenacher Str. 81, 10823 Berlin-SB, flying-colors.de*

Frau Luna
Ein buntes Gute-Laune-Sortiment aus Spielzeug, Accessoires und vor allem schöne Stoffe und Nähzubehör findet ihr bei Frau Luna in Altglienicke. Außerdem werden Nähkurse für Kinder angeboten. *Alter Schönefelder Weg 1, 12524 Berlin-KÖ, frauluna.com*

Augenweide

Petites Lunettes

Der Kinderbrillen-Laden der Vintagebrillenexpert:innen ist erste Wahl für alle, die eine fein kuratierte Auswahl und fachkundige Beratung suchen. Kinderoptometristin Carolin Hahn beantwortet alle Fragen rund um das rechtzeitige Erkennen und Behandeln von Fehlsichtigkeiten wissenschaftlich fundiert. *Bleibtreustr. 29/30, 10707 Berlin-CH, lunettes-selection.de*

Kinderbrillen in Berlin

Wenn man mit Kindern Brillen oder Kontaktlinsen aussuchen und anpassen lassen muss, zählt nicht nur die fachliche Kompetenz, sondern ebenso die zugewandte Atmosphäre. So wie bei den Kinderbrillenexpert:innen mitten im Prenzlauer Berger Bötzowkiez, die nicht nur jede Menge Ahnung, sondern auch ein fein ausgewähltes Angebot an Sehhilfen haben. *Bötzowstr. 27, 10407 Berlin-PB, kinderbrillen-in-berlin.de*

Schönhelden

„Wir haben etwas gegen Kurzsichtigkeit bei Kindern" – mit diesem Claim wirbt das Friedrichshainer Optikgeschäft und löst dieses Versprechen mit reichlich Sachkenntnis rund ums Myopiemanagement und einer schöner Kinderbrillenauswahl ein. *Thaerstr. 28, 10249 Berlin-FR, schoenhelden.de*

Augenoptik Friedemann Bruske

Seit Jahrzehnten ist das Geschäft des Augenoptikers Friedemann Bruske in Friedenau nicht nur mit kinderfreundlich gestalteten Räumen auf Familienbesuch eingerichtet, sondern vor allem aufgrund der kompetenten und einfühlsamen Beratung rund um Sehhilfen vom Babyalter an einer der besten Orte für Kinderbrillen und Kontaktlinsen. Hier steht ein umfangreiches Sortiment an Fassungen und Gläsern zur Auswahl, selbst für extreme Sehkorrekturen. *Hauptstr. 75, 12159 Berlin-SB, augenoptik-bruske.de*

Manti Manti

Im etwas versteckt liegenden Kreuzberger Showroom der nachhaltigen Kinderbrillenmarke könnt ihr die nahezu unkaputtbaren, aus Rizinus 3D-gedruckten, super leichten und flexiblen Brillen für Kinder von drei bis zwölf Jahren nach Voranmeldung selbst in Augenschein nehmen. Oder ihr bestellt euch eine Anprobe-Box nach Hause. *Skalitzer Str. 100, 10997 Berlin-KR, mantimanti.de*

2

1 Manti Manti
2 Les Opticiens Osiris

Gute Laune-Lieferung

Jeden Donnerstag kommt unser Newsletter mit den besten Ideen fürs Wochenende, jeden Monatsersten unsere Mini-Tipps für Familien mit Babys und Kleinkindern.

berlinmitkind.de/newsletter

TIPP

GroßstadtPony

Das Leben ist vielleicht kein Ponyhof, aber der üppig und bunt gefüllte Friedrichshainer Laden ist definitiv ein Wunschkonzert. Spielzeug aller Couleur, Luftballons und am Wochenende Popcorn – so schnell kommt man hier nicht mehr weg. Wer bald Geburtstag hat, füllt eine der ladentypischen Holzkisten mit all seinen Geschenkewünschen. *Simplonstr. 27, 10245 Berlin-FR, grossstadtpony.de*

TIPP

Hase Weiss

Seit mehr als 20 Jahren ist der farbenfrohe Laden von Anna Pfeiffer die Anlaufstelle für Familien auf der Suche nach schön gestalteten Puppenhäusern, Bauernhöfen, Waschmaschinen oder Möbelsystemen aus Holz. Neben Produkten aus der Spielzeugmanufaktur von Anna finden sich aber auch allerlei andere liebenswerte Dinge zum Spielen und Dekorieren für jede saisonale oder festliche Gelegenheit. Einer der besten Läden, um sich mit Geburtstagsgeschenken, Adventskalender- oder Schultütenbefüllung einzudecken. *Windscheidstr. 25, 10627 Berlin-CH, haseweiss.de*

Heidi's Spielzeugladen

Der traditionsreiche Spielzeugladen kommt nicht nur im Kiez gut an, auch darüber hinaus hat sich Stammkundschaft entwickelt, die das Sortiment zu schätzen weiß. Was das angeht, wird auf Spielzeuge aus unbehandeltem Holz gesetzt, hochwertig und schnörkellos. *Kantstr. 61, 10627 Berlin-CH, @heidisspielzeugladen*

Jibboo

Jibboo bietet eine feine Auswahl an Spielwaren für große und kleine Kreativlinge. Außerdem gibt es Instrumente, Werkzeug und Kostüme für Kids. Die Heliumballons in allen Farben und Formen sorgen für Höhenflüge. *Bänschstr. 53, 10247 Berlin-FR, jibboo.de*

Juno

Auf der Bergmannstraße tobt das Leben und mittendrin ist der alteingessene Laden das Tor zu einer Vielzahl bunter Spielwaren, Bastel- und Malsachen. Auch alles rund ums Musizieren ist hier zu finden, außerdem eine große Auswahl an Lampen. *Bergmannstr. 3, 10961 Berlin-KR, spielwaren-juno.de*

La fraise rouge

Die rote Beere ist das Markenzeichen – schon von weitem sieht man sie auf der roten Fahne neben den bunten Wimpeln leuchten. Die Produkte für Kinder umfassen Kindertaschen mit unterschiedlichen

Motiven und aufgestickten Namen aus Filz sowie Kissen und Körnerkissen. Alle Artikel entstehen in Handarbeit und können auf Wunsch bestickt oder personalisiert werden. Auch große Menschen können Accessoires für sich entdecken. *Großbeerenstr. 64A, 10963 Berlin-KR, lafraiserouge.de*

LEGO Store

Ein Paradies für alle Liebhaber:innen der berühmten Steine. Ist man auf der Suche nach besonderen Bausteinen, findet man wahrscheinlich an der Pick & Build Wall genau das passende Stück. Wer statt Einzelteilen lieber ein ganzes Set mit nach Hause nehmen will, kann mit Hilfe der Digital-Box einen Vorgeschmack vom fertigen Bauwerk bekommen. Man kann sich seine ganz persönliche Lego-Figur zusammenstellen oder aus einem Foto ein einzigartiges Lego Mosaik herstellen lassen. *Tauentzienstr. 20, 10789 Berlin-CH, lego.com*

Levy's Contor

Messinglampen und Kerzenleuchter, Spieluhren und Blechspielzeuge, Meditationskissen und Handwerkskunst – all das gibt es in dem gut sortierten, nostalgischen Laden in den Hackeschen Höfen. Ungewöhnliche Einkaufserlebnisse mit Fundstücken, denen man in anderen Spielwarengeschäften nicht begegnet, sind hier garantiert. *Rosenthaler Str. 40/41, 10178 Berlin-MI, hackesche-hoefe.de*

Lilla Mari

Bei Lilla Mari könnt ihr nicht nur im Onlineshop, sondern auch in dem hübschen Laden im Bötzowviertel durch das Sortiment stöbern. Zur Auswahl steht nachhaltige Mode für Babys, Kinder und Erwachsene. Außerdem gibt es Spielzeug, Interior, Papeterie und etwas Bastelbedarf. Inhaberin Hanna Köster hat zudem eine große Leidenschaft für Literatur und legt Wert darauf, dass man in ihrem Store Bilderbücher findet, die Diversität und Inklusion zeigen. *Hufelandstr. 1, 10407 Berlin-PB, lillamari.store*

Lilofee

Am Spreewaldplatz liegt dieser Laden, der über zwei Etagen vollgepackt mit schönen Dingen, von Holzspielsachen und Instrumenten über Puppen und Stofftiere bis hin zu Büchern und Spieluhren ist. Das Sortiment wird stetig erneuert und ergänzt. Die Marken werden nach ökologischen und sozialen Standards ausgewählt, deshalb finden sich hier besondere Dinge von Stockmar, goki, Haba, Grimm's und Co. *Spreewaldplatz 4, 10999 Berlin-KR, lilofeespielwaren.de*

Löwenzahn

Die Liebe, die in diesem Laden um die Ecke vom Lichterfelder Kranoldplatz steckt, spiegelt sich in der Qualität der Dinge wider, die hier die Regale füllen. In der bunten und freundlichen Atmosphäre möchte man mit dem Stöbern kaum mehr aufhören. Kult ist der Schnullerbaum, dem die Kinder ihren letzten Nuckel übergeben können, wenn sie ihm entwachsen sind. *Oberhofer Weg 3, 12209 Berlin-ST, loewenzahn-berlin.de*

TIPP

Ludothek global

Bevor man Spielwaren neu anschafft, lohnt sich ein Besuch in der Ludothek im Berlin Global Village. Mit ihrem kostenlosen Angebot richtet sie sich an Kinder von null bis zehn Jahren. Die in Hinblick auf Inklusion und Diversität ausgewählten Spielzeuge laden zum Ausprobieren ein, sind fair gehandelt, ökologisch unbedenklich, aus Recycling-Materialien gefertigt und handwerkliche Unikate. *Am Sudhaus 2, 12053 Berlin-NK, spielmittel.de*

Ludothek Prenzlauer Berg

An seinem Vereinssitz betreibt der „Fördern durch Spielmittel e.V." seine Ludothek. Der Spielzeugfundus besteht aus einer Fülle interessanter und wertvoller Spielzeuge. Die meisten der Spielmittel richten sich an Kinder von null bis sechs Jahren. *Immanuelkirchstr. 24, 2. Quergebäude, 10405 Berlin-PB, spielmittel.de*

MANITA

Ob Handpuppen, Kuscheltiere, Eisenbahnen, Puppenwagen, Spielzeugautos, Greiflinge, Kreisel, oder Kugelbahnen – hier findet man alles, was das kleine oder größere Spieler:innenherz höher schlagen lässt. Darüber hinaus findet man bei MANITA auch hübsche Kinderkleidung in den Größen 44-152, Bücher und Tonies sowie allerhand tolle Kleinigkeiten. *Scharnweberstr. 24, 12587 Berlin-KÖ, manita-berlin.de*

Nordliebe

Die ausgeprägte Nordliebe der Gründerin schlägt sich in den wunderschönen und zugleich praktischen Designs für Kinder und Erwachsene nieder. Eine Auswahl an Kuscheltieren und Spielzeug von Marken wie Maileg oder Meri Meri ist sowohl im Store als auch im Onlineshop zu finden. Dazu ein umfangreiches Angebot feinster Wohnaccessoires und einige Möbel – alles im skandinavischen Design. Vor allem wunderschöne Dekoobjekte fürs Kinderzimmer und die ganze Wohnung findet man hier. Die Top-Adresse für saisonale Deko! *Goltzstr. 18, 10781 Berlin-SB, nordliebe.de*

Farben für alle

das Berliner Familienunternehmen hat sich nicht nur der Produktion schön designter und haltbarer Unisex-Spielsachen, Accessoires und Ordnungshelfer verschrieben, sondern 2024 auch die Bildungsinitiative „Farben sind für alle da" gegründet, die sich für mehr Gleichberechtigung und Vielfalt in Kinderzimmern, Kitas und Schulen einsetzt. *kindsgut.de; farbensindfueralleda.de*

Piñateria

Piñatas, die witzigen Figuren, die man zerschlagen muss, um an ihre Füllung zu gelangen, sind nicht nur in Lateinamerika ein Hit. In Kreuzberg werden sie in jeglicher Art hergestellt. Für kleinere Kinder gibt es eine Version, bei der die Piñata durch das Ziehen an einem Faden geöffnet wird. *Schönleinstr. 8, 10967 Berlin-KR, @pinatamanufaktur*

Playmobil Fun Store

In der Mall of Berlin versammelt sich auf großer Fläche das gesamte Sortiment der begehrten Spielzeugmarke. Stetig werden die Sets in den Regalen gegen spannende Neuheiten ausgetauscht. Wer sein altes Playmobil loswerden möchte, kann es hier in die Take Back-Schütte bringen. *Mall of Berlin, Leipziger Platz 12, 10117 Berlin-MI, playmobil.de*

Puzzlegeschäft.Berlin

Das Haus der 1.000 Puzzles wartet mit einem umfangreichem Sortiment auf. Der Inhaber betreibt auch das Brettspielgeschäft um die Ecke in der Eberswalder Straße, wo Gesellschaftspielfans fündig und bestens beraten werden. *Schönhauser Allee 135, 10437 Berlin-PB, puzzlegeschaeft.berlin*

TIPP

Ratzekatz Spielzeugland

Der pickepackevolle, kunterbunte Laden ist eine Institution im Helmholtzkiez und immer gut, wenn man ein Geschenk für den nächsten Kindergeburtstag, Kleinigkeiten für die Schultüte, Sandspielzeug für den nahegelegenen Spielplatz oder spannende Spiele sucht. *Raumerstr. 7, 10437 Berlin-PB, ratzekatz.de*

RegalRocker

Eine 15 Meter lange Schaufensterfront gibt erste Einblicke in das Warenangebot, das sich in den Regalen verbirgt. Eine der größten Fächervermietungen Berlins bietet viel Platz für die schönen Dinge, die Kreative hier anbieten, darunter einiges an Spielsachen und Accessoires, aber auch Kleidung für Babys und Kinder. *Stargarder Str. 17, 10437 Berlin-PB, regalrocker.de*

Schreib- und Spielwaren-Hooge

Ob Gesellschaftsspiel, Holzspielzeug oder Experimentierkästen – wer den Laden betritt, wird zum Stöbern und Entdecken von Neuheiten und Klassikern aus der Spielzeugwelt eingeladen. Außerdem findet man hier auch eine tolle Auswahl an Bastelmaterial, Kinderkostümen sowie Schreib- und Schulbedarf. *Gärtnerstr. 26, 10245 Berlin-FR, spielwaren-hooge.com*

siebenschön

Nahe des Boxhagener Platzes lockt ein buntes Schaufenster die Laufkundschaft an. Mit viel Liebe werden hier schöne Spielwaren ausgewählt und präsentiert. Vor allem jüngere Kinder werden hier fündig und freuen sich über Holzspielzeug und Bastelutensilien. *Gärtnerstr. 26, 10245 Berlin-FR, siebenschoen.de*

Sönneken

Sönneken ist aus dem Kiez am Lausitzer Platz nicht wegzudenken und sorgt gleichermaßen für Abwechslung wie verlässlich gute Klassiker zum Spielen. Besonderer Wert wird auf gutes Holzspielzeug, Naturmaterialien und nachhaltige Produktion gelegt. *Lausitzer Platz 13, 10997 Berlin-KR; soenneken-spielzeug.de*

Spielbrett

Alte Spieleklassiker finden sich in den beiden Filialen genauso wie Neuerscheinungen und ausgefallenere Spielideen. Wer lieber zusammen spielt, wählt eine Spielvariante, die eher für Teambuilding bekannt ist. Der Wilmersdorfer Laden führt auch eine Auswahl an Baby- und Kinderspielzeug. *Berliner Str. 132, 10715 Berlin-WI; Körtestr. 27, 10967 Berlin-KR, spielbrett-berlin.de*

TIPP

Spielplatz

In dem gemütlichen, traditionsreichen Spielwarengeschäft am Renée-Sintenis-Platz, an dem auch die schöne Malschule Friedenau liegt, darf bestaunt, ausprobiert und gespielt werden. Hier kann man hochwertiges Holzspielzeug, Babyartikel, Puppen, Spiele, Experimente und Tonies entdecken. *Handjerystr. 76, 12159 Berlin-SB, spielplatz-spielzeug.de*

Spielwerk

Der kleine Laden nahe des S-Bahnhofs Hermsdorf hat von Krimskrams bis zu großen Spielsets alles, was sich Kinder zum Spielen und Kuscheln wünschen. Obendrein gibt es eine fachkundige und besonders herzliche Beratung, sodass ihr für jeden Anlass das passende Spielzeug findet. *Fellbacher Str. 3, 13467 Berlin-RE, spielwerk-hermsdorf.de*

Spielwiese Ludothek

Ob Strategie-, Kinder-, Familien-, Würfel-, Karten-, Fantasy- oder Wissensspiele – im Simon-Dach-Kiez kann gespielt werden, was das Zeug hält. Lediglich eine kleine Gebühr verlangt die Ludothek und gewährt dann Zugriff auf das umfangreiche Sortiment. Gespielt werden kann vor Ort oder ganz gemütlich zu Hause. *Kopernikusstr. 24, 10245 Berlin-FR, team-spielwiese.de*

Spielzeugladen an der Kaisereiche

Der Spielzeugladen an der Kaisereiche hat sich als Fachgeschäft für LEGO-Artikel einen Namen gemacht. Rund um die buten Steine gibt es hier Neuware, aktuelle Sets, Gebrauchtes und auch Einzelteile. Fündig wird man hier ebenso auf der Suche nach Pokémon, Schleich-Tieren und Matchbox-Autos. *Saarstr. 2, 12161 Berlin-ST, sadk-berlin.de*

TIPP

standard - saubere sachen

Fair und nachhaltig sollte Standard sein! Diesem Motto ist man in dem Neuköllner Laden bedingungslos treu. So sind Kleidung, Kosmetik sowie Haushaltsgegenstände aus bio-zertifizierten oder recycelten Materialien produziert und stammen von kleineren nachhaltigen Labels. Für Kinder gibt es ein paar schöne ausgewählt Spielsachen und Accessoires. *Reuterstr. 53, 12047 Berlin-NK, standard-saubere-sachen.de*

NEU

Stapelstein

Die bunten Spiel- und Bewegungselemente haben die Kinderzimmer nicht nur deutschlandweit, sondern international erobert. Nun haben die Gründer:innen Ende September 2024 den ersten eigenen Store eröffnet – mitten in Berlin! Auf über 130 Quadratmeter lässt sich dort das gesamte Portfolio der Marke entdecken und ausprobieren – ein großer Spaß! *Alte Schönhauser Str. 3, 10119 Berlin-MI, stapelstein.de*

Steffis Lädchen

Der freundliche Charlottenburger Laden hat eine solche Fülle an bunten Dingen, dass man kaum weiß, wohin man zuerst gucken soll. Trotz stetig wechselndem Sortiment bleibt der Spielzeugladen einigen Klassikern und seinen eigenen Qualitätsansprüchen treu. *Knesebeckstr. 18/19, 10623 Berlin-CH, steffis-laedchen.de*

Steiff Shop

Die hochwertigen Kuscheltiere von Steiff erhält man auch in anderen Spielwarengeschäften, die beste und größte Auswahl findet man aber im Brandstore am Ku'damm. Sogar individualisierte Exemplare kann man in Auftrag geben und für die labeleigene Kindermode bis Größe 122 ist auch noch Platz. *Kurfürstendamm 40/41, 10719 Berlin-CH, steiff.com*

NEU

studio du.

Im Mai 2024 verabschiedete sich HeimatKinder und machte Platz für etwas Neues: studio du. Mit neuem Namen und einem liebevoll umgestalteten Laden erwartet euch weiterhin eine farbenfrohe Auswahl an wunderschöner und bequemer Kleidung für Kinder und Erwachsene. Wer mag, kann sein Lieblingsstück auch ganz individuell anfertigen zu lassen – wählt einfach den passenden Schnitt und Stoff aus und schon kann es losgehen! Außerdem entdeckt ihr hier Accessoires, Geschenkideen sowie schöne Stoffe. *Böckhstr. 49, 10967 Berlin-KR, heimatkinder.de*

Teeny Tiny

Die Charaktere, die Julia Lange in Handarbeit erschafft, sind mehr Kunst als Kuscheltiere und doch genau als solche so liebenswert, dass sie sich als ganz besondere einzigartige Geschenke eignen. Ihre kleinen Figuren, werden von Hand aus organischen Garnen und Stoffen gefertigt. Überzeugt euch selbst bei einem Besuch in der Charlottenburger Manufaktur. *Windscheidstr. 15, 10627 Berlin-CH, teenytiny.de*

Trommler

Das Kern-Angebot des Moabiter Ladens richtet sich an Kinder von der Geburt bis zum neunten Lebensjahr, aber auch für ältere findet sich immer etwas. Katja Bergemann führt hochwertiges Spielzeug sowie schöne Kinderkleidung bis Größe 156. Spannende Kinder- und Jugendliteratur sowie Schuhe bis Größe 40 warten ebenfalls auf neue Besitzer:innen. Für Feiern wird (Draußen-)Spielzeug verliehen. *Jagowstr. 40, 10555 Berlin-TI, trommler.org*

TIPP

Viel Spiel

Neben qualitativem Holzspielzeug hält der geschmackvolle Laden im Scheunenviertel in Mitte immer auch Überraschendes bereit, weshalb sich ausgiebiges Stöbern zu jeder Zeit lohnt. Selbst der literarische Hunger kleiner Leser:innen wird mit dem ausgewählten Buch-Sortiment gestillt. Für Nostalgie sorgen alte Blechspielzeuge. Highlight des Ladens ist die Kleinkram-Ecke, die schöne Dinge für den nächsten Kindergeburtstag oder die Befüllung von Adventskalender oder Zuckertüte bereithält. *Große Hamburger Str. 28, 10115 Berlin-MI, vielspiel.de*

Werken Spielen Schenken

Seit mehr als 50 Jahren beraten die Mitarbeitenden dieses Geschäfts in Steglitz kompetent und freundlich zu dem riesigen Sortiment, das auf rund 2.500 Quadratmetern versammelt ist. Doch hier gibt es nicht nur Spielzeug, Modellbau- und DIY-Bedarf für alle Altersklassen, auch Näh- und Bastelkurse sind ein Teil des umfassenden Angebots. *Schloßstr. 110B, 12163 Berlin-ST, werken-spielen-schenken.jimdoweb.com*

Zambomba

Wer den Nachwuchs bereits im Krabbelalter mit Regenmacher und Xylophon experimentieren lässt, hat schon den ersten Teil musikalischer Früherziehung selbst übernommen. Zambomba hat sich auf Musikalisches und Klangvolles spezialisiert, führt aber auch andere Spielwaren, die zum kreativen Spiel anregen. *Florastr. 40, 13187 Berlin-PA, zambomba.de*

TIPP Zauberkönig

Seit 1884 ist der Zauberkönig für das Unmögliche und Unfassbare zuständig. Neben dem begehrten Zauberzubehör führt das Traditionsgeschäft auch Scherzartikel, Bücher, Dekoration und Süßes. In den vier Wänden des dazugehörigen Zauberkabinetts geschieht derweil echte Magie: Hier finden Zauberkurse für Kinder ab sieben Jahren und Zaubershows für Kinder ab vier Jahren statt. Auf Anfrage kann im Zauberkabinett auch Kindergeburtstag gefeiert werden. *Herrfurthstr. 6A, 12049 Berlin-NK, zauberkoenig-berlin.de*

Kinderliteratur

Alphabet Didaktische Buchhandlung

Der didaktische Buchladen im Winskiez ist in seiner Art einzigartig in Berlin. Spezialisiert auf Lern- und Lehrmaterialien, Lernstrategien und -spiele ist er eine der besten Anlaufstellen, nicht nur fürs Bestellen von Schulbüchern, die Beratung erstreckt sich weit darüber hinaus. *Winsstr. 33, 10405 Berlin-PB, alphabet-berlin.de*

Bilder-Buch-Laden

Das Team des charmanten Ladens, der sich seit 1985 am selben Ort befindet, versteht sich als Spezialist:innen für Bilderbücher, Kinderbücher, Kinderbibeln, Bibeln, christliche Literatur und Postkarten. Sie haben nicht nur ein Händchen für die Auswahl wunderschön illustrierter Seiten, sondern auch für die Gestaltung der Schaufenster und keine Scheu vor schwierigen Themen. So ist die Auswahl an Titeln erwähnenswert, die kleinen Menschen das Thema Tod, Sterben und Trauer kindgerecht näherbringen. *Zossener Str. 6, 10961 Berlin-KR, bilder-buch-laden.de*

TIPP BUCHBOX!

Gleich fünf Filialen laden dazu ein, sich in die gut sortierte BUCHBOX zu begeben und loszustöbern. Neben dem breiten Buchsortiment für Kinder und Erwachsene, soll Literatur hier auch erlebt werden – und zwar bei Lesungen, Kinder-Events, Festen und Workshop-Angeboten. Jahreshighlight ist immer das Bilderbuchfest am Helmholtzplatz. Die Filiale „Love Story of Berlin“ in der Kastanienallee 88 ist auf englischsprachige Literatur spezialisiert. *Grünberger Str. 68, 10245 Berlin-FR; Lettestr. 5, 10437 Berlin-PB; Greifswalder Str. 33, 10405 Berlin-PB; Kastanienallee 97 und 88, 10435 Berlin-PB, buchboxberlin.de*

Buchhandlung der divan

Vom ersten Bilderbuch bis zum anspruchsvollen Roman wird unweit der U-Bahn-Station Theodor Heuss-Platz die ganze Familie gut beraten und auf der Suche nach (Vor)Lesestoff fündig. Aber nicht nur Lesbares findet sich im Sortiment, auch Hörbares, Beschreib- und Bespielbares: Tonies, Moleskine Notizbücher, Grußkarten, Spiele und vieles mehr. Kinder können sich hier Geburtstagskörbe zusammenstellen. *Reichsstr. 104, 14052 Berlin-CH, divan.de*

Buchhandlung Ferlemann und Schatzer

Ein Buchladen, der dafür steht, warum der stationäre Buchhandel unbedingt erhaltenswert ist – hier arbeiten Menschen, die Bücher lieben und euch immer bestens beraten und euch auf Werke aufmersam machen, die ihr alleine vielleicht nie für euch entdeckt hättet. Außerdem werden immer wieder Lesungen und Events rund um Literatur für Klein und Groß veranstaltet. *Güntzelstr. 45, 10717 Berlin-WI, ferlemannundschatzer.de*

Buchhandlung Moby Dick

Der namensgebende Klassiker wurde ganz bewusst gewählt: Wie Moby Dick sollten gute Bücher beschaffen sein – spannend, informativ, abenteuerreich! Dies bezieht sich auf Erwachsenenliteratur, vor allem aber auf die Auswahl an Kinder- und Jugendbüchern, die hier besonders im Fokus liegt. Veranstaltungen für Schulklassen und Kindergärten bringen Kindern und Teens kostenlos Literatur näher. *Stargarder Str. 67, 10437 Berlin-PB, buchhandlung-moby-dick.de*

Buchkantine

Wenn man sich nach ausgiebigem Stöbern, guter Beratung und persönlichen Empfehlungen für ein neues Buch entschieden hat, setzt man sich am besten noch in das gemütliche Café, um direkt reinzulesen und ein Stück Kuchen zu genießen. Das Beste ist, dafür muss man den Buchladen nicht mal verlassen: ein Literaturcafé wie es im Buche steht! *Dortmunder Str. 1, 10555 Berlin-TI, buchkantine.de*

Gestaltungslust

SELFMADE Berlin

In den lichtdurchfluteten Räumen am Tempelhofer Hafen kommen Strick- und Nähbegeisterte voll auf ihre Kosten. Ob Anfänger:in oder Profi, hier findet jede:r den passenden Workshop. Besonders beliebt sind die KIDS Editionen in den Ferien. *Friedrich-Karl-Str. 1, 12103 Berlin-TE, selfmade.com*

We Like Mondays

Es gibt leider keinen Store, den man real besuchen kann, aber Andrea Potockis Onlineshop ist immer eine verlässliche Inspirationsquelle für originelle Bastelprojekte. Nicht nur Ideen findet ihr hier, auch die passenden Materialien und entsprechende Bastelsets. Neu ist, dass ihr alles auch zur Selbstabholung im Kreuzberger Headquarter des Bastelzirkus bestellen könnt. *wlkmdys.com*

boesner

Ein Besuch in einem der Profifachmärkte für Künstler:innenbedarf ist immer eine Reise in die Welt der Farben und Formen, die zu eigenen Kreativprojekten inspiriert. Die vielfältige Auswahl an Materialien und Werkzeugen lässt keine Wünsche offen. *Marienburger Str. 16, 10405 Berlin-PB; Franklinstr. 12, Hof II, 10587 Berlin-CH; Karl-Marx-Str. 110, 12043 Berlin-NK, boesner.com*

idee. Creativmarkt

In den drei Berliner Filialen finden Selbermacher:innen das gesamte ABC des Bastelbedarfs von Aquarellkreide bis Zick-Zack-Schere. Neu seit 2023 ist die Filiale in der Wilmersdorfer Straße, in der ihr durch ein besonders umfangreiches Stoffsortiment stöbern könnt. *Leipziger Platz 12, 10117 Berlin-TI; Joachimsthaler Str. 41, 10623 Berlin-CH; Wilmersdorfer Str. 117, 10627 Berlin-CH, idee-shop.com*

Modulor

Das Paradies für alle, die gerne basteln, bauen oder einfach nur kreativ sein möchten: Über 38.000 Artikel lassen kreative Herzen höher schlagen. Kunst, Architektur, Modellbau, Basteln, Papeterie, Design und Möbel – Modulor bietet auf über 3.000 Quadratmetern eine schier unendliche Vielfalt an Materialien, ob für kleine DIY-Projekte oder große Kunstwerke. Gelegentlich finden auch DIY-Workshops statt. *Prinzenstr. 85, 10965 Berlin-KR, modulor.de*

2

1 We Like Mondays
2 Modulor

Buchlokal

Erlesene Büchervielfalt und Veranstaltungen für Groß und Klein gibt es im Buchlokal. In der besonders großen Kinderbuchabteilung bekommen Suchende eine fachkundige Beratung und für Kitas und Grundschulklassen werden tolle Projekte der Leseförderung angeboten. *Ossietzkystr. 10, 13178 Berlin-PA, buchlokal.de*

Comics & Graphics

Die Auswahl an bebilderten Geschichten ist hier groß, denn Comics sind heute artenreich und vielfältig wie nie zuvor. Surreales, Persönliches, Lustiges, Dokumentarisches oder Trauriges – all das findet sich im Laden in Form von Comics und den beliebten Graphic Novels. *Prenzlauer Allee 46, 10405 Berlin-PB, bluetoons.de*

NEU

Die Buchkönigin

Seit 2010 gibt es die kleine, unabhängige Buchhandlung im Neuköllner Reuterkiez, die glücklicherweise neue Inhaberinnen gefunden hat, die sie im gleichen feministischen Geist weiterführen. Caroline Fröse bringt nun ihre Erfahrung aus der Arbeit im Ueberreuter Verlag ein und hat den Kinder- und Jugendbuchbereich ausgebaut. So findet sich hier weiter ein entspannter Raum voll mit besonderen Büchern: gute Literatur großer, kleiner und unabhängiger Verlage, politische Theorie und Sachbücher aus den Bereichen Soziologie, Philosophie, Kulturwissenschaft, Geschichte, Kunst usw., intelligente und diverse Kinder- und Jugendbücher, Graphic Novels und Comics. *Hobrechtstr. 65, 12047 Berlin-NK, buchkoenigin.de*

Die gute Seite

Unweit der Sonnenallee besinnt sich die beliebte Buchhandlung am Richardplatz mit einer feinen Auswahl in den Bereichen Belletristik, Sachbücher, Kinder- und Jugendbücher und Graphic Novels. Ergänzt wird das Sortiment durch schöne Papeterie und bunte Kleinigkeiten. Wer nach dem Stöbern eine Stärkung braucht, setzt sich ins angeschlossene Café für Kuchen- und Kaffeegenuss. *Richardplatz 16, 12055 Berlin-NK, dieguteseiteberlin.de*

TIPP

Dussmann – Das Kulturkaufhaus

Wer die Pforten des Kulturkaufhauses betritt, landet in einem wahren Medienparadies. Hier kann man stundenlang stöbern, denn auf den fünf Etagen wird alles angeboten, was zwischen zwei Buchdeckel, auf CD, Vinyl oder Notenblätter passt. Die Kinder- und Jugendbuchabteilung ist riesig, aber sehr gut sortiert, sodass man stets den Überblick behält. Apropos Blick: Es lohnt sich, das Veranstaltungsprogramm im Blick zu behalten, es finden immer mal wieder tolle Lesungen und Workshops für Kinder und Familien statt. *Friedrichstr. 90, 10117 Berlin-MI, kulturkaufhaus.de*

Extra-Buch

In diesem modernen Antiquariat gibt es frischen Lesestoff für wenig Geld. Bücher aller Genres und Themen finden sich oft für den halben Preis oder sogar weniger. Die langen Regalreihen sind gefüllt mit Verlagsresten und sogenannten Mängelexemplaren, alle ungelesen, wobei auf Stapelware und Ramsch verzichtet wird. *Mehringdamm 66, 10961 Berlin-KR, extra-buch.de*

Georg-Büchner-Buchladen

Der Buchladen im Kollwitzkiez widmet sich seit jeher auch den jüngsten Leser:innen, was sich schon am Schaufenster erkennen lässt, in dem stets einige Kinder- und Jugendbücher präsentiert werden. Im Laden findet man davon eine prima Auswahl sowie einige Nonbook-Kleinigkeiten. *Wörther Str. 16, 104305 Berlin-PB, georgbuechnerbuchladen.berlin*

Hundt Hammer Stein

Bereits seit 2004 rundet die Buchhandlung das vielfältige Angebot im Scheunenviertel mit einem sorgfältig ausgesuchten Buchsortiment ab. Die große Kinder- und Jugendbuchabteilung beinhaltet alles vom liebevoll gestalteten Bilderbuch bis zum Thriller für junge Erwachsene. Auch englischsprachige Bücher für jedes Alter gibt es hier. *Alte Schönhauser Str. 23/24, 10119 Berlin-MI, hundthammerstein.de*

InterKontinental

Mitten im lebendigen Kiez der Friedrichshainer Sonntagstraße liegt die erste auf afrikanische und afrodiasporische Literatur in Deutschland spezialisierte Buchhandlung, die auch etliche empfehlenswerte Kinder- und Jugendbücher in ihrem Sortiment hat. *Sonntagstr. 26 10245 Berlin-FR, interkontinetal.org*

TIPP

Krumulus

Die Buchhandlung bezieht sich nicht ohne Grund auf den Spruch von Pippi Langstrumpf. Hier steht die Fantasie im Vordergrund. Mit Hilfe einer großen Auswahl an Kinder- und Jugendliteratur sowie Bilderbüchern und Illustrationskunst wird sie geweckt. Die Druckwerkstatt bietet Kindern die Gelegenheit, ihrer Fantasie Ausdruck zu verleihen und der Vorlesesalon kommt mit Leseclub, Musikangeboten und Erzähltreffen daher. *Südstern 4, 10961 Berlin-KR, krumulus.com*

Le Grenier à Bulles

Comics, Mangas und Kinderbücher auf Deutsch oder Französisch, davon gibt es hier eine riesige Auswahl. Ergänzt wird das Sortiment durch eine Auswahl an spannenden Brettspielen für die ganze Familie. *Kurfürstenstr. 137, 10785 Berlin-SB, legrenierabulles.de*

LeseGlück

Familien finden ihr Leseglück unweit des Landwehrkanals. In der Kiezbuchhandlung wird eine tolle Auswahl an zeitgenössischer Literatur für Erwachsene, Graphic Novels sowie Kinder- und Jugendbüchern in deutscher und englischer Sprache geboten. *Ohlauer Str. 37, 10999 Berlin-KR, leseglueck-berlin.de*

Libelle Buchhandlung

Lesenswertes für Kinder sowie Schönes zum Spielen und Basteln hat die Buchhandlung im Kungerkiez im Angebot, deren Schwerpunkt klar auf der Kinderliteratur liegt. Die Bilderbücher, Romane und Graphic Novels und gelegentlich stattfindende Kinderbuchlesungen begeistern selbst Lesemuffel. Lesefreudige Erwachsenen finden auch für sich selbst neuen Lesestoff und ein paar ausgewählte Geschenke. *Karl-Kunger-Str. 63, 12435 Berlin-TR, libelle-berlin.de*

NEU

Libelle liest Buchhandlung

Die Friedrichshainer Libelle ist ebenfalls auf Kinder- und Jugendbücher spezialisiert und lässt auch nach dem Inhaberinnenwechsel kaum einen Wunsch offen. Die Eltern können in Ruhe im erweiterten Angebot für Erwachsene stöbern, während ihre Kinder in der wiedereröffneten Spielecke spielen. *Bänschstr. 44, 10247 Berlin-FR, libelle-fhain.buchhandlung.de*

NEU

Marga Schoeller Bücherstube

Die alteingessene Buchhandlung hat einen neuen Inhaber, aber nichts von ihrem Charme und ihrer Hingabe an Literatur für alle Lesenden von Klein auf eingebüßt. Kinder- und Jugendbüchern wird hier ebenso wie Leseförderung hohen Wert beigemessen. *Knesebeckstr. 33, 10623 Berlin-CH, margaschoeller.de*

NEU

Minoa Berlin

Seit August 2024 haben Liebhaber:innen literarischer und lukullischer Genüsse ein neues Lieblingsziel. In Istanbul seit zehn Jahren erfolgreich, begeistert das Buchladen-Konzept mit integriertem Café- und Barbetrieb nun am Wasserturm. Auch für die kleinsten Bücherfreund:innen findet sich etwas in den schönen Regalen. *Rykestr. 52, 10405 Berlin-PB, @minoa.berlin*

Modern Graphics

Bei Modern Graphics können sich Fans mit englischen und deutschen Werken der Comic-Kunst eindecken. Besonders stark sind Titel des Panini Verlags vertreten, ergänzt von einem großen Sortiment an Mangas und Merchandise. *Kastanienallee 79, 10435 Berlin-PB; Tauentzienstr. 9-12, 10789 Berlin-CH; Oranienstr. 22, 10999 Berlin-KR, modern-graphics.de*

Mogwa

In diesem Laden gegenüber der Immanuelkirche in Prenzlberg gibt es schon seit vielen Jahren eine große Auswahl an antiquarischen und preisreduzierten Büchern, Schallplatten, CDs und DVDs. Für die Kleinen gibt es eine recht große Auswahl richtig guter Kinderbücher zum Selber- oder Vorlesen. *Prenzlauer Allee 225, 10405 Berlin-PB, mogwa.de*

NEU

Mouse & Bear Books

Die Friedrichshainer Familienbuchhandlung für Deutsch und Englisch versorgt seit Ende 2023 alle heranwachsenden Leser:innen mit einer feinen Auswahl und einer wachsenden Anzahl an Veranstaltungen zu saisonale Anlässen und Lesungen mit Kinder- und Jugendbuchautor:innen. Regelmäßig finden Lesekreise für Kinder verschiedener Altersklassen statt, darunter ein wöchentlicher English Baby Club für Babys und Kleinkinder bis zwei Jahre. *Boxhagener Str. 51, 10245 Berlin-FR, mouseandbear.de*

Mundo Azul

In seinen Räumen hält Mundo Azul illustrierte Kinderbücher und besondere Buchprojekte aus aller Welt bereit. Stets ist der Laden auf der Suche nach Nischigem, forscht nach kleinen Verlagen und unabhängigen Autor:innen, um Ungewöhnliches zu entdecken, *Choriner Str. 49, 10435 Berlin-PB, mundoazul.de*

ocelot

In der Buchhandlung gegenüber vom Weinbergspark ist viel Platz, um sich in Ruhe und schönem Ambiente umzuschauen. Dabei wird das Verweilen auch von dem guten Kaffee verschönert. Das liebenswerte Team ist bei Fragen immer zur Stelle und freut sich, mit literarischer Kompetenz für alle Altersklassen beraten zu können. *Brunnenstr. 181, 10119 Berlin-MI, ocelot.de*

Odradek

Auf der Roten Insel in Schöneberg findet sich diese Buchhandlung mit kafkaeskem Namen, in der ihr in der großen Kinder- und Jugendbuchabteilung neben altbewährten Klassikern auch moderne Geschichten, die Vielfalt repräsentieren, findet. *Gustav-Müller-Str. 1, 10829 Berlin-SB, odradekbuch.de*

Pankebuch

Die Buchhandlung an der Panke ist die beste Adresse für Liebhaber:innen nordischer Literatur und Kultur. Einzigartig ist die Konzentration auf Literatur aus den nordischen Ländern und dem Baltikum, die das gesamte Buchsortiment und besonders auch die Kinder- und Jugendbücher betrifft. Regelmäßig werden skandinavische Feste und Lesungen mit Autor:innen organisiert, dabei kooperiert Pankebuch eng mit den Nordischen Botschaften. Es werden zwar keine originalsprachigen Bücher mehr importiert, aber Secondhand findet sich noch eine Auswahl. *Wilhelm-Kuhr-Str. 5, 13187 Berlin-PA, pankebuch.de*

TIPP

Prior & Mumpitz

Der Laden zeichnet sich durch sein vielfältiges Sortiment an Kinder- und Jugendliteratur und schönes Ambiente mit Lesecouch, Schaukelpferd und Spielecke aus. Beim Kinder- und beim Jugend-Leseclub ab 14 Jahren wird kompetent über die Inhalte diskutiert, für die Verlage rezensiert und neuerdings werden die Jugendlichen auch an Literatur für Erwachsene herangeführt. Der kleine Nachwuchs kann indes im Buchladen stöbern und sogar seine ersten eigenständigen Einkäufe wagen, denn es gibt die Möglichkeit, ein Taschengeldkonto zu eröffnen, auf dass dann auch Verwandte einzahlen können. *Dunckerstr. 72, 10437 Berlin-PB, priorundmumpitz.de*

Purzelbuch

Die bunte Buchhandlung nahe des U-Bahnhofs Eisenacher Straße hat sich auf Kinder- und Jugendliteratur spezialisiert und verfügt über mehr als 20 Jahre Erfahrung damit sowie eines der umfangreichsten Sortimente Berlins. Aber auch Erwachsene finden eine kleine Ecke mit Lesestoff – und die ganze Familie Nachschub für den heimischen Spieleschrank. *Apostel-Paulus-Str. 5, 10823 Berlin-SB, purzelbuch.de*

Tucholsky-Buchhandlung

An der Ecke zur Linienstraße hat auf der namensgebenden Straße die schöne Buchhandlung ihre Räume, in denen mit Sitzecke, Lese- und Tobehöhle auch die jüngsten Leser:innen zum Verweilen eingeladen sind. Die gute Auswahl an Kinder- und Jugendbüchern wird ergänzt von einer kleinen Spielwarenabteilung. *Tucholskystr. 47, 10117 Berlin-MI, buchhandlung-tucholsky.de*

Aktiv

Parks

TIPP Botanischer Garten Berlin

„Die Welt in einem Garten“ – diesem Konzept von vor über 100 Jahren folgend, gehört der Botanische Garten aufgrund seiner Weitläufigkeit und der rund 20.000 Pflanzenarten zu den bedeutendsten Gärten der Welt. Das originalgetreu restaurierte Tropenhaus lockt mit seiner Schönheit im Jugendstil ebenso wie mit seiner Pflanzenfülle. Das Botanische Museum wird derzeit noch neu konzipiert und umgebaut, voraussichtlich öffnet es 2025 wieder seine Tore. *Königin-Luise-Str. 6-8, 14195 Berlin-ST, bo.berlin*

Botanischer Volkspark Blankenfelde Pankow

Einst Berlins größter Schulgarten, diente der Botanische Volkspark während der beiden Weltkriege als Obst- und Gemüsegarten, um die Berliner:innen zu ernähren. Heute ist der Botanische Volkspark knapp 34 Hektar groß und lädt mit seinen teils seltenen Pflanzen zum Entdecken und Verweilen ein. Als botanisches Highlight gilt die Königin der Nacht, ein Kakteengewächs, welches nur einmal im Jahr für ein paar wenige Stunden seine spektakuläre Blüte zeigt. *Blankenfelder Chaussee 5, 13159 Berlin-PA*

TIPP Britzer Garten

Vor knapp 40 Jahren noch öde Ackerlandschaft, ist der Britzer Garten heute eine grüne Erholungsoase. Zu entdecken gibt es schöne Blumenhaine, Kunst-Installationen, Themengärten und Spiel- und Lernorte für Kinder wie das renovierte Wasserlabyrinth oder das Lehmdorf. Wer Tiere spannender findet als Pflanzen, besucht die Wildziegen Herde, die Skudden Schafe, das Eselpaar Hotte und Anna oder die Hühner und Enten im Kleintiergehege. *Sangerhauser Weg 1, 12349 Berlin-NK, britzergarten.de*

Bürgerpark Pankow

Über zwölf Hektar erstrecken sich Wiesen und alte Bäume, die im Sommer Schatten spenden. Das imposante Eingangstor des Parks gilt als Wahrzeichen Pankows und wird als Übergang vom Stadtgetümmel in eine andere Welt beschrieben. Für alle, die ein bisschen mehr als pure Entspannung auf der Wiese brauchen, gibt es ein Tiergehege mit Bergziegen zum Beobachten, das Café Rosengarten für eine kleine Stärkung oder den Spielplatz mit Kletterschiff. *Wilhelm-Kuhr-Str. 9, 13187 Berlin-PA, buergerpark-pankow.de*

TIPP Gärten der Welt

In elf Themengärten und neun internationalen Gartenkabinetten könnt ihr Pflanzen und Gartenkunst aus aller Welt entdecken. Erweitert wird die Entdeckungsreise von den Wassergärten, mehreren Spielplätzen und einem Irrgarten sowie Rallyes für die kleinen Besucher:innen. Auch einige Tiere sind auf dem Gelände zu finden, sowie eine große Auswahl an Gastronomien für eine Stärkung. Die Seilbahn bietet einen wunderbaren Blick über die Stadt. Ein in Berlin einzigartiges Erlebnis ist die Natur-Bobbahn, mit der man auf 500 Metern mit bis zu 40 km/h durch die Parkanlage sausen kann. *Blumberger Damm 44, 12685 Berlin-MA, gaertenderwelt.de*

Gutspark Marienfelde

Neben der landschaftlichen Seite des Parks, die vor allem durch ihre alten Baumbestände und weitläufigen Wiesen geprägt ist, begeistert der Schmuckgarten in unmittelbarer Nähe zum Gutshaus mit bunten Blumenbeeten, dem puristischen Brunnen und historischen Skulpturen. Der Park ist flächenmäßig nicht der größte, dafür aber recht lang gestreckt, sodass man hier eine kleine Wanderung unternehmen kann. *Alt-Marienfelde/ Buckower Chaussee, 12277 Berlin-TE*

Humboldthain

Nachdem der Zweite Weltkrieg nur die trostlosen Bunker hinterließ, wurde der Park neu angelegt. Die Bunker wurden gesprengt und mit Trümmern zu den heute bekannten Hügeln aufgeschüttet. Zwei der vier Flaktürme wurden zu Aussichtsplattformen mit einem atemberaubenden Blick über die Stadt umfunktioniert. Im Sommer gibt es dort oben kleine Open-Airs mit Musik. Zwischen den zwei Hügeln erstreckt sich eine große Wiese, die zum Toben, Sporttreiben oder Verweilen bestens geeignet ist. Auch der Rosengarten lädt zum Ausspannen ein. *Brunnenstr., 13357 Berlin-WE*

TIPP Körnerpark

Der Park, der wirkt, als sei man in einem Schlossgarten, ist einige Meter tiefer gelegt als die ihn umgebenden Straßen und streng axial aufgeteilt. In der Mitte befindet sich eine Wiese, gesäumt von zwei Flüssen zulaufend auf einen Fontänenteich, schöne alte Treppen führen in den Park hinab. Auf der Westseite befindet sich die Orangerie, in der Kuchen sowie kulturelle Bildung genossen werden kann. Zudem gibt es wechselnde Ausstellungen, Freiluftkino, Lesungen sowie Chöre, die sonntags zu ihren Auftritten laden. *Schierker Str. 8, 12051 Berlin-NK, körnerpark.de*

Fröhliches Gezicke

ausspannen, Landluft schnuppern und auftanken – der Karolinenhof bietet Familien die ideale Auszeit. Nehmt Platz im Wiesencafé und probiert die köstlichen Speisen mit regionalen und hofeigenen Produkten oder stöbert durch das Hofladensortiment. Ein Highlight ist das Zickleinschmusen im Frühjahr, bei dem der niedliche Ziegennachwuchs im Stall ausgiebig gestreichelt werden kann. *Ziegenkäserei Karolinenhof, Karolinenhof 1, 12766 Kremmen, guter-ziegenkaese.de*

Naturschauplätze

TIPPS — AUSFLÜGE

1

Nordöstlich von Berlin liegt die Schorfheide, eines der größten zusammenhängenden Waldgebiete Deutschlands und Teil des UNESCO-Biosphärenreservates Schorfheide-Chorin. Die Region fasziniert durch eine vielfältige Landschaft mit dichten Wäldern, klaren Seen und verschlungenen Wasserläufen. Dieses Naturparadies bietet nicht nur Wandernden und Radfahrenden ideale Bedingungen, sondern ist auch Heimat zahlreicher Tier- und Pflanzenarten, die auf ausgedehnten Entdeckungstouren beobachtet werden können.

2

Abenteuer in Groß Schönebeck

In Groß Schönebeck locken spannende Ausflugsziele wie der Wildpark Schorfheide, der mit sieben Kilometer langen Wanderwegen für faszinierende Begegnungen mit Großwildtieren und bedrohten Haustierrassen sorgt. Zudem wartet ein großer Spielplatz und ein Streichelgehege auf junge Besucher:innen.

Für alle, die noch mehr Nervenkitzel suchen, bietet der nahegelegene Kletterwald Schorfheide mit seinen acht Parcours und über 100 Kletterelementen in bis zu zwölf Metern Höhe ein aufregendes Abenteuer inmitten der Bäume.

Ein weiteres Highlight ist der Sandmännchen-Themenpfad, der Familien auf eine Reise durch die fantasievolle Welt des Sandmann-Dichters Walter Krumbach mitnimmt. Der drei Kilometer lange Pfad führt zu verschiedenen Stationen und endet am ehemaligen Wohnhaus Krumbachs. Für Kinder besonders aufregend: Der Sandmann hat hier einen eigenen Briefkasten, in den Traumbilder geworfen werden können.

3

Vielfältige Erlebnisse und unvergessliche Abenteuer machen die Schorfheide zu einem besonderen Ziel.

Faszination und Entdeckungen

In Groß Ziethen erwartet Besucher:innen das Eiszeitmuseum im Informationszentrum Geopark. Hier kann man auf drei Etagen Ausstellungsfläche die faszinierende Entstehung der Landschaft erleben. Modelle, interaktive Technik und anschauliche Erklärungen machen die Eiszeit greifbar. Direkt vom Museum aus führen Wanderwege ins Kerngebiet des Geoparks, vorbei an beeindruckenden Naturschauplätzen.

Historisch wird es im Luftfahrtmuseum Finowfurt, das sich auf dem Gelände eines ehemaligen Militärflugplatzes befindet. Das Museum bietet eine beeindruckende Sammlung von Originalflugzeugen und Flugzeughallen, die die Luftfahrtgeschichte Brandenburgs erlebbar machen. Für Technikbegeisterte und Familien gleichermaßen spannend, lädt das Museum dazu ein, die Verbindung zwischen technischer Entwicklung und menschlichen Schicksalen zu erkunden.

Naturidylle am Wasser

Der Werbellinsee, einer der schönsten Seen der Region, begeistert mit türkisgrünem, klarem Wasser, umgeben von Schilfgürteln und Buchenwäldern. Ob beim Baden, Bootfahren oder entspannten Spaziergang am Ufer – hier finden Familien Erholung vom turbulenten Alltag.

1 Schorfheide
2 Wildpark Schorfheide
3 Kletterwald Schorfheide

Wildpark Schorfheide
Prenzlauer Str. 16, 16244 Schorfheide OT Groß Schönebeck, *Seite 163*

Kletterwald Schorfheide
Prenzlauer Str. 16, 16244 Schorfheide OT Groß Schönebeck, *Seite 190*

Themenpfad
16244 Schorfheide OT Groß Schönebeck, *grossschoenebeck.de*

Geopark Eiszeitland am Oderrand
Zur Mühle 51, 16247 Ziethen OT Groß Ziethen, *geopark-eiszeitland.de*

Luftfahrtmuseum Finowfurt
Museumsstr. 1, 16244 Schorfheide OT Finowfurt, *Seite 73*

Werbellinsee
16247 Joachimsthal, *meinwerbellinsee.de*

Landschaftspark Herzberge

Im Landschaftspark Herzberge stehen Naherholung, landwirtschaftliche Nutzung und Naturschutz im Einklang miteinander. Obstwiesen werden bewirtschaftet, eine Schafherde kümmert sich sorgsam um die Pflege der Wiesen, in Teichen sind Frösche, Molche und Ringelnattern zu Hause und zwischen all dem findet auch der ein oder andere Mensch ein feines Plätzchen. *Allee der Kosmonauten 16, 10315 Berlin-LI;*

TIPP

Mauerpark

Wo einst die Berliner Mauer die Stadt in Ost und West teilte, liegt heute der Mauerpark. Seitdem die neu ergrünten Wiesenflächen im Sommer 2024 wieder freigegeben wurden, hat die Verweilqualität nochmal deutlich zugenommen. Während Familien unter der Woche entspannt die Sonne genießen oder picknicken, wird der Park am Sonntag zu einer bunten, trubeligen Kulturstätte mit Flohmarkt und Open-Air-Karaoke. Sobald das Wetter wärmer wird, lockt es viele Straßenkünstler:innen und Schaulustige aus aller Welt in den Park. Im Winter wird der Hügel zur Rodelpiste. Zudem gibt es Spielplätze, Tischtennisplatten und einen interkulturellen Gemeinschaftsgarten. *Gleimstr. 55, Bernauer Str., 10437 Berlin-PB, mauerpark.info*

Natur Park Südgelände

Zwischen den S-Bahnhöfen Priesterweg und Südkreuz erstreckt sich eine 18 Hektar große Grünfläche. Nachdem der Bahnbetrieb in den 50er Jahren endgültig eingestellt wurde, hat die Natur das Gelände zurückerobert. So entstand ein einzigartiger Park aus wilder Natur und alten Überbleibseln der Bahntechnik, wie Gleise, Wasserkräne und eine alte Dampflok. Der Park kann über Rundwege, Rallyes oder auf eigene Faust erkundet werden und rund um den alten Lagerplatz finden sich viele Kunstwerke, ein Renaissancegarten im italienischen Stil und eine Graffitiwand. *Prellerweg 47-49, 12157 Berlin-SB, natur-park-suedgelaende.de*

TIPP

Park am Gleisdreieck

Hier findet wirklich jede:r die richtige Beschäftigung oder ein ruhiges Fleckchen zum Entspannen. Ob Wikingerschach, Feder- oder Fußball auf einer der Wiesen, Klettern und Toben auf einem der Spielplätze, Tischtennis und Boule oder Ausspannen auf dem Sonnendeck. Für Kinder ist besonders der Naturerfahrungsraum interessant, der zum ausgiebigen Erkunden einlädt. Großer Begeisterung erfreut sich dabei die Lehmlandschaft mit Wasserpumpe. *Möckernstr. 26, 10963 Berlin-KR, gruen-berlin.de, parkamgleisdreieck.de*

Park Glienicke

Auf der Berliner Seite der Glienicker Brücke liegt das gleichnamige Schloss mit seinem Garten, welche zum UNESCO-Weltkulturerbe zählen. Über Wiesen, Bäume und Hügel erstreckt sich die Parkanlage bis zur Havel hinunter. Das Schloss sollte man unbedingt besichtigen und sich von der Farbenpracht verzaubern lassen: In Rot und Blau leuchten die Salons im Inneren des Guts und untermalen die Ausstellung der antiken Möbelstücke. *Königstr. 36, 14109 Berlin-ZE, spsg.de*

TIPP

Plänterwald und Neuer Spreepark

Südöstlich an den Treptower Park schließt sich der Plänterwald, der einen tollen Waldspielplatz und die beliebte Plansche beherbergt. In neuem Glanz soll außerdem der an der nördlichen Spitze des Plänterwalds liegende Spreepark erstrahlen. Der viele Jahre brach liegende Freizeitpark aus DDR-Zeiten wird im Laufe der nächsten Jahre Schritt für Schritt wiedereröffnet. Bis 2026 soll sich der Park in einen lebendigen Freiraum verwandeln. Highlight wird das sanierte und umgebaute Riesenrad sein. Bereits wiedereröffnet sind der Biergarten am Eierhäuschen und die Außenanlage am Schiffsanleger. *Dammweg, 12437 Berlin-TR, gruen-berlin.de, spreepark.berlin, Eierhäuschen, Kiehnwerderallee 2, 12437 Berlin-TR, ei-12437.berlin*

Schlosspark Pankow

Unweit des U-Bahnhofs Pankow befindet sich der Schlosspark, welcher zu Zeiten der Berliner Mauer geteilt war. Noch heute ist die Trennung sichtbar, die eine Seite besticht mit weitläufigen Wiesen und riesigen schattenspendenden Bäumen sowie der Panke, die den Park durchquert und Spielplätzen für die Kids. Die andere Seite des Parks ist etwas ruhiger, der Klostergarten lädt zum entspannten Verweilen ein und das Café Sommerlust lockt mit Kaffee und Kuchen. Auf der südöstlichen Seite des Parks schließt sich das Freibad Pankow an. *Am Schloßpark, 13187 Berlin-PA*

Stadtpark Steglitz

Eine Mischung aus verwachsenen Ecken rund um die Teiche und angelegte Blumenbeete sowie ein wunderbar duftender Rosengarten machen diesen Ort zu einem Paradies für Erholungssuchende. Alle Wege des Parks führen ins Zentrum zum Rondell mit Springbrunnen. Für aktivere Besucher:innen gibt es einen Spielplatz und eine Minigolfanlage. Im Musikpavillon finden im Sommer immer wieder kostenlose Konzerte statt und im Winter eignet sich der kleine Hügel perfekt zum Rodeln. *Albrechtstr./Sedanstr., 12167 Berlin-ST*

Weite Natur

einst ein Truppenübungsplatz, heute eine Oase der Natur – die Döberitzer Heide verzaubert Groß und Klein mit ihrer faszinierenden Landschaft. In diesem einzigartigen Naturschutzgebiet vor den Toren Berlins könnt ihr auf rund 55 Kilometer langen Wanderwegen die beeindruckende Artenvielfalt entdecken und imposante Wisente, scheues Rotwild und Przewalski-Pferde in freier Natur erleben. *Sielmanns Naturlandschaft Döberitzer Heide,* *Seite 157*

TIPP

Tempelhofer Feld

Einer der größten urbanen Freiräume der Welt ist das ehemalige Rollfeld des Flughafens Tempelhof mit seinen 300 Hektar. Ob Skaten, Radfahren, Picknicken oder entspannen – hier finden alle etwas. Im Naturerfahrungsraum Tempelschlucht können Kinder die Natur mit allen Sinnen erleben. Es gibt ein riesiges Angebot an Projekten bürgerschaftlichen Engagements, bei denen mitgewirkt werden kann. Da bis Ende 2025 die Eingänge renoviert und zeitweise gesperrt werden, solltet ihr euch vor eurem Besuch auf der Website informieren. *Eingänge: Tempelhofer Damm, Columbiadamm, Oderstr., 12051 Berlin-NK/TE, tempelhoferfeld.de*

Tiergarten

Zwischen dem Brandenburger Tor und dem Zoologischen Garten befindet sich das grüne Herz Berlins, das mit zahlreichen Spielplätzen, weitläufigen Wiesen und Schatten spendenden Bäumen Platz für Erholung bietet. Im westlichen Teil des Parks liegt die Siegessäule, die mit ihrer Aussichtsplattform einen herrlichen Ausblick beschert. Das Haus der Kulturen der Welt lockt mit Programm für jedes Alter und im Café am Neuen See kann man ebenfalls eine schöne Zeit mit Kindern erleben. *Straße des 17. Juni, 10557 Berlin-TI*

Treptower Park

Direkt an der Spree gelegen kann man im Treptower Park über weite Wiesen spazieren, Frisbee oder Federball spielen, den Karpfenteich erkunden oder dem Weltspielplatz, welcher von Kindern selbst erdacht wurde, kurz vor dem Plänterwald einen Besuch abstatten. An der Brücke zur Insel der Jugend findet ihr einen Biergarten für eine Stärkung zwischendurch und einen Tretbootverleih für ein Abenteuer auf dem Wasser. *Am Treptower Park, Puschkinallee, 12435 Berlin-TR*

Viktoriapark

Der Park ist auf dem Kreuzberg – dem der Bezirk seinen Namen verdankt – gelegen und gehört damit zur größten innerstädtischen Erhöhung Berlins. Wenn die steinernen Treppen erklommen wurden, wird man auf der Plattform, mit einem herrlichen Ausblick über die Kreuzberger Dächer belohnt. Ein weiteres Highlight ist der Wasserfall, der sich den Hügel hinunter schlängelt, im Sommer ein schöner Planschort für Kinder. Auf weiten Wiesen wird entspannt oder gespielt und der Biergarten Golgatha, der seit vielen Jahren für Vielfalt, Toleranz und Inklusion einsteht, hält immer die richtigen Erfrischungen und Snacks bereit. *Duden-, Katzbach-, Kreuzbergstr., 10965 Berlin-KR*

Volkspark Friedrichshain

Als Berlins erster kommunaler Park, der 1840 ausschließlich für das Volk geschaffen wurde, ist der Friedrichshain schon lange ein beliebter Freizeit- und Erholungsort im Osten der Stadt. Auf 49 Hektar befinden sich geschichtsträchtige Denkmäler, Spielplätze und Sportmöglichkeiten, weitläufige Wiesen mit alten Bäumen und zwei Teiche. Im Restaurant und Biergarten Schoenbrunn kann eine Pause eingelegt werden. Filmfans können das Freiluftkino besuchen. *Am Friedrichshain, Friedenstr., Landsberger Allee, 10249 Berlin-FR*

Volkspark Hasenheide

Die Hasenheide hat vor allem für Kinder ein reichhaltiges Angebot geschaffen. Der Tierpark Neukölln, der für alle kostenfrei zugänglich ist, bietet Kindern die Möglichkeit Tiere wie Ziegen, Damwild, Weißstörche, Esel und Lamas zu beobachten. Auf dem großen Spielplatz „Märchen aus 1001 Nacht" können Abenteuer auf dem Klettergerüst erlebt werden. Direkt daneben erwartet euch das Freiluftkino, welches nachmittags ein Kinderprogramm anbietet. *Columbiadamm, 10967 Berlin-NK, volkspark-hasenheide.de*

TIPP

Volkspark Jungfernheide

Im Westen Berlins befindet sich der zweitgrößte Park der Stadt, so groß, dass sich ein Waldhochseilgarten und ein Strandbad mitten im Park liegen und trotzdem noch Platz für einen dichten Waldbestand bleibt. Neben dem Waldhochseilgarten befindet sich der 38 Meter hohe Wasserturm, in dem mittlerweile ein Café zu Hause ist, welches mit Liegestühlen in der Wiese zum Verweilen einlädt. Die Erlebniswelt Tier und Natur ermöglicht groß und klein den richtigen Umgang mit Natur und Tier zu erlernen, beobachtet und streichelt Ziegen, füttert Kaninchen oder bewundert Gary die Landschildkröte. Im Strandbad könnt ihr im Sommer eine wohlverdiente Abkühlung genießen oder euch am anderen Ende des Sees beim Beachvolleyball austoben. *Heckerdamm, 13627 Berlin-CH*

Volkspark Potsdam

Früher vom Militär genutzt, wurde das Gelände für die Bundesgartenschau 2001 zu einer grünen Oase mit reicher Pflanzenvielfalt und Architektur. Der Park verfügt über ein großes Spiel- und Sportangebot mit Bolzplatz, Beachvolleyballfeldern, Kletterspielplatz, Riesenrutsche und Minigolf- und Pit-Pat Anlage. Hier finden alle Aktiven eine Beschäftigung. Für Naturbegeisterte gibt es viel zu entdecken, der verwilderte Waldpark lockt mit Wiesensträuchern und wilden Rosen, am Rande der Obstwiese ist eine Bee Bank angelegt, die Wildbienen und Käfern ein Zuhause bietet. Im Spätsommer blühen im westlichen Parkkorridor rund 1000 Dahlien und viele andere Gärten laden mit ihrer Blütenpracht zum Staunen ein. Der Park ist das ganze Jahr über auch immer wieder Veranstaltungsort, zum Beispiel für das internationale Drachenfest. *Georg-Hermann-Allee 101, 14469 Potsdam, volkspark-potsdam.de*

Volkspark Prenzlauer Berg

Im Osten Prenzlauer Bergs liegt der gleichnamige Volkspark, der Kinder mit einem großen Spielplatz bestückt mit aus Holz gefertigten Tierfiguren und großer Wiese zum Toben einlädt. Während Familien im Sommer auf ihrer Picknickdecke entspannt die Sonne genießen, eignet sich der Park im Herbst ideal zum Drachensteigen. Die drei Hügel im Park wurden einst aus Trümmern aufgeschüttet und bieten heute bei Schnee eine ideale Location, um sie auf dem Schlitten hinabzusausen. Besonders an diesem Park ist, dass sich hier einer der wenigen kleinen Weinanbauorte Berlins befindet. *Schneeglöckchenstr. 61, 10407 Berlin-PB*

Volkspark Rehberge

Zwischen dem U-Bahnhof Rehberge und der Seestraße liegt der Volkspark, der durch seine Größe ein angenehmes Kontrastprogramm zum wuseligen Wedding bietet. Zwischen großen Bäumen wird auf saftigen Wiesen entspannt. Die Wildtiergehege im westlichen Teil des Parks locken Tierfreund:innen sich Wildschweine und Damwild mal genauer anzusehen. Spielplätze finden sich verteilt im Park und Tischtennisplatten fordern zu einer flotten Partie. Im Sommer ist der Weg zum Plötzensee für eine Abkühlung nicht weit. Die Freilichtbühne lädt an Sommerabenden zum Open-Air-Kino ein. *Afrikanische Str., 13351 Berlin-WE*

Volkspark Schöneberg-Wilmersdorf

Der schmale, aber dafür umso längere Volkspark, gelegen zwischen Blissestraße und dem Rathaus Schöneberg, hat einiges zu bieten. Für Sportbegeisterte gibt es Bolz- und Basketballplätze, Tischtennisplatten und einen kleinen Skatepark. Zum Spielen lädt der bekannte Zauberspielplatz, auf dem ihr in die Welt von Harry Potter eintauchen könnt, einen Wasserspielplatz und einen kleinen Schachpark. Für Menschen, die gern eine schöne Sicht haben, bieten sich der Ententeich oder der Springbrunnen, auf dem ein goldener Hirsch thront an. Wer nach all den Aktivitäten hungrig geworden ist, kehrt in einen der Biergärten ein. *Am Volkspark, Straße am Schoeler Park, 10715 Berlin-WI*

Gemeinsam ackern

hier wächst Wandel! Unter diesem Motto dreht sich beim AckerFestival in der Malzfabrik zum Jubiläum des Bildungsunternehmen Ende August 2024 alles um eine zukunftsfähige Bildung, Ernährung und Gesellschaft. Tatsächlich ist das Sozialunternehmen enorm gewachsen, seit Christoph Schmitz es nach der Geburt seiner ersten Tochter vor zehn Jahren gründete. Die Idee damals: Wirkungsvolle Bildungsprogramme zum Erleben von Natur zu initiieren, um das kollektive Bewusstsein für mehr Wertschätzung von Umwelt und Lebensmitteln zu fördern. Eigene Ackerflächen oder Indoor-Beete in Klassenzimmern, an Schulen und Kindergärten sollen praxisnahen Zugang zum Anbau und der Verarbeitung von Gemüse geben und dabei nachhaltiges Wissen rund um eine gesundheitsbewusste Ernährung vermitteln.

Der promovierte Agrarökonom Christoph Schmitz hat 2014 in Berlin das Sozialunternehmen Acker gegründet, das inzwischen über 200 Mitarbeitende und rund 500 ehrenamtliche Helfer:innen beschäftigt.

Wir treffen den unprätentiösen und mitreißenden Macher, kurz bevor er die Bühne der Konferenz eröffnet, auf der sich zwei Tage lang inspirierende Akteur:innen aus Wissenschaft, Wirtschaft und Politik darüber austauschen, wie gemeinsam ein Systemwandel vorangetrieben werden kann. Während wir durch eines der Acker-Beete an der Malzfabrik stapfen, erzählt Christoph davon, wie sehr ihn als Vater die Vorstellung beklemmte, dass seine Kinder in einer zunehmend von der Natur entfremdeten Gesellschaft aufwachsen würden. Selbst stammt er von einem landwirtschaftlichen Betrieb in

Acker in der Malzfabrik

Acker ist nur einer der Akteur:innen in der einstigen Mälzerei, wo auch 2025 die Nachhaltigkeitsmesse Green World Tour stattfindet. *malzfabrik.de; acker.co*

Brandenburg, hat Agrarökonomie studiert und mehrere Jahre als Wissenschaftler am Potsdam-Institut für Klimafolgenforschung gearbeitet. Diese analytischen Fähigkeiten, wissenschaftlich und wirkungsorientiert denken und so von Beginn an das Programm entsprechend begleiten und auswerten zu können, sind sicher ein Teil des Erfolgsrezepts. Mehr als 300.000 Kinder an rund 1.800 Lernorten im gesamten deutschsprachigen Raum haben bereits ihr eigenes Gemüse angebaut. Unter dem Dach von Acker werden neben den Bildungsprogrammen AckerRacker, GemüseAckerdemie und GemüseKlasse für Kinder und Jugendliche sowie Bildungsangeboten für Erwachsene inzwischen auch andere Sozialunternehmen beraten. Vor allem aber spürt man bei Christoph und all seinen Mitstreiter:innen, dass sie mit Herzblut und Optimismus gemeinsam für eine bessere Zukunft ackern. Dabei scheuen sie sich nicht, große Ziele zu formulieren: Bis 2030 möchten sie jedem Kind Zugang zu einem naturnahen Lernort ermöglichen.

Gärten

Allmende-Kontor

Dieser interkulturelle Gemeinschaftsgarten besteht seit 2011 und ist eines der vielen Projekte, die sich seit der Schließung des Flughafens auf dem Tempelhofer Feld gegründet haben. Ziel ist es, Menschen und Natur einander näherzubringen, eine Fläche zu schaffen, die für alle da ist und dazu anzuregen, Projekte dieser Art über die ganze Stadt zu verteilen. Es werden Workshops angeboten, in denen sich mit dem Pflanzenfärben oder Kompostieren beschäftigt wird. *Oderstr., 12049 Berlin-NK, allmende-kontor.de*

Bauerngarten

Das eigene Bio-Gemüse anbauen und ernten klingt nach einer guten Sache? Dann seid ihr bei den Baumgärtner:innen genau richtig. Ihr könnt eine Parzelle pachten und dort anbauen, was ihr gerne esst. Das Team kümmert sich dabei um Boden und Bewässerung, repariert, besorgt Bio-Saatgut, Gartenwerkzeug und stellt kräftige Bio-Jungpflanzen bereit. In Workshops könnt ihr alles Wichtige über die ökologische Landwirtschaft lernen, sodass ihr euch auch ohne Vorkenntnisse auf eine reiche Ernte freuen könnt. *Pankow: im Botanischen Volkspark, Blankenfelder Chaussee 5, 13159 Berlin-PA; Havelmathen: Kladower Damm 57, 14089 Berlin-SP; Ahrensfelde: Eichner Grenzweg/Ahrensfelder Chaussee, 16356 Ahrensfelde; Mette: Querweg 6 1/2, 12529 Schönefeld, bauerngarten.net*

Bürgergarten Laskerwiese

Das was hier alle verbindet, ist die Liebe zur Natur und die Freude am Gärtnern. Ihr könnt in eurem eigenen kleinen Beet anbauen, was ihr möchtet, beim Gemeinschaftsgärtnern einmal im Monat wird sich geholfen, Saatgut und Setzlinge geteilt und sich um den anliegenden Park gekümmert. Der Verein hinter dem Bürgergarten setzt sich gerade für eine Erweiterung der Fläche ein, um einen öffentlichen Spielplatz, eine Hundeauslauffläche und einen festen Grillplatz möglich zu machen. *Laskerstr. 5-8, 10245 Berlin-FR, laskerwiese.de*

ElisaBeet

Im Soldiner-Kiez liegt der Lehrgarten, der neben der Ackerfläche auch eine große Freizeit- und Erholungsfläche bietet. Jeden Freitag wird hier nachmittags zum Mitmachen eingeladen, da kann jede:r vorbeikommen und drauflos gärtnern. Das ElisaBeet legt seinen Fokus als interkultureller Garten und Begegnungsort auf Umweltbildung, Integration durch interkulturellen Austausch und die Begegnung verschiedener Generationen. *Wollankstr. 66., 13359 Berlin-WE, himmelbeet.de*

FRIEDA SÜD

Frieda Süd soll ein Ort der aktiven Teilhabe am gesellschaftlichen Leben im Sanierungsgebiet sein. Das Angebot ist vielfältig und kooperiert mit Partnerinitiativen wie dem „Café Grundeinkommen", der Fahrradselbsthilfewerkstatt und dem Sprachcafé. Gärtner:innenkollektive und Nachbar:innen bewirtschaften einen Teil der Fläche als Gemeinschaftsgarten. Es gibt Mitmachaktionen, Bildungsangebote für Kinder und Jugendliche sowie Workshops und kuratierte Veranstaltungen zu Stadtpolitischen Themen. *Friedrichstr. 18/19, 10969 Berlin-KR, bauhuette-kreuzberg.de/frieda-sued*

GleisBeet

Wie der Name schon vermuten lässt, befindet sich dieses urbane Gartenprojekt auf stillgelegten Gleisen. Anders als bei den meisten Gemeinschaftsgärten liegt hier nicht der Obst- und Gemüseanbau zum eigenen Verzehr im Fokus, sondern vielmehr die Erschaffung eines funktionierenden Ökosystems, welches einen Lebensraum für Pflanzen, Tiere und Menschen bietet. Jeden Dienstag wird zum gemeinsamen Gärtnern eingeladen, mit dem Ziel, das ehemalige Brachland in eine grüne Oase zu verwandeln. *Helsingforser Str. 29, 10243 Berlin-FR, naturfreunde-berlin.de*

Gutsgarten Hellersdorf

In Hellersdorf wird dank des Projekts PrinzessinnengartenBau seit einigen Jahren gegärtnert und kultiviert. Im Gutsgarten Hellersdorf rücken Anwohner:innen zusammen und erschaffen gemeinsam einen Ort der Begegnung: Ob Freiluftkino, offene Werkstätten, Kompostierung oder ein Markt – hier können alle mit anpacken. Bei den offenen Gartenarbeitstagen können Interessierte einen Einblick gewinnen und sich der Gemeinschaft anschließen. *Alt Hellersdorf 17, 12629 Berlin-HE, prinzessinnengarten-kollektiv.net*

himmelbeet

Es stehen etwa 200 Pachtbeete zur Verfügung, aber auch auf den Gemeinschaftsflächen gibt es immer etwas zu tun. Neben der Gartenarbeit finden hier auch immer wieder Veranstaltungen rund um Garten, Natur und das Zusammenleben statt. Das Mitmach-Café bietet jeden Donnerstag verschiedene Leckereien an und freut sich immer über ein paar helfende Hände. *Gartenstr./Ecke Grenzstr. 13355 Berlin-WE, himmelbeet.de*

Kiezgarten Fischerstraße

Nahe dem Betriebsbahnhof Rummelsburg liegt auf dem ehemaligen Sonnenblumenlabyrinth der Kiezgarten, ein Ort ganz im Zeichen des Umweltschutzes, auf dem sich jede:r mit individuellen Ideen und Interessen einbringen kann. Auf dem Gelände befinden sich neben Beeten und Imkerstationen auch eine Sauna, ein Pizzaofen, sowie ein Sportareal und ein Spielplatz. So ist der Kiezgarten nicht nur ein Ort zum Gärtnern, sondern auch zur Erholung und Freizeitgestaltung. *Fischerstr. 23, 10317 Berlin-LI, kiezgarten.de*

Kiezgarten Rosa Rose

Nahe des S- und U-Bahnhofs Frankfurter Allee befindet sich der grüne Nachbarschaftsgarten, der das Gärtnern im Kiez unabhängig von finanziellen Mitteln oder Besitzverhältnissen ermöglichen möchte. Neben Zierpflanzen werden hier auch Obst, Gemüse und Kräuter angepflanzt. Während der Gartensaison treffen sich die Hobbygärtner:innen der anliegenden Kieze zum gemeinsamen Gärtnern. *Zugang über Jessnerstr. 3 oder 13, 10247 Berlin-FR, rosarose-garten.net*

Mauergarten

Seit 2012 wird im Mauerpark fleißig gegärtnert, inzwischen besteht der Garten aus rund 100 Hochbeeten und vielen Helfer:innen und Besucher:innen. Es wurden kleine AGs gebildet, die sich mit bestimmten Aufgaben im Garten und der Organisation beschäftigen. Jede:r ist eingeladen, sich mit Ideen, Fähigkeiten und kulturellen Einflüssen einzubringen. Es wird ausschließlich nach ökologischen Prinzipien gearbeitet, das bedeutet: keine Verwendung von Pestiziden oder Hybridsaatgut sowie ein sparsamer Umgang mit Wasser, Erde und Holz. Sonntagnachmittag wird gemeinsam im Garten gearbeitet, schaut doch mal vorbei. *Mauerpark Parkeingang, Lortzingstr., Berlin-PB, mauergarten.net*

meine ernte

Ganz genau wissen, was auf dem eigenen Teller landet – das treibt unter anderem die Gründerinnen von meine ernte an. Seit vielen Jahren bietet das Projekt an drei Standorten in Berlin einen eigenen kleinen Gemüsegarten zur Miete an und stellt hilfreiche Produkte zur schrittweisen Selbstversorgung bereit. Im Vorfeld sät ein:e Landwirt:in rund 20 verschiedene Gemüsesorten auf dem in Gärten unterteilten Acker aus. Ab Mai können die Gartenbesitzer:innen pflegen, gärtnern und ernten. *Siedlung Wartenberg/Straße 6, 13059 Berlin-HO; Hof Lutz Gericke, Klein-Ziethener-Weg 17, 12355 Berlin-NK; Neue Späthstr., 12437 Berlin-NK, meine-ernte.de*

MenschenskinderGarten

Der MenschenkinderGarten am Strausberger Platz ist ein Ort für Naturerfahrung und den Austausch zwischen den Generationen beim Gärtnern, da hier Kitas und Schulen sowie Anwohner:innen Beete bewirtschaften. Die Sitzecke mit Grillplatz und Lehmofen lädt zum Verweilen ein, während Workshops und Projekte aufklären und informieren. *Fürstenwalder Str. 30, 10243 Berlin-FR, menschenskinder-berlin.eu*

Paradiesgärten

Die drei Paradiesgärten in Marzahn-Hellersdorf wurden in der Nähe von Gemeinschaftsunterkünften für Geflüchtete angelegt, um einen Ort zu schaffen, an dem Menschen verschiedener Kulturen und Sprachen sich begegnen können, weil sie eine Leidenschaft teilen: die Gartenarbeit. Abgesehen von dem sozialen Aspekt stecken hinter den kleinen Stadtgärten auch Umweltschutz-Motive, die Gärten verbessern das Klima, schenken Insekten, Vögeln und Pflanzen ein geschütztes Zuhause und bieten Menschen einen Raum der Erholung. *Schönagelstr. 68; Paul-Schwenk-Str. 4, 12685 Berlin-MA; Albert-Kuntz-Str. 65, 12627 Berlin-HE, paradiesgaerten.berlin*

Peace of Land

2023 hat Peace of Land im Mühlenkiez ein neues Zuhause gefunden und ist seitdem damit beschäftigt, die ungenutzte Fläche vor der Kulturmarkthalle in einen Garten im Sinne der Permakultur zu verwandeln. Dabei geht alles nach den Grundsätzen: Sorge für die Erde, Sorge für die Menschen und gerechtes Teilen. Peace of land ist ein Erfahrungs- und Lernort rund um Permakultur-Systeme und bietet Menschen die Gelegenheit, sich zu begegnen und voneinander zu lernen. Dienstagnachmittag findet der offene Gartentag statt, wo alle Interessierten vorbeischauen können. *Hanns-Eisler-Str. 93, 10409 Berlin-PB, peaceof.land*

Prachttomate Gemeinschaftsgarten

In diesem Garten steht die Gemeinschaft im Mittelpunkt, individuelle Beete gibt es keine, denn es wird alles gemeinsam gemacht. Jede:r kann sich mit Ideen einbringen und neue Dinge ausprobieren. Neben dem Gärtnern dient die Prachttomate auch als kultureller Begegnungsort, bei diversen kleineren und größeren Festen mit Livemusik, Gartenführungen und Workshops sind alle aus der Nachbarschaft herzlich willkommen. Dienstag und Freitag kann nachmittags gegärtnert werden, sowie meistens am Wochenende. *Bornsdofer Str. 9-11, 12053 Berlin-NK, prachttomate.de*

TIPP

prinzessinnengarten kollektiv berlin

In den Prinzessinnengärten können Interessierte Erfahrungen im lokalen ökologischen Anbau von Nutzpflanzen sammeln. Der Gemeinschaftsgarten bietet Bildungs- und Beteiligungsmöglichkeiten durch Workshops und offene Gartenarbeitstage. Danach lädt das Gartencafé zum Mittagessen mit vegetarischen und veganen Gerichten vorwiegend aus eigener Ernte und Tee aus dem Kräutergarten ein. *Hermannstr. 99-105, 12051 Berlin-NK, prinzessinnengarten-kollektiv.net*

Prinzessinnengarten Moritzplatz

Im Garten könnt ihr einfach sein, spielen, Gemüse anbauen oder Pflanzen entdecken. Alle teilen sich die Verantwortung für den Ort und achten aufeinander. Common Grounds setzt sich darüber hinaus politisch für Urban Gardening-Projekte in der ganzen Stadt ein, deren Erhalt bedroht ist. *Oranienstr. 45, 10969 Berlin-KR, prinzessinnengarten.net, common-grounds.net*

TIPP

Späth'sche Baumschulen

Das vielfältige und hochwertige Pflanzensortiment der Späth'schen Baumschulen lässt jedes Gärtner:innenherz höher schlagen. Bei Veranstaltungen wie dem Frühlingsfest oder Weihnachtsmarkt wird immer ein großes Kinderprogramm geboten. Hofladen, Gasthaus und die idyllische Pflanzenwelt machen die Baumschule zu einem perfekten Ausflugsziel. *Späthstr. 80/81, 12437 Berlin-TR, spaethsche-baumschulen.de*

Stadtgärten Neue Grünstraße und Heizkraftwerk Mitte

Bereits 2016 eröffnete BEW seinen ersten Stadtgarten, um Berliner:innen die Möglichkeit zu geben, Stadtgrün aktiv und gemeinschaftlich zu gestalten. Ein Jahr später folgte der zweite Stadtgarten an der Spree. Neben Möglichkeiten zum Gärtnern und Ernten gibt es für Kinder Sandkästen zum Buddeln. *Neue Grünstr. 13/14, 10117 Berlin-MI; Köpenicker Str. 60, 10179 Berlin-MI, pflanz-was.vattenfall.de*

Urbane Oase in der Malzfabrik

Auf ca. 800 Quadratmetern am Ende des Parks der Malzfabrik befindet sich der Gemeinschaftsgarten „Urbane Oase“ mit zahlreichen Beeten, Sitzplätzen und Holzbauten. Der Ort wird für Wissensvermittlung und aktive Teilhabe genutzt, indem Workshops und Projekte angeboten werden. Auch kleinere Lesungen und andere kulturelle Erlebnisse könnt ihr immer wieder besuchen. *Bessemerstr. 2–14, 12103 Berlin-SB, malzfabrik.de*

Naturparks

Barnim Panorama und Naturpark

Mit der ständigen Ausstellung „Geformte und Genutzte Landschaft", die sich mit den Themen Natur, Landwirtschaft und Ernährung sowie Bodennutzung und Technik in Wechsel- und Rückwirkung auf das Klima beschäftigt, ist das Barnim Panorama der perfekte Ausgangspunkt für einen Besuch im angrenzenden Naturpark. Das rund 750 Quadratkilometer große Gelände ist das einzige gemeinsame Schutzgebiet Berlins und Brandenburgs. Die Landschaft ist geprägt von großflächigen Wäldern, Seen, Mooren sowie Fließtälern und Ackersöllen. *Breitscheidstr. 8/9, 16348 Wandlitz, barnim-panorama.de; barnim-naturpark.de*

Besucher:innenzentrum Rühstädt

Zwischen Havelberg und Wittenberge liegt die kleine Gemeinde Rühstädt, auf den ersten Blick unscheinbar, doch wirft man einen Blick auf die Dächer der roten Backsteinhäuser, entdeckt man Nester, große Nester. Rühstädt ist nämlich eines der storchenreichsten Dörfer Deutschlands. Seit vielen Jahren kommen jährlich knapp 30 Storchenpaare zum Brüten in das kleine Dorf. Im Besucherzentrum erfahrt ihr in der stetig aktualisierten Ausstellung „Weltenbummler Adebar" alles Wissenswerte über die majestätischen Tiere. *Neuhaus. 9, 19322 Rühstädt, nabu-ruehstaedt.de*

Naturerlebnis Uckermark

Auf einer Fläche von rund 12 Hektar wird Spannendes zu Tierwelt und Natur mit Erlebnis, Spiel und Spaß verknüpft. Verschlungene Pfade führen durch die verschiedenen Themengärten. Im Haustierpark leben 250 Tiere, darunter Schafe, Esel, Ziegen und andere heimische Tiere, die man streicheln darf. Das Vereinscafé bietet eine Stärkung für zwischendurch. *Am Scharfrichtersee 2A, 17291 Prenzlau, naturerlebnis-uckermark.de*

Naturpark Nuthe-Nieplitz

20 Kilometer südlich der Berliner Stadtgrenze erstreckt sich über 7.000 Hektar der Naturpark Nuthe-Nieplitz. Das Herzstück des Naturparks ist das Naturschutzgebiet Nuthe-Nieplitz-Niederung, in dem ihr bunte Wiesen, Bruchwälder und Stillgewässer findet. Spaziergänge könnt ihr über zahlreiche Wanderwege unternehmen oder ihr schließt euch einer Natur- und Kulturführung an. Das Besucher:innenzentrum lockt mit einem Wildtiergehege. *Glauer Tal 1, 14959 Trebbin OT Blankensee, naturpark-nuthe-nieplitz.de*

Naturpark Stechlin-Ruppiner Land

Die alte Oberförsterei, in der sich das Besucher:innen- und Umweltbildungszentrum befindet, wurde vor über 100 Jahren schon von Theodor Fontane beschrieben. Heute ist sie Bildungsstätte und der ideale Ausgangspunkt für einen Ausflug in den knapp 860 Quadratmeter großen Naturpark Stechlin-Ruppiner Land. In der Erlebnisausstellung könnt ihr mit Tieren telefonieren oder ein Ameisenvolk in seiner Burg besuchen. Der Sinnesgarten lädt Groß und Klein dazu ein, die Natur mit allen Sinnen zu entdecken, sogar mit den Füßen ist das auf dem Fußtastpfad möglich. *Kirchstr. 4, 16775 Stechlin-Menz, naturparkhaus.de*

Natur- und Sternenpark Westhavelland

Wie viele Haare hat ein Otter? Und warum färbt sich der Moorfrosch blau? Diese und viele weitere Fragen werden in der rund 200 Quadratmeter großen Ausstellung des Naturparkzentrums beantwortet. Im Naturpark Westhavelland befindet sich auch der erste deutsche Sternenpark, ein einzigartiger Ort, um die natürliche Schönheit des Nachthimmels zu erleben. Auf 1.315 Quadratkilometern erstreckt sich diese Sternendestination, wo die Nächte dank der geringen Besiedlung so dunkel sind, dass die Milchstraße in voller Pracht erstrahlt. Die Kernzone zwischen Gülpe und Nennhausen bietet ideale Bedingungen für Sternenbeobachtungen, die nicht nur Hobbyastronom:innen faszinieren, sondern auch für alle Naturinteressierten ein beeindruckendes Erlebnis darstellen. *Stremmestr. 7, 14715 Milower Land OT Milow, nabu-westhavelland.de*

TIPP

Sielmanns Natur-Erlebniszentrum Wanninchen

Das ehemalige Braunkohleabbaugebiet im Naturpark Niederlausitzer Landrücken, südwestlich des Spreewalds, wurde von der Natur zurückerobert und bietet seitdem eine einzigartige Landschaft. Auch Tiere sind zurückgekehrt, so kann man im Herbst dem Gesang der Kraniche und im Winter dem Trompeten der Singschwäne lauschen. 31 Kilometer lang führt der Wiedehopfweg durch die Landschaft und an fünf Fotospots zeigt sich die Natur von ihrer schönsten Seite. Das Natur-Erlebniszentrum Wanninchen ist das einzige Gebäude, das damals nicht den Baggern zum Opfer fiel, heute findet ihr hier eine Ausstellung zur Tier- und Pflanzenwelt, den „verschwundenen Orten" sowie dem Leben von Heinz Sielmann, dem Tierfilmer und Naturschützer. *Wanninchen 1, 15926 Luckau OT Görlsdorf, sielmann-stiftung.de wanninchen.de*

NEU

Sielmanns Naturlandschaft Döberitzer Heide

Nur wenige Kilometer vor der westlichen Grenze der Stadt entfernt befindet sich der frühere Truppenübungsplatz Döberitz, 2004 wurde das 3600 Hektar große Gelände von der Sielmann Stiftung gekauft und seitdem zum Lebensraum für Pflanzen und seltene Tiere gemacht. Mit etwas Glück begegnet ihr hier fast ausgestorbenen Wildtierarten wie Wisente oder Przewalski-Pferden. Im 2024 eröffneten Natur-Erlebniszentrum Döberitzer Heide erwarten euch eine multimediale Ausstellung über die reiche Artenvielfalt und hochaufgelöste Naturfilme, die Naturgeschichte vermitteln. Alle die noch mehr lernen möchten, laden sich die Naturerlebnis-App runter und entdecken Thementrails mit spannenden Fakten, ein Artenlexikon und spielerische Rallyes. *Zur Döberitzer Heide 9, 14641 Wustermark OT Elstal, sielmann-stiftung.de*

Sielmanns Naturlandschaft Groß Schauener Seen

Im Naturpark Dahme-Heideseen gibt es eine eiszeitlich geprägte Landschaft bestehend aus über 100 Seen, Fließen, Quellen und Mooren zu entdecken. Diese von Wasser bestimmte Landschaft bietet vielen Tieren ein Zuhause, die schilfbewachsenen Ufer und Erlenbrüche bieten zum Beispiel dem Lieblingstier von Heinz Sielmann, Namensgeber der Stiftung, dem Fischotter ideale Lebensbedingungen. Auch Vögel wie Seeadler und Rot- und Schwarzmilan ziehen hier ihre Kreise. Auf dem Gelände der Fischerei Köllnitz könnt ihr in der interaktiven Ausstellung „Eintauchen und Abheben" die drei Lebensräume Wasser, Luft und Uferzone entdecken. *Fischerei Köllnitz, Groß Schauener Hauptstr. 31, 15859 Storkow (Mark), sielmann-stiftung.de*

Sielmanns Naturlandschaft Kyritz-Ruppiner Heide

Blütenmeer statt Bomben, auch die Kyritz-Ruppiner Heide war früher ein Truppenübungsplatz, bis sie von der Sielmann Stiftung übernommen, entmunitioniert und der Wildnis zurückgegeben wurde. Ihr könnt auf 14 Kilometern verschiedenen Wanderwegen folgen, an elf Stationen entlang des Heide-Erlebniswegs zu Natur und Geschichte lernen oder die 75 Stufen bis zur Aussichtsplattform des Heideturms hinaufsteigen. Wer das Gelände nicht auf eigene Faust erkunden möchte, setzt sich in eine Kutsche und lässt sich von zwei Pferden ziehen, während ortskundige Kutscher:innen eure Fragen zu Landschaft und Geschichte beantworten. *Neuglienicke, 16818 Neuruppin, sielmann-stiftung.de*

Wanderparadies

--→ × Märkische Schweiz

maerkische-schweiz-naturpark.de

Nur wenige Kilometer östlich von Berlin eröffnet sich die idyllische Landschaft des Naturparks Märkische Schweiz. Das kleinste Großschutzgebiet Brandenburgs begeistert die Region mit einer beeindruckenden Vielfalt an Landschaftsformen. Dichte Wälder, sanfte Hügel, geheimnisvolle Schluchten und klare Seen machen den Naturpark zu einem Paradies für große und kleine Naturliebahber:innen und und bieten tolle Möglichkeiten für ausgiebige Wanderungen. Aber auch geschichtsträchtige Orte warten darauf, entdeckt zu werden.

Das Herz der Märkischen Schweiz

Der ideale Ausgangspunkt um die Märkische Schweiz zu erkunden ist die Kneipp-Kurstadt-Buckow. An den Wochenenden zwischen April und Oktober lässt sich der Ort wunderbar mit der nostalgischen Buckower Kleinbahn von Müncheberg aus erreichen .

In Buckow angekommen, lohnt sich ein Abstecher zum malerischen Schermützelsee. Umgeben von Hügeln und Buchenwäldern, bietet der See eine herrliche Kulisse zum Entspannen.

Zwischen Poesie und Geschichte

Kulturell Interessierte kommen im nahegelegenen Brecht-Weigel-Haus auf ihre Kosten. Das Anwesen, einst Rückzugsort des Schriftstellers Bertolt Brecht und der Schauspielerin Helene Weigel, ist heute ein Museum, das nicht nur die original eingerichtete Wohnhalle des Künstler:innenpaares zeigt, sondern auch Requisiten aus Brechts berühmten Stück „Mutter Courage" sowie wechselnde Sonderausstellungen. Lesungen, Konzerte und andere Veranstaltungen laden dazu ein, die Welt der Literatur zu erleben.

3

Wo türkisfarbene Seen auf märchenhafte Wälder treffen, lädt die Märkische Schweiz zu einer Auszeit in der Natur ein.

Ebenso findet man im idyllischen Buckower Schlosspark am Griepensee einen Ort zum Verweilen und Durchatmen. Neben einer Liegewiese und einem duftenden Kräutergarten bietet der Park einen kleinen Barfußpfad und zwei Kneipp-Wassertretstellen, die Erholungssuchenden wohltuende Entspannung und eine willkommene Auszeit versprechen. In den wärmeren Monaten des Jahres verwandelt sich der Park in eine Bühne für kulturelle Veranstaltungen.

Natur erleben und entdecken

Wer zu einer Wandertour durch den Naturpark Märkische Schweiz aufbrechen möchte, dem sei das Besucherzentrum Schweizer Haus mit seinem Naturgarten am Ufer des Stobber als idealer Ausgangspunkt empfohlen. In der Dauerausstellung „Expedition Märkische Schweiz“ können Familien auf eine spannende Reise durch die Entstehung der Landschaft und die vielfältigen Lebensräume gehen, die sich hier über Jahrtausende entwickelt haben.

An interaktiven Stationen erleben Besucher:innen hautnah, wie sich Flora und Fauna an die besonderen Bedingungen der Region angepasst haben. Gut informiert und inspiriert lässt sich anschließend die Wanderung durch die beeindruckende Natur beginnen.

1 Naturpark Märkische Schweiz
2 Buckower Kleinbahn
3 Schweizer Haus

Buckower Kleinbahn
buckower-kleinbahn.de

Schermützelsee
15377 Buckow

Brecht-Weigel-Haus Buckow
Bertolt-Brecht-Straße 30,
15377 Buckow, *brechtweigelhaus.de*

Buckower Schlosspark
Sebastian-Kneipp-Weg 1, 15377 Buckow

Schweizer Haus
Lindenstr. 33, 15377 Buckow,
maerkische-schweiz-naturpark.de

Tierparks, Zoos und Aquarien

TIPP

Aquarium Berlin

Das Berliner Aquarium ist das größte Schauaquarium Europas und eines der artenreichsten der ganzen Welt. Hier leben Meeres- und Süßwasserbewohner:innen, Amphibien, Reptilien und Insekten. Im größten Becken tummeln sich in 130.000 Litern Wasser Schaufelnasen-Hammerhaie, Bodenguckmakrelen und gepunktete Rochen. Ein ausgeklügeltes System aus Düsen ermöglicht es, die Quallenarten erleb- und beobachtbar zu machen. In der Krokodilhalle könnt ihr die schuppigen Bewohner:innen von der Hängebrücke aus beobachten. Im Erdgeschoss werden zurzeit einige Aquarien und der Eingang renoviert, weshalb das Aquarium nur durch den Zooeingang mit einem Kombi-Ticket besuchbar ist. *Budapester Str. 32, 10787 Berlin-TI, aquarium-berlin.de*

Biosphäre Potsdam

In der 5000 Quadratmeter großen Tropenwelt gibt es eine Menge zu entdecken. Im Schmetterlingshaus herrscht das fröhliche Flattern der knapp 20 verschiedenen Schmetterlingsarten, ihr könnt die verschiedenen Entwicklungsstadien von Eiern, zur Raupe, zur Verpuppung bis zum Schmetterling betrachten. Mehr als 20.000 Pflanzen beherbergen die Biosphäre Potsdam, darunter Kletterpflanzen, Nutzpflanzen und Bäume. Im Frühjahr verwandeln die Orchideen die Tropenwelt in ein Blütenmeer. Zwischen den Pflanzen lassen sich auch so manche tierische Bewohner:innen entdecken, zum Beispiel Weißbüscheläffchen, Leguane oder Wildmeerschweinchen. In der Aquasphäre verlasst ihr den Regenwald und taucht im U-Boot in die tropische Unterwasserwelt von Clownfisch und Co. ein. *Georg-Hermann-Allee 99, 14469 Potsdam, biosphaere-potsdam.de*

SEA LIFE Berlin

Taucht ab in die faszinierenden Unterwasserwelten und entdeckt tropische Korallenriffe. Wusstet ihr, dass Seepferdchen ihre Augen einzeln bewegen und so gleichzeitig nach vorne und hinten schauen können? Vielleicht erkennt ihr das, wenn ihr ganz genau hinschaut. Im Atlantikbecken könnt ihr Haie und Rochen bewundern. Besonders faszinierend ist die Beobachtung des Oktopus, der sein Versteck mit Steinen und Muscheln tarnt und in dessen Brust drei Herzen schlagen. *Spandauer Str. 3, 10178 Berlin-MI, visitsealife.com*

TIPP

Tier-, Freizeit- und Saurierpark Germendorf

Wem eine Aktivität für den Familienausflug nicht genug ist, sollte sich unbedingt auf den Weg zum Freizeitpark Germendorf machen. Während im Tierparkbereich rund 650 Tiere darauf warten von euch bewundert zu werden, könnt ihr im Saurierpark Tiere der Urzeit als lebensgroße Nachbildungen bestaunen. Abgerundet wird das Erlebnis vom Freizeitbereich mit Badestellen, Spielplätzen, einer Seilbahn sowie einem Karussell. *An den Waldseen 1A, 16515 Oranienburg OT Germendorf, freizeitpark-germendorf.de*

Tiergarten Teltow

Der Tiergarten Teltow bietet im städtischen Umfeld die Möglichkeit, heimische und exotische Tiere und Pflanzen kennenzulernen. Durch Beobachtung, interaktive Begegnungen und die Nutzung von Bildungsangeboten werden Artenkenntnis, das Verständnis für Naturkreisläufe sowie Wissen über ökologische Zusammenhänge vermittelt. Durch dieses Erleben der Tierwelt kann eine positive Beziehung zur Natur aufgebaut und die Bereitschaft für einen nachhaltigen, umsichtigen und wertschätzenden Umgang gefördert werden. *Kastanienstr. 13-19, 14513 Teltow, tiergarten-teltow.de*

TIPP

Tierpark Berlin

Im Osten Berlins befindet sich der größte Landschaftstierpark Europas, auf 160 Hektar sind über 600 Tierarten zu Hause, so gibt es auch bei regelmäßigen Besuchen immer wieder etwas Neues zu entdecken. Mitten im Tierpark befindet sich das Schloss Friedrichsfelde mit seiner aufwendig gestalteten Gartenanlage, hier finden regelmäßig Klassikkonzerte statt. An heißen Tagen lockt der große Wasserspielplatz zum Toben und Planschen, wenn die Kids mal eine Pause vom Beobachten der Tiere brauchen. Im Kakadu Terrassencafé könnt ihr euch stärken und dabei den lustigen Vögeln zuschauen. *Am Tierpark 125, 10319 Berlin-LI, tierpark-berlin.de*

Tierpark Kunsterspring

Während man durch den 16 Hektar großen Park schlendert, hat man eher das Gefühl einen Waldspaziergang zu unternehmen, auf dem man selten gewordene Tiere entdecken kann. Wildtiere in naturnahen Lebensräumen beobachten zu können, ist nicht nur spannend, sondern auch lehrreich. Bei den Fütterungen könnt ihr Wissenswertes über die Ernährung der Tiere lernen. *Kunsterspring 4, 16816 Neuruppin OT Gühlen Glienicke, tierpark-kunsterspring.com*

Wildpark Johannismühle

In diesem Wildpark leben vorrangig europäische Wildtiere in großzügigen Gehegen mit vielen Rückzugsmöglichkeiten. Wer sichergehen will, Braunbär, Wolf, Luchs und Waschbär nicht zu verpassen, sollte zu den Fütterungszeiten bei den jeweiligen Gehegen vorbeischauen. Neben der Fütterung erzählen die Tierpfleger:innen spannende Fakten über die Tiere und ihre Lebensweise. Neben dem Wildpark befindet sich die Falknerei, wo ihr Eulen und andere Greifvögel bei Flugshows bewundern könnt. *Johannismühle 2, 15837 Baruth OT Klasdorf, wildpark-johannismuehle.de*

TIPP

Wildpark Schorfheide

Im größten zusammenhängenden Waldgebiet Deutschlands, dem Biosphärenreservat Schorfheide-Chorin, befindet sich der 105 Hektar große Wildpark. Hier leben ausschließlich Wildtierarten, die in der Gegend heimisch sind oder waren, es werden nämlich auch Tiere gezüchtet, die in der Schorfheide in freier Wildbahn schon ausgestorben sind. Auf einem sieben Kilometer langen Wegesystem könnt ihr das Gelände erkunden und die faszinierenden Tiere bestaunen. *Prenzlauer Str. 16, 16244 Schorfheide OT Groß Schönebeck, wildpark-schorfheide.de*

Zoologischer Garten

Mitten in der Stadt befindet sich der größte Zoo Deutschlands. Mit knapp 20.000 Tieren aus 1.100 Arten gehört er zu den artenreichsten der Welt. So ist die Wahrscheinlichkeit, ein Tier zu entdecken, das man noch nie gesehen hat, ist recht hoch. In der beeindruckenden Nashornpagode erfahrt ihr Spannendes über den Artenschutz der Dickhäuter. Kleine Besucher:innen freuen sich über die Spielplätze und den Streichelzoo. *Hardenbergplatz 8, 10787 Berlin-Tl, zoo-berlin.de*

Zoologischer Garten Eberswalde

Knapp 50 Kilometer von Berlin entfernt liegt der Zoologische Garten Eberswalde. 1.500 Tiere von fünf Kontinenten warten darauf, von euch besucht zu werden. Außerdem verfügt der Zoo über gleich neun Abenteuerspielplätze, auf denen sich die Kids austoben können. Im Streichelzoo könnt ihr den Tieren näherkommen und in der ZooSchule könnt ihr Spannendes über Tiere und Naturschutz erfahren. Kindergeburtstage können bei einem Rundgang oder einer Schatzsuche zelebriert werden. Der 200 Meter lange, barrierefreie Baumwipfelpfad bietet Besucher:innen einen einzigartigen Blick über das Gehege der Wölfe. *Am Wasserfall 1, 16225 Eberswalde, zoo.eberswalde.de*

Kinderbauernhöfe

Jugendfarm Moritzhof

TIPP

Der Hof ist eine Einrichtung der offenen Kinder- und Jugendarbeit für Kinder von sechs bis 16 Jahren, die Lust haben, sich an der Gestaltung und täglichen Arbeit des Hofs zu beteiligen. Neben der Pflege der Schafe, Ziegen, Hühner, Kaninchen und Meerschweinchen werden Handwerke wie Filzen, Schmieden und Korbmachen angeboten. Im Garten werden Kräuter, Gemüse und Blumen gepflanzt. *Schwedter Str. 90, 10437 Berlin-PB, jugendfarm-moritzhof.de*

Kinderbauernhof im Görlitzer Park

Schon seit über 40 Jahren gibt es den Kinderbauernhof im Görlitzer Park. Alle Kinder zwischen sechs und 16 Jahren, die den Hof regelmäßig besuchen, werden „Stammkinder" genannt. Sie machen ihren „Tierführerschein" und können unter der Woche die Angebote im Haus nutzen. Auf dem Hof dürfen sich auch Besucher:innen aufhalten, sonntags werden diese ins Familiencafé im Haus eingeladen, wo leckere Snacks angeboten werden. Samstags ist erwachsenenfreier Tag und den Kindern vorbehalten. *Wiener Str. 59B, 10999 Berlin-KR, kinderbauernhofberlin.de*

Kinderbauernhof in der ufaFabrik

Der Kinderbauernhof öffnet seine Türen an sieben Tagen die Woche für alle Schulkinder zwischen sechs und 16 Jahren, um ihnen einen Ort zu schaffen, an dem sie kostenlos, selbstbestimmt, freiwillig und ungestört sein können. Das Kernkonzept umfasst die tiergestützte und Naturpädagogik. Unter Anleitung können Kinder bei der Fütterung und Pflege der Hoftiere helfen. Des Weiteren gibt es auf dem grünen Gelände genug Platz für sportliche Aktivitäten. Mittwoch Nachmittag ist Familientag, dann können kleinere Kinder und Erwachsene zum Ponyreiten vorbeikommen. *Viktoriastr. 13, 12105 Berlin-TE, kinderbauernhof.nusz.de*

Kinderbauernhof Knirpsenfarm

Der Kinderbauernhof ist ein fester Bestandteil im Schulalltag der Gemeinschaftsschule Grüner Campus Malchow. Aber auch Besuchskinder, Jugendliche und Familien sind im öffentlichen Bauernhof willkommen, denn an den öffentlichen Fütterungen der rund 100 Tiere kann zum Beispiel jede:r teilnehmen. Neben Schafen, Kaninchen, Schweinen, Hühnern und Meerschweinchen leben hier sogar Waschbären. *Malchower Chaussee 2, 13051 Berlin-HO, knirpsenfarm-berlin.de*

Kinderbauernhof Mauerplatz

Anfang der achtziger Jahre taten sich eine Mutter-Kind-Gruppe, Nachbar:innen und Jugendliche zusammen, um das Gelände nahe dem Engelbecken von Trümmern zu befreien und einen Ort zu gestalten, an dem Kinder und Jugendliche trotz Aufwachsen in der Großstadt einen Zugang zu Tieren und Natur haben können. Auf dem Hof leben Schafe, Ziegen, Esel und Kaninchen, bei deren Pflege die Kinder fleißig mithelfen. Es gibt ein Gemeinschaftshaus aus Lehm für ganz schlechtes Wetter und eine große Weidefläche zum Toben und Spielen. *Adalbertstr. 71, 10997 Berlin-KR, kbh-mauerplatz.de*

Kinderbauernhof Pinke-Panke

TIPP

Das Landleben in die Großstadt bringen, das schafft der Pinke-Panke seit mehr als 30 Jahren. Abenteuer und Spiel verbunden mit einem ökologischen und sozialen Lernraum, in dem die Betreuer:innen als Berater:innen und Partner:innen auftreten, fördern eine starke Sozialkompetenz und einen respektvollen Umgang mit Tieren und der Natur. Die Hauptzielgruppe sind Schulkinder zwischen sieben und 14 Jahren, es gibt aber auch Angebote für jüngere Kinder, die mit ihren Eltern zu Besuch kommen. Angebote, die immer gelten, sind die Fütterung und Pflege der Tiere, Bauen im Hüttendorf, Fußball und Brettspiele sowie wechselnde Kreativangebote. *Am Bürgerpark 15-18, 13156 Berlin-PA, kinderbauernhof-pinke-panke.de*

Kinderbunter Bauernhof

Die Bauarbeiten ziehen sich schon länger hin, doch die neuen Gebäude sollen noch 2024 eingeweiht werden. Auf dem Weddinger Kinderbauernhof können Kinder zwischen sechs und 14 Jahren den nachhaltigen Umgang mit Tieren und der Natur erfahren. Empathie und Verantwortungsbewusstsein sind wesentliche Grundbausteine des kinderbunten Miteinanders. Enten, Hühner, Schafe und auch Ponys sowie verschiedene Pflanzenarten gehören zum Bestand. *Luxemburger Str. 25, 13353 Berlin-WE, kinderbunter-bauernhof.de*

Tierhof Alt-Marzahn

In Marzahn könnt ihr einen Bauernhof wie zu Anfang des 20. Jahrhunderts erleben, denn der 300 Jahre alte, denkmalgeschützte Hof hat die alten Traditionen bewahrt. Gehalten werden Schafe, Ziegen und Hühner, Pferde, Esel und Alpakas. Durch die angeleitete Begegnung mit den Tieren wird Wissen zur artgerechten Haltung und dem Umgang mit den Tieren vermittelt. *Alt-Marzahn 63, 12685 Berlin-MA, agrar-boerse-ev.de*

Ab nach draußen!

Wenn der Alltag einen überwältigt und die To-Do-Liste immer länger wird, heißt es: Einfach raus in die Natur! Es braucht gar nicht viel dafür – sobald der Wind eure Nasen kitzelt und ihr den Waldboden unter den Füßen spürt, könnt ihr durchatmen. Gemeinsame Zeit im Freien verbindet Familien und schafft Erinnerungen, die ein Leben lang bleiben. Die Mogli Stiftung möchte für mehr Natur im Familienalltag begeistern. Mit Waldtagen, Draußentipps und Naturaktivitäten setzt sich das Berliner Team für mehr Mogli-Momente ein. Und das Beste daran? Draußensein macht Spaß und tut gut!

Die Mogli Stiftung gehört zur Bio- und Demeter-Snack-Marke MOGLi. Die leckeren Knabbereien für die ganze Familie gehören natürlich in euren Rucksack!

Bei den Waldtagen begleitet ein naturpädagogisches Team Kindergruppen durch die freie Natur. Der spielerische Ansatz fördert selbstmotiviertes Lernen, schärft die Wahrnehmung und stärkt den Gemeinschaftssinn. Kinder entwickeln Draußen Kreativität, Selbstvertrauen und ein tiefes Umweltbewusstsein: Grundlagen für ein verantwortungsvolles Leben. *mogli-stiftung.de/angebote*

Naturpädagogik

Berliner Artenschutz Team – BAT

Wer Fledermäusen mal ganz nah sein möchte, der kommt in die Zitadelle Spandau, die einen Fledermauskeller beherbergt. Hier lernen Neugierige Wissenswertes und Interessantes rund um das Thema Fledermäuse und entdecken in Schaugehegen der Fledermausausstellung verschiedene tropische Fledertierarten. Hier fliegen die Tiere im umgekehrten Tag-Nacht-Rhythmus, um die Beobachtung der sonst nur nachtaktiven Tiere zu ermöglichen. Zitadelle, Haus 4, *Am Juliusturm 64, 13599 Berlin-SP, bat-ev.de*

Forstbotanischer Garten Eberswalde

1830 gegründet, ist der Forstbotanische Garten Eberswalde der älteste seiner Art in ganz Europa. Seit vor zirka 30 Jahren die Hochschule für nachhaltige Entwicklung Eberswalde gegründet wurde, wird der Forstbotanische Garten von ihr betrieben und beforscht. Doch nicht nur Studierende und Wissenschaftler:innen, sondern auch Erholungssuchende können sich an der Schönheit und Pflanzenvielfalt erfreuen. Die Artenfülle der Gehölze macht sich in einem ausgeprägt aromatischen Duft bemerkbar, ein Holzsteg leitet Spaziergänger:innen über ein natürliches Quellmoor und auch die Sonderanlagen wie das Afrikanum, Ostasienquartier oder Alpinum sind sehenswert. *Am Zainhammer 5, 16225 Eberswalde, hnee.de, waldwelten.de*

TIPP

Freilandlabor Britz e.V.

Seit vielen Jahren setzt sich der Neuköllner Verein für die Förderung der Umweltbildung, Bildung für nachhaltige Entwicklung und Öffentlichkeitsarbeit für Natur- und Umweltschutz ein. Im Britzer Garten findet die Umweltbildung für Kinder im Rahmen von mehrstündigen oder -tägigen Workshops statt, bei denen die Teilnehmenden Experimente mit den Elementen machen können. Auf dem Tempelhofer Feld können einige Pflanzen und auch Tiere entdeckt werden, die man in Parks sonst nicht findet, zum Beispiel die Schafherde, des Tempelhofer Feldes. *Sangerhauser Weg 1, 12349 Berlin-NK, freilandlabor-britz.de*

Haus Natur und Umwelt

Das Haus und die dazugehörige Anlage stehen Familien, Jugendlichen und Senior:innen ganzjährig als Begegnungsort mit Natur, Tieren und einander zur Verfügung. An den typischen Feiertagen werden Feste veranstaltet und Geburtstage können hier tierisch gefeiert werden, mit großem Tierrundgang zum Anfassen, Walderlebnistour oder Abenteuerschatzsuche. Reiten auf Ponys oder Pferden wird nur noch für Gruppen ab fünf Personen angeboten. Und zwischen all dem Vergnügen findet ihr auch noch lehrreiche Workshops und Angebote in der Kreativwerkstatt. *An der Wuhlheide 169, 12459 Berlin-TR, hnu-berlin.de*

Lehrkabinett Teufelssee

Das Lehrkabinett befindet sich mitten im Wald, fußläufig zum Teufelssee, am Rande des Teufelsseer Moor. Im oberen Stockwerk befindet sich die Waldschule, deren Angebot sich vorwiegend an Schul- und Kitagruppen richtet. In den unteren Räumen findet ihr eine öffentliche Ausstellung der Berliner Forsten mit vielen Tierpräparaten, um sich die Tiere des Waldes aus der Nähe anzuschauen und viele weitere Informationen rund um den Wald. Das Lehrkabinett lässt sich auf einem ausgiebigen Waldspaziergang wunderbar als lehrreiche Station einbauen. *Müggelheimer Damm 144, 12559 Berlin-KÖ, inu-waldschulen.de*

Naturerfahrungsraum am Spieroweg

Der Naturerfahrungsraum in Spandau ist eines von drei Pilotprojekten der Stiftung Naturschutz Berlin, um Naturerfahrungsräume bekannter zu machen und sie in Zukunft als selbstverständliche Freiräume ins Stadtbild zu integrieren. In enger Zusammenarbeit mit dem Bezirksamt Spandau und dem Staakkato Kinder und Jugend e.V. wurde die knapp 10.000 Quadratmeter große Brachfläche durch behutsame Pflegemaßnahmen zum wilden Naturerfahrungsraum mit Obst- und Nussbäumen zum Naschen, dichten Gebüschstrukturen zum Verstecken und flächigen Hochstaudenfluren zum Erkunden. Spielhügel und Senken laden Kinder zum Matschen ein und schulen so ihren Tast- und Bewegungssinn. *Cosmarweg/Spieroweg 1, 13591 Berlin-SP, stiftung-naturschutz.de*

Naturerfahrungsraum Kienberg

Auf dem Kienberg gibt es seit der IGA 2017 den Naturerfahrungsraum „Wilde Welt", einen 16.000 Quadratmeter großen Freiraum für Kinder und Jugendliche, den sie eigenständig und ohne Vorgaben nutzen können. Ziel ist es so das Bedürfnis nach freiem Spiel in der Natur ohne Erwachsene, die das Spiel vorgeben, zu erfüllen. Naturerfahrungsräume helfen durch den Naturkontakt bei der Entwicklung eines Naturbewusstseins und sind Grundvoraussetzung für eine gesunde Entwicklung als soziales Wesen. *Hellersdorfer Str. 159, 12619 Berlin-HE, campus-stadt-natur.de*

Naturschutz- und RangerStation Marienfelde

In der Naturschutz- und RangerStation Marienfelde können Kinder und Familien die Natur hautnah erleben. Bei spannenden Exkursionen lernen sie Wissenswertes über Wildtiere, Pflanzen und den Schutz der natürlichen Umgebung. Das Rangerteam bietet themenorientierte Naturbildungsangebote für Kitas und Schulen an, bei denen Kinder im „grünen Klassenzimmer" spielerisch die Artenvielfalt und Landschaftspflege entdecken können. Familien können den artenreichen Landschaftspark und die Marienfelder Feldmark auf eigene Faust entdecken oder an geführten Erkundungstouren teilnehmen und sich über spannendeNaturschutzprojekte informieren. *Diedersdorfer Weg 3-5, 12277 Berlin-TE, naturschutzstation-marienfelde.de*

Naturschutzstation Hahneberg

Die Naturschutzstation Hahneberg am Rande von Spandau ist ein 40 Hektar großes Landschafts- und Naturschutzgebiet, das Familien und Naturfreund:innen zahlreiche Erlebnisse bietet. Hier können Groß und Klein die Vielfalt der Tier- und Pflanzenarten hautnah entdecken. Für Kinder gibt es spannende Angebote wie Märchenwanderungen, Insektenführungen und Wildtierralley. Unvergessliche Kindergeburtstage im Schafstall mit Themen wie Wildtierspurensuche und Nachtwanderungen sorgen für besondere Abenteuer. Das interdisziplinäre Konzept verbindet Natur, Kunst, Kultur und Sport, wodurch jeder Besuch zu einem einzigartigen Naturabenteuer wird. *Heerstr. 549 13593 Berlin-SP, naturschutzstation-hahneberg.de*

TIPP

Naturschutzzentrum Ökowerk

Wisst ihr was ein Tagpfauenauge im Winter macht? Oder ob Mistkäfer auch Plastik fressen? Wie Frösche leben oder wie man Papier selbst herstellt? Inmitten des Grunewalds befindet sich das Naturschutzzentrum Ökowerk, das euch genau diese Fragen beantwortet und Umweltbildung, Naturschutz und Industriekultur an einem einzigartigen Ort vereint. Seit 1985 ist die Station ein beliebter Ort für Kinder und Familien, die Naturschutz und Nachhaltigkeit entdecken möchten. Spielen, toben, erforschen und werkeln – Im Ökowerk ist immer etwas los. Das Wochenendprogramm bietet spannende Aktivitäten für alle Altersgruppen und kreative Kindergeburtstagsprogramme garantieren unvergessliche Naturerlebnisse. Zusätzlich finden in den Ferien spannende Programme statt, sodass garantiert keine Langeweile aufkommt. *Teufelsseechaussee 22, 14193 Berlin-WI, oekowerk.de*

Öko-Insel

Die Natur erleben und achten, sich in ihr wohlfühlen, Beobachten lernen und experimentelle Arbeitsweisen ausprobieren – die Ökoinsel im FEZ-Berlin, Europas größtem gemeinnützigen Kinder-, Jugend- und Familienzentrum, bietet euch genau diese Möglichkeiten. Verschiedene Projekte und Workshops bringen euch die Kreisläufe der Natur näher. Dabei verbindet die Öko-Insel sinnliches Erleben und praktisches Tätigsein in der Natur. Es gibt ein tropisches Gewächshaus mit Mini-Regenwald inklusive Teich und ein Sukkulentenhaus. Im Öko-Garten erwarten euch Gewürz- und Heilkräuterbeete, ein Insektenhotel, ein Gartenteich sowie ein Lehmbackofen. Das Öko-Gartenhaus zeigt euch, wie die Nutzung von regenerativen Energiequellen funktionieren kann. *Straße zum FEZ 2, 12459 Berlin-KÖ, oeko-insel.fez-berlin.de*

Spore Haus

An der Schnittstelle von Klimagerechtigkeit, ökologischer Regeneration und Bildung setzt die Spore Initiative sich mit Kultur- und Lernprogrammen für biokulturelle Vielfalt ein. Im Mittelpunkt der Arbeit steht der Dialog zwischen Gruppen und Gemeinschaften, deren Leben in einen respektvollen Umgang mit der Natur eingebettet ist – im globalen Süden sowie im globalen Norden. Die kostenlosen Veranstaltungen für Kinder und Erwachsene finden in verschiedenen Sprachen statt und bestehen vor allem aus künstlerischen Workshops und praktischen Angeboten zum Mitmachen, wie Pflanzen und Ernten, saisonales Kochen oder Bauen mit Lehm. *Hermannstr. 86, 12051 Berlin-NK, spore-initiative.org*

Waldschule Grunewald und Waldmuseum

Mitten im Wald, nahe des gleichnamigen S-Bahnhofs, lädt die Waldschule Grunewald Groß und Klein dazu ein, den Lebensraum Wald zu entdecken. Grundschulklassen und Kitagruppen erleben bei Walderlebnistagen spannende Aktivitäten, die Interesse und Verständnis für die Natur fördern. Am Wochenende stehen geführte (Nacht)Wanderungen, Mitmachaktionen oder fachliche Exkursionen für Familien auf dem Programm. Im Waldmuseum bieten Tierpräparate und interaktive Stationen faszinierende Einblicke in die Waldwelt. Seit über 40 Jahren engagiert sich die Waldschule für wald- und umweltpädagogische Bildung und vermittelt Begeisterung für den Wald als schützenswerten Lebensraum. *Königsweg 4, Jagen 57, 14193 Berlin-WI, waldmuseum-waldschule.de*

Volle Spielfreude voraus!

Klettern, rutschen, balancieren, schaukeln, wippen, planschen, matschen und Sandburgen bauen: Berlins schönste Spielplätze für freudige Stadtkinder.

1

Weltspielplatz

Im Treptower Park auf Höhe der Insel der Jugend befindet sich der Weltspielplatz mit Spielflächen, die die Kontinente unserer Erde sowie die dazwischen liegenden Ozeane abbilden. Der von Kindern erdachte Platz lädt zu einer spielerischen Reise ein, auf der man Wolkenkratzer von Nord-Amerika entdecken, Pinguinen auf Eisschollen am Südpol begegnen und den berühmten Ayers Rock in Australien erklettern kann und gleichzeitig erlebt, wie vielfältig die Welt ist. *Treptower Park, Seite 148*

2

2

Waldspielplatz Jungfernheide

Eingebettet unter schattigen Bäumen des Volksparks Jungfernheide bietet der 2024 eröffnete Spielplatz kleinen Abenteuer:innen viele Möglichkeiten zum Entdecken, Klettern und Toben. Mit naturnah gestalteten Spielgeräten aus heimischen Robinienholz lädt der Spielplatz Kinder von fünf bis zwölf Jahren zu einem Ausflug voller Spaß ein. *Volkspark Jungfernheide, Seite 149*

3

1001 Nacht

Mitten im Volkspark Hasenheide können sich Kinder in die Welt von 1001 Nacht träumen. Benutzt eure Fantasie und steigt mit dem Fliegenden Teppich in die Höhe, stecht mit dem Schiff in See, buddelt im Sand nach Schätzen oder entdeckt die faszinierenden Holzfiguren. Im Sommer gibt es hier einen Wasserspielplatz, der für besonders viel Freude sorgt. *Volkspark Hasenheide, Seite 149*

3

4

4

Spielplätze Kienbergpark

Inspiriert von Erich Kästners Klassiker „Der 35. Mai“ entführen die beiden Spielwelten in die fantasievolle Welt des Kinderbuchs. Während auf dem Spielplatz „Polynesiche Ameisen“ imposante Ameisen aus Holz zum Klettern einladen, ist der Elektropolos-Spielplatz inspiriert von Zukunftsphantasien. *Kienbergpark, 12685 Berlin-MA, kienbergpark.de*

5

Spielplätze im Mauerpark

Rutschen, Klettern, Schaukeln – der Mauerpark begeistert gleich mit mehreren Spielarealen. Während der Spielplatz nahe des Mauersegelers und der Regenbogenspielplatz mit tollen Kletterelementen aufwarten, kann man im Birkenwäldchen seiner Fantasie freien Lauf lassen. *Mauerpark, Seite 146*

6

7

Monbijoupark

Im Monbijoupark wird es märchenhaft, denn hier warten ein Kletterschloss, ein feuerroter Drache und eine kleine Kutsche darauf, erobert zu werden. Kinder können die Türme erklimmen und auf Nestschaukel, Wippe und Drehkreisel ausgiebig toben. *Monbijoupark, Monbijoustr. 10117 Berlin-MI*

5

6

Drachenspielplatz

Wie der Name schon vermuten lässt, wacht auf dem Spielplatz im Samariterviertel ein riesiger grüner Holzdrache. Kinder können auf seinen Rücken hinaufklettern, bevor es über die beiden Rutschen wieder hinunter geht. Schaukeln, ein großer Buddelkasten und kleine Wippfiguren sorgen für weiteres Spielvergnügen. *Schreinerstr. 48, 10247 Berlin-FR*

7

8

Zauberspielplatz

Im Volkspark Schöneberg-Wilmersdorf geht es nach Hogwarts, denn auf dem 2024 neu eröffneten Spielplatz dreht sich alles um die zauberhafte Welt von Harry Potter. Erkundet das imposante Zauberschloss, mixt magische Tränke im Wasserspielbereich und entdeckt eindrucksvolle Figuren und Kletterelemente. *Volkspark Schöneberg-Wilmersdorf, Seite 149*

8

9

Spielplatz am Waldsee

Idyllisch am See gelegen, laden auf dem mit viel Holz neu gestalteten Spielplatz Kletterturm, Spielhaus mit Rutsche und Sandaufzug, Wackelplatte, Riesenschaukeln, Karussells und Klettergerüst zum ausgelassenen Spielen ein. *Parkst. 1, 13467 Berlin-RE*

Waldschulen in den Berliner Forsten

Sehen, riechen, hören, tasten und manchmal auch schmecken – der Wald schult all unsere Sinne und setzt sie in Beziehung zu unserer Umwelt. Wer einmal einen richtigen Erlebnistag im Wald erleben möchte, bei dem der Bewegungs-, Entdeckungs- und Forschungsdrang geweckt wird, kommt zu den Berliner Waldschulen. Vom Spandauer Forst bis hin zum Grunewald gibt es jede Menge Freiraum, um den Wald zu erkunden, den aromatischen Duft der Kiefernholzwälder wahrzunehmen oder das weiche Moos zu ertasten. *Alle Standorte und Termine unter waldentdeckenberlin.org*

WasserWerkstatt

Wie der Name schon verrät, dreht sich hier alles um das Element Wasser. Während der warmen Sommermonate können Interessierte an den verschiedenen Stationen des Wasserparcours oder im WasserZauber-Raum bei aufregenden Experimenten alles über das Element lernen und sich mit seinen erstaunlichen Eigenschaften vertraut machen. *Dillenburger Str. 57, Tor 2, 14999 Berlin-WI, wassermuseum-berlin.de*

TIPP

Wildnisschule Hoher Fläming

Die Wildnisschule lädt dazu ein, Fragen zu stellen und tiefere Einsichten in unsere Umwelt zu gewinnen. Durch Camps für Kinder und Jugendliche, Fortbildungen für Erwachsene und spannende Tierwanderungen fördert die Wildnisschule das Bewusstsein für die Natur und die eigene Rolle in ihr. Hier wird aktiv erlebt und erkundet, was eine tiefe Verbindung zur Natur schafft. Diese Verbindung führt zu einem Verantwortungsbewusstsein, das den Umweltschutz zur Selbstverständlichkeit werden lässt. *Grützdorfer Weg 1, 14806 Bad Belzig, wildnisschule-hoherflaeming.de*

Wildnisschule Waldschrat

Die Wildnisschule Waldschrat bietet ein breites Spektrum an Programmen für Kinder, Jugendliche und Erwachsene, darunter Wildnistage, Wochenend- und Feriencamps. Ziel ist es, jungen Menschen einen intensiven Zugang zur Natur zu ermöglichen und ein Bewusstsein für Naturschutz und nachhaltige Entwicklung zu schaffen. Durch praxisorientierte Methoden, inspiriert von verschiedenen indigenen Völkern, fördert die Wildnisschule soziale Kompetenzen und Wertschätzung für die Natur. Ein besonderes Augenmerk liegt auf der aktiven Erkundung und dem spielerischen Lernen, wobei Neugier und Teamarbeit im Vordergrund stehen. *Max-Schmeling-Str. 10, 15374 Müncheberg OT Hoppegarten, wildnisschule-waldschrat.de*

Abenteuerspielplätze

AKiB-Landesverband

Der AKiB ist der Landesverband der Abenteuerspielplätze und Kinderbauernhöfe in Berlin, der sich für die offene Kinder- und Jugendarbeit einsetzt und das pädagogische Ziel setzt, Kindern ein Verständnis für ökologische Zusammenhänge zu vermitteln sowie die Entfaltung ihrer Fähigkeiten zu fördern. Auf der Website findet man eine nach Bezirken geordnete Liste von Berliner Abenteuerspielplätzen und Kinderbauernhöfen, die darauf warten, erkundet zu werden. *akib.de*

Abenteuer- und Bauspielplatz Forcki

Abhängen, Bauen, Feuer machen, um nur einen Bruchteil der Möglichkeiten auf dem Forckenbeckplatz zu nennen. Alle Kids zwischen sechs und vierzehn Jahren sind hier jederzeit willkommen. Bei den täglichen Angeboten wie Basteln, Kochen, Computerclub, Hüttenbau oder Gartenarbeit spielt der Umgang mit den vier Elementen eine tragende Rolle. Die Aktivitäten finden vornehmlich im Freien statt und orientieren sich an den Bedürfnissen der Kinder. *Eldenaer Str. 12/Forckenbeckplatz, 10247 Berlin-FR, forcki.de*

Abenteuer- und Bauspielplatz Kuhfuß

Auf dem Abenteuerspielplatz können Kinder zwischen sieben und 14 Jahren vielfältigen Angeboten nachgehen, Dinge in die Hand nehmen und gemeinsam etwas schaffen. Ein besonderes Augenmerk liegt auf dem gemeinsamen Hüttenbau. Durch den Umgang mit Werkzeug und Baumaterialien sowie beim Planen und Konstruieren erfahren die Kinder mathematisch-physikalisches Denken, soziale Kommunikation und handwerkliche Fähigkeiten. *Karl-Kunger-Str. 29, 12435 Berlin-TR, kinderring-berlin.de*

TIPP

Abenteuerlicher Bauspielplatz Kolle 37

Seit knapp 35 Jahren gibt es den Abenteuerlichen Bauspielplatz Kolle 37 nun schon, gelegen im Prenzlauer Berg zwischen Kollwitzstraße und Jüdischem Friedhof. Das Konzept beruht vor allem auf der Idee, Kindern Freiräume zu schaffen, in denen sie sich individuell entwickeln können und ihnen ein starkes Gemeinschaftsgefühl vermitteln. Ein Highlight ist das riesige Hüttendorf, in dem die Kinder viel über traditionelles Handwerk lernen und ihre Kreativität entfalten können. Es gibt Sport- und Kreativangebote, sowie einen Musikraum. *Kollwitzstr. 35, 10405 Berlin-PB, kolle37.de*

Abenteuerspielplatz Fort Robinson

Seit mehr als 30 Jahren bietet der Abenteuerspielplatz mitten im Landschaftsnaturschutzgebiet Kindern im Alter von sechs bis 14 Jahren eine integrative Begegnungsfläche. Die Angebotspalette ist bunt, Hütten können gebaut werden, mit Naturmaterialien wird gebastelt und die Sportbegeisterten können sich im Spielhaus oder draußen austoben. Ein Highlight sind die vielen Tiere, die hier leben. Da der Abenteuerspielplatz an den Falkenberger Krugwiesen gelegen ist, bietet er genug Platz für Enten, Meerschweinchen und Kaninchen, um die sich auch die Kinder kümmern. *Wartiner Str. 75-77, 13057 Berlin-HO, kietzfuerkids.de*

Abenteuerspielplatz Humboldthain

Im 29 Hektar großen Humboldthain kann man nicht nur schwimmen, klettern und Natur inmitten der Stadt erleben. Hier liegt auch der gleichnamige Abenteuerspielplatz. In dem großen Holzblockhaus auf dem Gelände befinden sich zwei Gruppenräume, eine Holz- und eine Fahrradwerkstatt. Auf dem Außengelände gibt es auch viel zu entdecken: eine große Feuerstelle, einen Gemüsegarten und einen Lehmbackofen, in dem regelmäßig Pizza gebacken wird. *Gustav-Meyer-Allee 4, 13355 Berlin-WE, asp-humboldthain.de*

Abenteuerspielplatz im Güntzelkiez

Wilmersdorfer Kinder zwischen sechs und 14 Jahren treffen sich auf dem zentral gelegenen kunterbunten Abenteuerspielplatz ohne elterliche Aufsicht, der mit einer Fläche von rund 1.700 Quadratmetern viel Platz zum Spielen bietet. Nur donnerstags und zu den Festen dürfen Eltern, jüngere oder ältere Geschwister und Nachbar:innen auch mal dazukommen. Alle Aktivitäten finden ganzjährig und meistens im Freien statt, dazu gehören Hüttenbau, Urban Gardening, Kochen sowie Kreativ- und Handwerkskurse. *Holsteinische Str. 45, 10717 Berlin-WI, asp.nusz.de*

Abenteuerspielplatz Königshorster Straße

Der Abenteuerspielplatz gehört zur Kinder- und Jugendhalle MV, die es sich zur Aufgabe gemacht haben, den Kindern des Märkischen Viertels einen Ort zu schaffen, an dem sie sich zurückziehen und Kindgerechtes erleben können. Auf dem großen Freigelände können sie der Fantasie freien Lauf lassen und an zahlreichen Aktivitäten teilnehmen, wie Hütten bauen, Tischtennis und Fußball spielen, in der Holz- und Metallwerkstatt werkeln, filzen und malen. *Königshorster Str. 1-9, 13439 Berlin-RE, berliner-naturfreundehalle.de*

Abenteuerspielplatz Marie

Im Winsviertel auf der Grünfläche vor der Grundschule an der Marienburger Straße liegt der Abenteuerspielplatz Marie. Hier können Kinder zwischen sechs und 12 Jahren nicht nur mitbestimmen, was auf dem Gelände passiert, sondern auch Hütten bauen, mit Holz werkeln, in Kunstkursen kreativ werden, das Schmiedehandwerk kennenlernen oder in der Keramikwerkstatt schöne Dinge erschaffen. *Marienburger Str. 42-46, 10405 Berlin-PB, an-der-marie.de*

Abenteuerspielplatz Sonnenhaus

Ausprobieren, sich entfalten und neue Lernerfahrungen sammeln – das und noch viel mehr ist auf dem riesigen Gelände möglich. Es besteht aus Bauplattformen verteilt auf der Freifläche zum Hüttenbau, einem Piratenschiff zum Klettern und Spielen, einer Outdoor-Werkstatt zum Töpfern und Arbeiten mit Holz und einem selbst angelegten und von den Kindern gepflegten Garten, in dem es von Kräutern über Beeren bis hin zu Bienen eine Menge zu entdecken gibt. Besonders ist der große Tierbereich des Sonnenhauses, hier leben Schweine, Ziegen, Kaninchen und Pfaue. *Teltower Damm 310, 14167 Berlin-ZE, sonnenhaus.berlin*

Abenteuerspielplatz Spirale

Hier finden Kinder zwischen sechs und 13 Jahren die Möglichkeiten für eine aktive Freizeitgestaltung zum freien, selbstorganisierten Spielen sowie einen Rückzugsort, denn hier gilt „Eltern streng verboten" nur an einem Samstag im Monat dürfen Eltern und alle anderen die Kinder auf dem Abenteuerspielplatz besuchen. Das naturpädagogische Konzept spiegelt sich vor allem im liebevoll angelegten Garten wider, das Kräuterbeet ist wie ein ansteigendes Schneckenhaus angelegt, um auf kleinstem Raum den verschiedenen Klimazonen der Kräuter und ihrer Bodenkultur gerecht zu werden. Auf dem Gelände kann außerdem Gemüse angebaut, die Tiere gefüttert und das Hüttendorf gestaltet werden. *Westfälische Str. 16A, Eingang: Münstersche Str., 10709 Berlin-WI, spirale-abenteuerspielplatz.nbhs.de*

Abenteuerspielplatz Telux

Der 1973 aus einer Elterninitiative entstandene Telux ist, mit seinen etwa 5.000 Quadratmetern, der älteste Abenteuerspielplatz Deutschlands. Mit seinem Konzept der offenen Kinder- und Jugendarbeit können Kinder im Alter von sechs bis 14 Jahren hier frei ein- und ausgehen. Es gibt eine Vielzahl an pädagogischen und freien Angeboten. *Tegeler Str. 28A, 23353 Berlin-WE, asp-telux.de*

Abenteuerspielplatz Waslala

Der Name "Waslala" stammt aus einem Roman von Giaconda Belli und beschreibt dort einen Ort an dem alles besser ist, wo es keinen Hass und keinen Krieg gibt und der von den Menschen naturnah und gemeinschaftlich gestaltet wird. Angelehnt an diese Idee hat der Abenteuerspielplatz es sich zur Aufgabe gemacht, einen Ort in dieser Welt zu schaffen, an dem Fantasie und Kreativität viel Platz haben, der Mut macht und Selbstvertrauen gibt. Um den Kindern zwischen sechs und 14 Jahren die Fähigkeiten und Werte mitzugeben, ist das Angebot bunt und von den Kindern mitgestaltet. *Venusstr. 88, 12524 Berlin-TR, aspwaslala.de*

Abenteuerspielplatz Wildhüterweg

Am Rande der Gropiusstadt gibt es ein reichhaltiges Spielangebot für Kinder und Jugendliche von sechs bis 21 Jahren. Hier bietet der Abenteuerspielplatz tolle Aktivitäten wie einen Niedrigseilgarten, Holz- und Töpferwerkstätten, Gesellschaftsspielrunden sowie ein vielseitiges Sportprogramm für Aktive. Alle Bereiche werden von Pädagog:innen betreut und gestaltet. *Wildhüterweg 1-3, 12353 Berlin-NK, wildhueterweg.de*

TIPP

Archäologie- und Abenteuerspielplatz Moorwiese

Kinder und Jugendliche zwischen sechs und 16 Jahren, die nachmittags Lust auf ein aufregendes Abenteuer haben, statten der Moorwiese direkt am S-Bahnhof Buch einen Besuch ab. Hier können große und kleine Entdecker:innen Hütten bauen oder sich an altem Handwerk erproben – und das alles an der frischen Luft. Wem das noch nicht genug ist, lernt spielerisch etwas über die Stein-, Eisen- oder Bronzezeit. Zudem stehen Bogenschießen, das Rekonstruieren kleiner Gebäude aus den früheren Zeitaltern sowie das Gießen aus Zinn auf dem Programm. Nebenan im Gräser-Dschungel können Kinder auf Forschungsreise gehen, Baumkronen erklimmen und krabbelnde Käfer beobachten. *Wiltbergstr. 29A, 13125 Berlin-PA, mooor.de*

Kinderfreizeiteinrichtung Känguruh

Dieser Abenteuerspielplatz bietet Kindern von sechs bis 15 Jahren einen elternfreien Ort der Begegnung. Es werden regelmäßige Aktivitäten in der Kinderküche, dem Computerraum, der Keramik- und der Holzwerkstatt sowie dem Malort angeboten. Der große offene Außenbereich lädt zum Tischkicker und -tennis spielen ein, der Abenteuergarten lockt mit Hängebrücken, Türmen und Seilbahn zum Toben und Klettern. *Konitzer Str. 2, 10245 Berlin-FR, kfe-kaenguruh.de*

Kletterkünste

die im Herbst 2024 neu eröffnete Boulderhalle Urban Apes in Friedrichshain bietet Groß und Klein sportliche Herausforderungen. In einem ehemaligen böhmischen Weinkeller warten spannende Routen für jedes Level auf euch, egal ob Anfänger:in oder Profi. Speziell für Familien gibt es einen Familien- und einen Kinderbereich, der besonders auf die Bedürfnisse der Kleinsten abgestimmt ist. *Urban Apes Fhain Berlin,* *Seite 191*

Moabiter Kinder-Hof

Ziel des Kinderhofs ist es, die Spielplatzsituation in Moabit für Kinder zwischen sieben und 13 Jahren um einen pädagogischen Spiel-, Lern- und Erlebnisort zu erweitern, auf dem die Kinder mit den vier Elementen in Berührung kommen können. Das offene Angebot ist riesig und umfasst Dinge wie Akrobatik, Backen und Gartenarbeit und Tierpflege. *Seydlitzstr. 12, 10557 Berlin-TI, moabiterkinderhof.de*

Naturspielplatz Pauli

Direkt am Paul-Lincke-Ufer befindet sich der Naturspielplatz Pauli, der zwar kein pädagogisch betreuter Abenteuerspielplatz ist, sich jedoch trotzdem von den herkömmlichen Spielplätzen in der Umgebung unterscheidet: Außer einer Rutsche gibt es keine konventionellen bzw. vorgefertigten Spielgeräte und das aus gutem Grund. Hier können Kinder der Fantasie freien Lauf lassen und die Natur ganzjährig erforschen. *Paul-Lincke-Ufer 12, 10999 Berlin-KR, komsu-kinder.de*

Spielhaus Schillerstraße

Auf dem großzügigen Abenteuerspielplatz kann nach Lust und Laune getobt und gespielt werden. So stehen Spielmöglichkeiten, wie Schaukeln, eine Riesenrutsche, ein Trampolin, Tischtennisplatten, zwei Ballspielplätze sowie Klettergeräte bereit. Besondere Highlights sind die Go-Karts und Rollerblades. *Schillerstr. 86, 10627 Berlin-CH, spielhaus-berlin.de*

Spielplatz Wilde Rübe

Auf dem pädagogisch betreuten, ökologischen Spielplatz wird Schulkindern bis 14 Jahren ein Ort zum Kreativwerden geboten. Es gibt einen Wildgarten für Bienen, ein großes Gehege für die beiden Schweine Falko und Andreas sowie die Kaninchenfamilie. Verteilt auf der Fläche findet ihr Schaukeln, eine Seilbahn und die Wiese bietet genügend Platz zum spielen. *Wildenbruchstr. 25, 12045 Berlin-NK, wilde-ruebe.de*

Spielplatzinitiative Marzahn e.V.

Vor knapp 35 Jahren wurde der Verein gegründet, um einen Ort zu gestalten, an dem Kinder sich in freier Natur entfalten können. Sowohl auf dem Abenteuerspielplatz West und Nord können Kinder kreativ werden und Herausforderungen meistern, während der Spielwald dazu einlädt, sich um die Hoftiere zu kümmern. *ASP West, Ahrensfelder Chaussee 26, 12689 Berlin-MA; ASP Nord, Schorfheidestr. 52, 12689 Berlin-MA; SpieleWald / Kinderbauernhof, Eichner Chaussee 3, 16356 Ahrensfelde, spielplatzinitiative.de*

Stadt der Kinder

Mitten in Berlin finden Heranwachsende zwischen sechs und zwölf Jahren einen Ort gelebter Beteiligung. Sie lernen Gemeinschaft und üben demokratische Grundregeln, während sie mit Tieren und Natur im Einklang leben. In Eigenverantwortung können sie hier ihre Ideen umsetzen und an spannenden Angeboten wie der Pflege der hier lebenden Tiere, der Arbeit im Garten, dem Bauen oder Kochen teilnehmen. Auch der hauseigene Kiosk wird von den Kindern selbst geführt. *Rosenthaler Str. 59, 10119 Berlin-MI, stiftung-spi.de/asp*

Berliner Badeseen

Flughafensee

Nördlich des ehemaligen Flughafens Tegel liegt der malerische Flughafensee, ein Überbleibsel des Kiesabbaus und mit über 34 Metern der tiefste See Berlins. Seit der Schließung des Flughafens im Jahr 2020 können Badegäst:innen die Ruhe ungestört genießen. Am Südwestufer befindet sich ein abgesperrtes Vogelschutzgebiet, wodurch sich Sonnenanbeter:innen vor allem ans Nordufer begeben, um sich am Sandstrand niederzulassen und die Natur zu genießen. *Attendorner Weg 45, 13507 Berlin-RE*

Kleiner Müggelsee

Wer im südöstlichen Berlin auf der Suche nach einem entspannten Badetag mit der ganzen Familie ist, wird am Kleinen Müggelsee fündig. Der weitläufige Sandstrand bietet reichlich Platz für Sonnenhungrige, während Schattenliebhaber:innen einen angenehmen Rückzugsort unter den zahlreichen Bäumen entlang des Ufers finden. Ob man die Sonne genießen, im Schatten entspannen oder Planschen möchte – der Kleine Müggelsee bietet für jede:n genau das Richtige und verspricht Erholung für Groß und Klein. *Jagen 183, 12559 Berlin-KÖ*

Krumme Lanke

Eines der beliebtesten Badegewässer Berlins liegt mitten im idyllischen Grunewald. Auf dem fast vier Kilometer langen Uferweg kann man entspannt spazieren und erreicht an vielen Stellen mühelos das Wasser. So findet jede:r ein ruhiges Plätzchen, oft ganz für sich. Der See bietet zudem mehrere Badestellen, die besonders familienfreundlich sind. Im Norden gibt es zwei schöne Badebuchten mit Sandstrand und einem sanften Einstieg ins Wasser. *Krumme Lanke, 14163 Berlin-ZE*

Schlachtensee

Nur einen kurzen Fußweg von der gleichnamigen S-Bahnstation entfernt liegt der Schlachtensee, der mit seinen 41 Hektar der größte See der Grunewaldseenkette ist. Rund um den See gibt es zahlreiche Freizeitmöglichkeiten wie einen Bootsverleih, eine großzügige Liegewiese, einen Spielplatz und einen Biergarten. Aktive Familien können sich am Stand Up Paddling-Verleih ein Board mieten und entspannt über das idyllische Gewässer gleiten. *Fischerhüttenstr. 136, 14163 Berlin-ZE*

Seebad Friedrichshagen

Den ganzen Sommer über kann man hier entspannte Tage verbringen, im kühlen Wasser schwimmen oder am Sandstrand buddeln. Sonnenschirme und Liegestühle könnt ihr mieten. Wer sich mehr bewegen möchte, kann Volleyball spielen oder Sprünge vom Sprungturm wagen. Für geübte Schwimmer:innen gibt es auch Stand Up Paddles zu leihen. *Müggelseedamm 216, 12587 Berlin-KÖ, seebad-friedrichshagen.de*

Strandbad Grünau

Entlang der Dahme im Südosten Berlins gibt es viele idyllische Badestellen. Besonders für Familien ist das Strandbad Grünau zu empfehlen. Neben einem Indoor- und einem Outdoor-Spielplatz gibt es die Möglichkeiten Feder- oder Volleyball zu spielen. Übrigens: Das Strandbad ist komplett bargeldlos. *Sportpromenade 9, 12527 Berlin-KÖ, strandbadgruenau.de*

Strandbad Lübars

Das charmante Lübars im Norden Berlins beherbergt das beliebte Strandbad, das seit Generationen Familien und Urlauber:innen unvergessliche Badeerlebnisse bietet. Nach einem entspannten Sonnenbad am Ufer ist der Ziegeleisee der perfekte Ort für eine erfrischende Abkühlung. Für die kleinen Gäst:innen ist die lange Wasserrutsche ein echtes Highlight, das jede Menge Freude und Action verspricht. Am Freibad 9, 13469 Berlin-RE, strandbad-luebars.de

TIPP

Strandbad Orankesee

Das Strandbad Orankesee ist nur etwa 15 Minuten zu Fuß von der Tramstation entfernt und bietet an heißen Sommertagen eine erfrischende Abkühlung. Geübte Schwimmer:innen können im offenen Bereich ihre Runden drehen, während Nichtschwimmer:innen im abgetrennten Bereich fröhlich planschen, rutschen oder Sandburgen bauen. Wer eine Auszeit von der heißen Sonne benötigt, findet unter den großen Bäumen ein schattiges Plätzchen. Ein Highlight des Jahres ist das Seenfest, das mit einem abwechslungsreichen Kinderprogramm begeistert. *Gertrudstr. 7, 13053 Berlin-HO, strandbad-orankesee.de*

Strandbad Plötzensee

Seit den 1920er Jahren ist das Strandbad mit seinem markanten Backsteingebäude ein beliebter Treffpunkt für Jung und Alt aus ganz Berlin, um hier die freie Zeit zu verbringen. Saniert, sicher, sauber und kinderfreundlich – das Strandbad am Rand des Volksparks Rehberge ist auch mit seinen gelegentlichen Kulturevents ein entspannter Ort für feine Familiensommertage. Wer eine Stärkung benötigt, findet hier gleich an mehreren Orten ein vielfältiges Angebot an köstlichen Speisen und kühlen Getränken. *Nordufer 26, 13351 Berlin-WE, strandbad.ploetzensee.de*

TIPP

Strandbad Tegelsee

Seit einiger Zeit hat das Strandbad im Wasserschutzgebiet des Berliner Nordens wieder geöffnet und macht seither als „Zentrum für Erholung und Kultur“ seinem Namen alle Ehre. Zum Konzept zählen freier Eintritt für Kinder und Jugendliche, kostenlose Schwimmkurse, eine große Vielfalt an Workshops und vegetarische Gastronomie. Neben dem Sandstrand gibt es für Kinder einen Spielplatz sowie Tischtennisplatten, Rutschen und einen Sprungturm. *Schwarzer Weg 95, 13505 Berlin-RE, seeee.de*

Strandbad Wannsee

Ein idyllischer Waldspaziergang führt Städter:innen vom S-Bahnhof Nikolassee zu Berlins Traditionsstrandbad im Bezirk Zehlendorf, dieses gilt als das größte Binnenseebad Europas und bietet einen 1.275 Meter langen Sandstrand. Hier, wo bereits Generationen von Berliner:innen den ersten Sprung ins Wasser gewagt haben, kann man im Sand buddeln, in einem Strandkorb die Zeit vergessen, ein kleines Boot ausleihen oder Beachvolleyball spielen. *Wannseebadweg 25, 14129 Berlin-ZE, berlinerbaeder.de*

Strandbad Weißensee

Zentraler kann man in Berlin kaum in einen See hüpfen. Nur 15 Minuten benötigt man mit der Straßenbahn vom Alexanderplatz zum Strandbad Weißensee. Hier können Familien einen herrlichen Sommertag verbringen und sich nach Lust und Laune entspannen. Die charakteristische Mittelfontäne im See sorgt für eine besondere Atmosphäre, während die Bar einlädt, sich bei Snacks und Getränken zu stärken. *Berliner Allee 155, 13088 Berlin-WS, strandbadweissensee.de*

Trubel mit Teens

1

Teenager:innen sind schon eine ganz eigene Spezies – da braucht es etwas speziellere Ideen, um sie zu gemeinsamen Familienaktivitäten zu bewegen.

1

Magische Momente

Lust auf ein Magie und Social Media-taugliche Momente? Dann schnappt eure Teens und auf in einen der interaktiven Erlebnisorte in Berlin! Dort erwartet euch eine Welt voller faszinierender optischer Täuschungen und cooler Foto-Spots. Je verrückter, desto besser! Und auch wenn sie euch peinlich finden mögen, die eigenen Eltern in schiefe Räume zu stellen oder auf dem Kopf laufen zu lassen, zaubert den meisten Heranwachsenden ein Lächeln ins Gesicht. *Ikono Berlin, Seite 201; Illuseum Berlin, Seite 67; Paradox Museum, Seite 81; Studio of Wonders, Seite 202; The Upside Down Museum, Seite 84; The WOW Gallery, Seite 203*

2

Sich ein eigenes Bild machen

Jugendliche von heute wachsen in einer Flut von Bildern auf, diese kritisch zu hinterfragen, zu erfahren, wie sie entstehen, andere Perspektiven kennenzulernen, sich ein eigenes Bild zu machen – all dies ist für Teenager:innen in ziemlich coolem Ambiente möglich. Das Fotografiska im ehemaligen Tacheles und das C/O Berlin zeigen Fotokunst, die oft die Grenzen des Mainstreams überschreitet, das URBAN NATION spannende Street Art. *C/O Berlin, Seite 59; Fotografiska, Seite 64; URBAN NATION, Seite 85*

3

Spielerische Problemlösungen

Escape Games sind eine fantastische Möglichkeit, mit Teenager:innen Spaß zu haben und gleichzeitig Teamwork, Problemlösungsfähigkeiten und kreatives Denken zu fördern. Berlin bietet eine Vielzahl an spannenden Escape Rooms, die perfekt für Jugendliche sind und auch die grauen Zellen der Eltern auf Trab bringen. *Escape Games, ab Seite 197*

4

Hoch hinaus

Ab in die Natur und Bewegung an der frischen Luft – klingt nicht nach etwas, womit ihr eure Teens vom Bildschirm weglocken könnt? Dann fordert sie – und euch selbst – heraus, wer sich geschickter beim Klettern anstellt. Am schönsten ist es im Kletterwald, aber auch als Indoorvariante funktioniert es als Family-Teambuilding. *Klettern und Bouldern, ab Seite 190*

2

5

Frei springen

Nirgendwo können sich Teenies so gründlich auspowern, alle Anspannungen und Missstimmungen weghüpfen und einfach Spaß haben wie in den Trampolinparks in Berlin und Umland mit ihren zig verschiedenen Sprunggelegenheiten und coolen Ninja-Highlights. Tut auch Eltern gut! *Trampolinparks, ab Seite 192*

Wassersport

Ahoi Ostkreuz

In der Rummelsburger Bucht gelegen, bietet der Bootsverleih die Möglichkeit, die Spree mit Kajak, Tretboot oder SUP zu erkunden. Wer nicht auf eigene Faust lospaddeln möchte, hat die Option, an einer der geführten Touren teilzunehmen. *Paul und Paula Ufer/ Zillepromenade, 10317 Berlin-LI, ahoi-ostkreuz.de*

Backstagetourism

Etwas versteckt hinter dem Funkhaus Berlin befindet sich der Bootsverleih, der Familien einlädt, mal abseits der bekannten touristischen Wege die Hauptstadt zu erkunden. Die geführten Kanu-Touren finden regelmäßig an den Wochenenden statt. *Nalepastr. 18, 12459 Berlin-KÖ, backstagetourism.com*

Kanuliebe

Der Bootsverleih auf der Insel der Jugend bietet alles, was ihr für einen Ausflug auf der Spree benötigt. Ob Tretboote, Canadier oder SUP-Boards – hier findet ihr das passende Equipment, um eine Stunde oder den ganzen Tag auf dem Wasser zu verbringen. Sogar für Babys gibt es Schwimmwesten, sodass sie sicher mit an Bord genommen werden können. *Alt-Treptow 6, Insel der Jugend, 12435 Berlin-TR, kanuliebe.com*

Segelschule Pura Vida

In der Segelschule am Ostkreuz haben Kinder und Jugendliche die Möglichkeit, in unterschiedlichen Kursen zu lernen, wie sie Optimisten steuern und selbst segeln. Voraussetzung für die Teilnahme ist, dass die Teilnehmer:innen mindestens sechs Jahre alt sind und 15 Minuten frei schwimmen können. Für diejenigen, die zunächst testen möchten, ob Segeln ihr Ding ist, werden Schnuppersegelstunden angeboten. *Zillepromenade, 10317 Berlin-LI, segelschule-rummelsburg.de*

StandUpClub

Dieser SUP-Verleih hat zwei Standorte, an denen sich Wassersportler:innen ab 16 Jahren auf die Bretter schwingen können. Von der Station am Funkhaus könnt ihr Touren in Richtung Oberbaumbrücke unternehmen. Die Station Strandbad Wendenschloss bietet euch die Möglichkeit das Seengebiet rund um Schmöckwitz zu erkunden. Kinder ab zwölf Jahren können in den Einsteiger:innenkursen die Grundtechniken erlernen. *Nalepastr. 18, 12459 Berlin-KÖ; Möllhausenufer 30, 12557 Berlin, standupclub.de*

Stehpaddler

Am idyllischen Schlachtensee können Kinder ab 1,5 Jahren mit ihren Eltern und Schwimmwesten aufs Wasser, ab sechs Jahren geht es selbstständig aufs Board. Der Verleih bietet hochwertige SUP-Boards für einen perfekten Tag am Wasser, umgeben von Natur. Für 2025 ist eine Aufwertung des Strandbereichs geplant, bei der neuer Sand aufgeschüttet wird. *Fischerhüttenstr. 136, 14163 Berlin-ZE, steh-paddler.com*

Wellenwerk Berlin

Im Wellenwerk wird auf der einzigen künstlichen Surfwelle der Hauptstadt gesurft. Wasserratten, die bereits das siebte Lebensjahr erreicht und die 30-Kilogramm-Körpergewicht-Marke geknackt haben, können in speziellen Kids Sessions erste Surferfahrungen im 26 Grad warmen Wasser machen. Die künstliche Welle ist aber auch für Fortgeschrittene und Profis geeignet. *Landsberger Allee 270, 10367 Berlin-LI, wellenwerk-berlin.de*

TIPP

Wet & Wild Wasserski Velten

Am Bernsteinsee, nur 35 Autominuten von Berlin entfernt, können Kinder ab 8 Jahren erste Wakeboard- und Wasserski-Erfahrungen sammeln oder sich auf dem Aquapark austoben. Nach dem Anlegen von Neoprenanzug und Schwimmweste kann der Spaß beginnen. Für Neulinge gibt es Grundlagenkurse und ab fünf Personen kann Geburtstag gefeiert werden. *Am Bernsteinsee 1, 16727 Velten, wakeboard-berlin.de*

Schwimmbäder

Berliner Bäder-Betriebe

Ob Abkühlung im Freibad oder Schwimmen im Stadtbad – die Berliner Bäder-Betriebe haben für alle das passende Bad und Kurse parat. Eine Übersicht über die knapp 70 Schwimmhallen, Sommer- und Strandbäder, deren Angebote, Öffnungszeiten sowie die aktuellen Ticketbedingungen findet ihr unter: *berlinerbaeder.de*

NEU

Hallenbad Falkensee

Das Hallenbad lädt seit August 2024 Familien zu einem spaßigen Erlebnis ein. Das 25-Meter-Schwimmerbecken und die Innenrutsche sorgen für jede Menge Wasserspaß, während die Kleinsten im Kleinkinderbecken mit Wasserspielplatz toben. Für zusätzlichen Nervenkitzel bietet der Drei-Meter-Turm die perfekte Gelegenheit, ins kühle Nass zu springen. *Seegefelder Str. 144, 14612 Falkensee, hallenbad-falkensee.de*

Kinderbad Marzahn - Platsch

Im beliebten Kinderfreibad können die Kleinen im knietiefen Becken planschen, das mit wasserspeienden Figuren ausgestattet ist. Zusätzlich lädt eine Wassergrotte mit einem Wasserlauf zum Spielen ein. Nach all dem Wasserspaß können Familien auf der großen Liegewiese unter Bäumen ein Picknick genießen. *Max-Herrmann-Str. 7, 12687 Berlin-MA, berlinerbaeder.de*

TIPP

Kinderbad Monbijou

Im Herzen Berlins zieht das Kinderbad im Monbijoupark an heißen Sommertagen Familien an. Mit zwei Becken, einem kleinen Kleinkinderbecken und einem 1,30 Meter tiefen Nichtschwimmer:innenbecken, bietet das Bad ideale Bedingungen zum Planschen. Eine sonnige Liegewiese lädt zum Entspannen ein, während ein Kiosk Erfrischungen bietet. *Oranienburger Str. 78, 10178 Berlin-MI, berlinerbaeder.de*

Schwimm- und Sprunghalle im Europasportpark (SSE)

Gleich neben dem Velodrom befindet sich das Hallenbad, das ursprünglich für die Olympischen Sommerspiele 2000 konzipiert wurde. Nichtschwimmer:innen planschen vergnügt im Planschbecken herum oder bezwingen die Rutsche. Sportlich Ambitionierte ziehen derweil im 50-Meter-Becken ihre Bahnen. *Paul-Heyse-Str. 26, 10407 Berlin-PB, berlinerbaeder.de*

Schwimmhalle im FEZ-Berlin

Die Schwimmhalle im FEZ-Berlin bietet Badespaß für die ganze Familie und verfügt über ein 50-Meter-Becken mit 8 Bahnen, das genügend Platz für kleine und große Wasserratten bietet. Für Anfänger:innen gibt es ein Lehrschwimmbecken, das ideal für erste Schwimmversuche geeignet ist. Bei angenehmen 28 Grad Wassertemperatur ist entspanntes Planschen garantiert. *Straße zum FEZ 2, 12459 Berlin-KÖ, fez-berlin.de*

Sommerbad Am Insulaner

Am Insulaner liegt ein beliebtes Sommerbad für die ganze Familie. Im 50-Meter-Becken können sportliche Schwimmer:innen ihre Bahnen ziehen, während der Sprungbereich für Mutige bereitsteht. Das große Nichtschwimmer:innenbecken mit zwei Wasserpilzen und einer Rutsche bietet viel Spaß für jüngere Besucher:innen, und auch die Kleinsten kommen im Babybecken auf ihre Kosten. Außerhalb des Wassers gibt es ebenfalls einiges zu entdecken: Buddelkasten, Klettergerüst und Spielplatz laden zum Toben ein. *Munsterdamm 80, 12169 Berlin-ST, berlinerbaeder.de*

Sommerbad Humboldthain

Das Sommerbad Humboldthain am Rand des gleichnamigen Volksparks bietet mit einem 50-Meter-Becken, einer Sprunganlage und einer großen Rutsche Spaß für größere Kinder. Die Kleinsten können im Planschbecken oder auf dem Spielplatz toben, während die Liegewiese zum Entspannen einlädt. Ein besonderes Highlight ist der Kiosk „Tropez", der mit wechselnden Kunstprojekten und Ausstellungen aufwartet. *Wiesenstr. 1, 13357 Berlin-WE, berlinerbaeder.de, tropeztropez.de*

Sommerbad Kreuzberg

Mitten im lebhaften Kreuzberg liegt das Sommerbad, auch bekannt als Prinzenbad. Hier tummeln sich Frühschwimmer:innen, die im 50-Meter-Becken ihre Bahnen ziehen, ebenso wie Familien und die LGBTQIA+-Community. Für kleine Kinder gibt es ein Babybecken sowie einen Spielplatz mit Wasserspielmöglichkeiten. *Prinzenstr. 113-119, 10969 Berlin-KR, berlinerbaeder.de*

Sommerbad Neukölln

Das Sommerbad, auch als Columbiabad bekannt, ist ein echter Klassiker im Bezirk. Neben dem großen Schwimmer:innenbecken und dem vielseitigen Nichtschwimmer:innenbereich begeistert vor allem die längste Wasserrutsche Berlins. Das Babybecken mit Wasserpilz verlockt zum Planschen. Ein Imbiss und der nahe gelegene Kinderspielplatz runden den Besuch für Wasserratten jeden Alters ab. *Columbiadamm 160, 10965 Berlin-NK, berlinerbaeder.de*

Sommerbad Pankow

Hier warten drei Rutschen, darunter eine aufregende High-Speed-Rutsche, sowie ein Erlebnisbecken mit einem Strömungskanal. Wem das nicht genug ist, der kann sich auf die Sprungtürme wagen und aus schwindelerregenden Höhen ins Wasser springen. Für die Kleinen steht ein Planschbecken bereit. *Wolfshagener Str. 91-93, 13187 Berlin-PA, berlinerbaeder.de*

Stadtbad Lankwitz

Im Südwesten Berlins sorgt das Stadtbad Lankwitz dafür, dass niemand im Sommer schwitzen muss. Hier ziehen Schwimmer:innen im 25-Meter-Becken ihre Bahnen, während Beginner:innen im eigenen Bereich üben. Abenteuerlustige sausen von der 60-Meter-Rutsche oder hüpfen vom Drei-Meter-Brett. Für Familien gibt es ein aufregendes Spaßbecken mit angenehmen Massagedüsen und Wassersprudlern sowie ein Babybecken mit Mini-Rutsche. *Leonorenstr. 39, 12247 Berlin-ST, berlinerbaeder.de*

Stadtbad Neukölln

Das wunderschöne Stadtbad Neukölln, das vor über hundert Jahren erbaut wurde, besticht durch seine hohen Säulen, Wandelgänge und kunstvollen Mosaiken, sodass man sich fühlt, als würde man in einem antiken Tempel baden. Hier könnt ihr in einem großen und einem kleineren Becken mit separatem Nichtschwimmer:innenbereich oder im Dampfbad entspannen. *Ganghoferstr. 3, 12043 Berlin-NK, berlinerbaeder.de*

Stadtbad Schöneberg „Hans Rosenthal"

Direkt am Heinrich-Lassen-Park befindet sich das Stadtbad, das seit Anfang 2024 saniert wird, ein Ende der Bauarbeiten ist bisher noch nicht bekannt. *Hauptstr. 39, 10827 Berlin-SB, berlinerbaeder.de*

Thermen und Erlebnisbäder

TIPP

blu

Das Familienbad in Potsdam ist der ideale Ort für einen fantastischen Tag voller Wasserspaß. Hier wartet ein Erlebnisbecken mit angenehmer Wassertemperatur, in dem ihr im Strömungskanal treiben, die Kletterwand erklimmen oder euch an verschiedenen Wasserspielen versuchen könnt. Im Außenbereich laden Liegewiesen, Tischtennisplatten und Spiel- sowie Klettergeräte zum aktiven Spielen oder zum Entspannen in der Sonne ein. Besonders ältere Kinder werden von der langen Reifenrutsche mit ihren abwechslungsreichen Animationsprogrammen begeistert sein, die den Spaß durch beeindruckende LED-, Video- und Soundeffekte noch steigern. Egal ob Sommer oder Winter – hier finden alle, vom Kleinkind bis zum Teenager, jede Menge Vergnügen. *Brauhausberg 1, 14473 Potsdam, swp-potsdam.de*

Fläming-Therme Luckenwalde

Seit zwei Jahrzehnten erleben Familien in der Fläming-Therme vielfältigen Wasserspaß. Während die Kleinen in der Kleinkinderwelt und beim Rutschen spielen, können die Größeren im Sportbad schwimmen oder die Turbo- und Reifenrutsche ausprobieren. Eltern entspannen in der großzügigen Saunalandschaft. Die Therme ist bequem mit dem Regionalexpress von Berlin aus erreichbar. *Weinberge 40, 14943 Luckenwalde, flaeming-therme.de*

Wilder Wasserspaß

ein spritziges Vergnügen erwartet euch in dem Freizeitparadies für Wasserskifahrer:innen und Wakeboarder:innen vor den Toren Berlins. Am Bernsteinsee können kleine wie große Anfänger:innen die Grundlagen des Sports schnell erlernen und erste Erfahrungen auf dem Wasser sammeln. Das Gelände lädt mit entspanntem Strandbereich, Beachvolleyballfeld und Gastronomie zum länger Verweilen ein. *Wet & Wild Wasserski Velten, Seite 180*

Freizeitbad Baff

Das Freizeitbad Baff im Eberswalder Sportzentrum Westend bietet ein abwechslungsreiches Erlebnis für die ganze Familie. Die Kinder freuen sich besonders auf die 83 Meter lange Riesenrutsche. Im Familienbecken mit Strömungskanal können alle zusammen planschen und sich treiben lassen. Sportliche Besucher:innen ziehen im 25-Meter-Becken ihre Bahnen, während sich Erholungsbedürftige im Whirlpool entspannen. *Heegermühler Str. 69a, 16225 Eberswalde, baff-bad.de*

Havel-Therme

Das Familienbad kombiniert Action und Wasser und bietet somit für Kinder unterschiedlichen Alters und ihrer Eltern genau das Richtige. Zu den vielen Attraktionen gehören ein Wildwasserfluss, eine Breitwellenrutsche, ein Kleinkinderbereich, Actionrutschen und Sprunganlagen – nur einige der Highlights des vielfältigen Angebots. Entspannungssuchende ziehen sich in die Thermen- und Saunalandschaft zurück. *Zum Großen Zernsee 15, 14542 Werder (Havel), havel-therme.de*

Marienbad Brandenburg

Im Funbad haben größere Kinder viel Spaß auf den Wasserrutschen, im Gegenstromkanal oder mit beliebten Wasserbällen. Währenddessen genießen Babys und Kleinkinder im warmen Planschbecken das Spiel mit Wasserspielzeug und sausen über die Elefantenrutsche. Outdoor-Fans kommen im Sommer auf der großen Liegewiese und im Freibad mit zahlreichen Sport- und Entspannungsmöglichkeiten auf ihre Kosten. Ein besonderes Highlight ist die 80 Meter lange Röhrenrutsche, auf der Kinder ab sechs Jahren ihre Bestzeiten messen können. *Sprengelstr. 1, 14770 Brandenburg an der Havel, marienbad-brandenburg.de*

TIPP

NaturTherme Templin und OTTIs Spielewelt

In der NaturTherme Templin, die sich als Familientherme versteht, können große und kleine Besucher:innen dem Alltagsstress entfliehen und viel Wasserspaß genießen. Kinder können im Wellenbecken, im Strömungskanal und auf zwei 100 Meter langen Rutschen jede Menge Spaß erleben. Die Jüngsten dürfen im Kleinkindbereich planschen, während die älteren Kinder in „OTTIs Spielewelt“, einem Indoor-Spielplatz, klettern und toben können. Ein neuer Außenspielplatz lädt zusätzlich zum Toben ein und die beiden Otterdamen Berta und Ilse können von dort aus ebenfalls beobachtet werden. *Dargersdorfer Str. 121, 17268 Templin, naturthermetemplin.de*

Schwimm- und Wasserparadies Schwapp

Das Freizeitbad in Fürstenwalde ist ein wahres Wasserparadies und heißt Familien jederzeit herzlich willkommen. Im Spaßbad können Eltern gemeinsam mit ihren Kindern im Wärmebecken planschen, während die Jugendlichen durch die Turborutsche flitzen und sich im Strömungskanal treiben lassen. Für entspannende Momente sorgt die Familiensauna oder der Whirlpool. *Große Freizeit 1, 15517 Fürstenwalde, schwapp.de*

Spreewelten Bad Lübbenau

Wer Lust hat, mit Pinguinen um die Wette zu schwimmen, muss nicht bis in die Antarktis reisen – das geht auch in Lübbenau! Nur eine Plexiglasscheibe trennt euch von den echten Pinguinen, die nebenan durchs Wasser gleiten. Für zusätzlichen Wasserspaß sorgt die interaktive Rutsche mit Lichteffekten und Musik. *Alte Huttung 13, 03222 Lübbenau, spreewelten.de*

Tropical Islands

Knapp 60 Kilometer südlich von Berlin erwartet euch eine tropische Erlebniswelt. Am Kraki Beach können sich die Kleinsten auf dem Wasserspielplatz austoben, während ältere Kinder den Nervenkitzel am größten Rutschturm Deutschlands erleben. Wasserscooter, Ballonfahrten oder Minigolf sorgen zusätzlich für jede Menge Spaß. Wer mag, kann in dem 2024 eröffneten Hotelanbau „OHANA Lodges“ übernachten. *Tropical-Islands-Allee 1, 15910 Krausnick, tropical-islands.de*

Turm ErlebnisCity

Im Oranienburger Erlebnisbad könnt ihr im 400 Quadratmeter großen Wellenbecken jede Menge Action erleben. Die Kleinsten toben im 32 Grad warmen Wasserspielgarten, während sich größere Kinder im Erlebnisbecken mit Strömungskanal und Regenduschen oder auf den Rutschen vergnügen. Wer Entspannung sucht, findet diese im Solebecken und Whirlpool. Der Außenbereich lädt im Sommer zum Verweilen ein. *André-Pican-Str. 42, 16515 Oranienburg, erlebniscity.de*

Wonnemar

Im Erlebnisbad im Süden Brandenburgs erleben vor allem Kinder und Jugendliche eine Menge. Abenteuerliche Attraktionen im Kinderbereich wie das Wellenbecken, ein Piraten-Erlebnisschiff, Wasserfälle und Rutsche sorgen für Spaß. Die Kleinsten können in warmem Wasser planschen. Ältere Kinder genießen den Rutschentower oder treiben entspannt im Lazy River. *Am Kurzentrum 1, 04924 Bad Liebenwerda, wonnemar.de*

Wellness

Aspria

Am Ku'damm erwartet euch ein Club mit vielfältigen Sport- und Wellnessangeboten. Die Aspria Academy bietet tägliche Aktivitäten und Kurse für Kinder sowie Ferienprogramme und Geburtstagsangebote. *Karlsruher Str. 20, 10711 Berlin-WI, aspria.com*

BabyBeach Berlin

Hier können sich Kinder wie am Strand fühlen, nur dass der Boden nicht aus Sand, sondern Salz besteht. Mit einem speziellen Salzgenerator wird das Salzspielzimmer mit 14%iger Salzsole vernebelt, wodurch während des Spielens ganz entspannt inhaliert wird. *Kaiserin-Augusta-Allee 40, 10589 Berlin-CH, babybeach.de*

jolu Naturkosmetik

jolu Naturkosmetik verwöhnt Groß und Klein mit einem abwechslungsreichen Programm. Während die Erwachsenen bei einer der Naturkosmetikbehandlungen entspannen, können die Kleinen im speziellen Baby-Spa-Bereich relaxen. Babys ab vier Wochen haben hier die Möglichkeit, beim Baby Floating das beruhigende Gefühl des Wassers zu genießen. *Winsstr. 22, 10405 Berlin-PB, jolu-naturkosmetik.de*

Kinder Salzparadies

Im für Kinder entwickelten Salzspielzimmer atmet man dank feinstem Salznebel quasi Meeresluft. Mithilfe des Salzgenerators, der einen samtfeinen Solenebel produziert, kann hier beim Spielen inhaliert werden. *Blankenburger Str. 3, 13156 Berlin-PA, kindersalzparadies.de*

Kleine Salzwelt

Die Friedrichsfelder Salzwelt ist auf Kinder ab sechs Monaten eingestellt. Im kleinen Salzraum befindet sich eine Spielecke, der Kindererlebnis-Salzraum „Salzini" ist für die Kleinen eingerichtet. Während der Salzschnupper-Zeit laufen im Hintergrund Kinderlieder, Märchen oder entspannende Musik. *Zachertstr. 75, 10315 Berlin-LI, kleine-salzwelt.de*

Salzhain

Familien finden in der modernen Salzgrotte in Friedrichshain eine perfekte Auszeit. In den Spiel-Sessions dürfen die Kinder in einem vollständig mit Salz verkleideten Raum spielen und ihre Zeit mit den Eltern genießen. Währenddessen atmen sie die salzhaltige Luft ein, die antibakterielle und entzündungshemmende Eigenschaften bietet. *Scharnweberstr. 3, 10247 Berlin-FR, salzhain.de*

Salz-Reich Berlin

In der Pankower Boutique findet sich die gesamte Vielfalt an Salzen, Kosmetik und sogar Wohnaccessoires. Die Salzräume bieten Familien eine gesunde Auszeit vom Alltag. Im salzigen „Sand" kann gespielt und durchgeatmet werden. *Wiltbergstr. 9-11, 13125 Berlin-PA, salz-reich.de*

Salz & Meer Natursalzgrotte

Die Natursalzgrotte richtet sich nicht vorrangig an Kinder, bietet aber auch Familienzeiten nach Absprache an, in denen die Kinder spielen dürfen und das Salz mit ihren Händen erleben können. Es gibt Bilderbücher und zum Spielen im Salz steht Buddelzeug bereit. *Hindenburgdamm 64, 12203 Berlin-ST, salzundmeer.com*

Junges Seenland

1

× **Lausitzer Seenland**

lausitzerseenland.de

Zwischen Berlin und Dresden vollzieht sich ein besonderer Wandel: Eine ganze Region wird vom Braunkohlerevier zum Urlaubsparadies. Europas größte von Menschenhand geschaffene Wasserlandschaft entsteht mit zwei Dutzend gefluteten Seen und schiffbaren Kanälen.

Im Lausitzer Seenland lässt es sich ungestört Rad fahren, skaten, baden, segeln oder campen und andererseits auch mächtig staunen über beeindruckende Industriekultur und Zeugnisse aus dem Mittelalter wie die Slawenburg Raddusch.

Neue Wege

Wo sich heute ein See an den nächsten reiht, pflügte einst schweres Gerät durch die Landschaft und hinterließ ausgeräumte Canyons bis zum Horizont. Auch heute noch lässt sich aktiver Tagebau in der Lausitz beobachten. Einen Blick in das Kohleflöz wird am Aussichtspunkt „Süd“ ermöglicht, hier kann man die Förderbrücke F60 bei der Arbeit erleben. In der Sommersaison ist der Stahlgigant beliebte Kulisse für Konzerte, Festivals und Shows. Vom „Welzower Fenster“ und dem „Aussichtspunkt Wolkenberg" eröffnet sich dagegen ein weiter Ausblick auf schon renaturierte Flächen und Wälder, der die Transformation der Gegend mehr als deutlich macht.

Nah am Wasser

Am Gräbendorfer See in Casel versprüht das idyllisch gelegene Areal von „raus und gut“ wahren Glamping-Zauber. In Tipi-Suiten mit Betten, Kühlschrank, Strom und Lichterketten könnt ihr die Natur entspannt genießen und unterm Sternenhimmel schlummern. Lauschige Badestellen laden ein zum Sprung ins kühle Nass, außerdem

3

In der Lausitz entsteht bis Ende der 2020er-Jahre Europas größte künstliche Wasserlandschaft.

ist das tolle Sommerbad Vetschau im Stil der 1920er-Jahre nicht weit. Aufgrund seiner imposanten Wasserfläche von 1.250 Quadratmetern und den 50-Meter-Bahnen wird es auch „die größte Badewanne der Niederlausitz" genannt. Einen ganz besonders mystischen Ort am Wasser hält die sächsiche Oberlausitz für euch bereit: Die freispannende Rakotzbrücke im Rhododendronpark Kromlau ist Landschaftselement der romantischen Gartenarchitektur des 19. Jahrhunderts. Ihr Bogen spiegelt sich im See und bildet so optisch einen vollständigen Kreis.

Viel Platz für Erlebnisse

Für Abenteuersuchende bietet das Lausitzer Seenland unendliche Möglichkeiten. Zur Bucket-List eines aktiven Familienurlaubs gehört mindestens eine Seeumrundung auf Rädern. Allein sieben Fernradwege, elf asphaltierte Seerundwege und ein Dutzend thematische Tagestouren führen durch die Region. Besonders Mutige können sich auch von einer Förderbrücke abseilen lassen oder eine Offroad Tour mit dem Quad buchen. Tierliebhaber:innen sind eingeladen, die schöne Umgebung der Talsperre Spremberg zusammen mit sanften Lamas und Alpakas an ihrer Seite in aller Ruhe zu erwandern.

1 Lausitzer Seenland
2 Glamping „raus und gut"
3 Portalkran Nienstedt

Slawenburg Raddusch
Zur Slawenburg 1, 03226 Vetschau (Spreewald), *slavoniccastle.eu*

Aktiver Tagebau Welzow-Süd
excursio-Besucherzentrum, Heinrich-Heine-Str. 2, 03119 Welzow, lausitzerseenland.de

Glamping „raus und gut"
Am See 4, 03116 Drebkau OT Casel, *raus.travel*

Sommerbad Vetschau
Reptener Chaussee, 03226 Vetschau (Spreewald), *stadt.vetschau.de*

Rakotzbrücke
Halbendorfer Str., 02953 Gablenz (Oberlausitz), *rakotzbruecke.de*

Klettern und Bouldern

AbenteuerPark Potsdam

Der Naturkletterwald in Potsdam verspricht ein aufregendes Abenteuer voller Spaß. Auf insgesamt zehn verschiedenen Parcours mit 170 Elementen können Kletterbegeisterte ihre Fähigkeiten testen. Bereits Kinder ab einer Körpergröße von einem Meter dürfen auf dem Kidsparcours erste Klettererfahrungen sammeln. *Albert-Einstein-Str. 49, 14473 Potsdam, kletterpark.info*

BergWerk.Berlin

Im Shoppingcenter Helle Mitte erwartet Familien Europas größter Indoorkletterpark. Auf unterschiedlichen Parcours finden alle, vom Kleinkind bis zum Profi, die passende Herausforderung. Kinder ab drei Jahren können sich auf dem Mini-Parcours erproben. *Stendaler Str. 25, 12627 Berlin-HE, bergwerk.berlin*

Berta Block Boulderhalle

Hier finden begeisterte Boulderfans das ideale Umfeld für ihr Hobby. Eine spezielle Kinderkletterwand steht kleinen Kletter:innen unter 13 Jahren zur Verfügung, die in Begleitung eines Erwachsenen ihre ersten Griffe an der Wand üben. Ältere Kinder haben die Freiheit, sich in den Hallen 1 und 2 an unterschiedlichen Schwierigkeitsgraden zu probieren. Für Kinder ab sieben Jahren wird betreutes Klettertraining angeboten, bei dem spielerisch die grundlegenden Techniken erlernt werden. *Mühlenstr. 62, 13187 Berlin-PA, bertablock.de*

TIPP

Bright Site

Im Erdgeschoss können Kinder ab drei Jahren in der Kinderhalle mit dem Motto „Aliens & Co." ihre ersten Klettererfahrungen sammeln. Ältere Kinder haben die Möglichkeit, im kinderfreundlichen Bereich der großen Halle zu klettern und sich nach und nach an die anspruchsvolleren Routen heranzuwagen. Bei schönem Wetter steht auch ein Teil des Außenbereichs für Kinder ab sechs zur Verfügung. Darüber hinaus werden Trainings-, Ferienkurse und Kindergeburtstagsfeiern angeboten. *Naumannpark Haus 10, Wilhelm-Kabus-Str. 40, 10829 Berlin-CH, brightsite.berlin*

Climb up – Kletterwelten

In Brandenburg gibt es gleich drei Kletterwälder, in denen Kinder ab sieben Jahren ihre Kletterkünste erproben können. Damit die kleinen Geschwister nicht leer ausgehen, gibt es auch einen Kids-Parcours, der von Kindern ab drei Jahren genutzt werden kann. 2024 hat jeder Standort einen neuen Kids-Themen-Parcours bekommen: In Strausberg ist es der Dino-Parcours, in Klaistow der Fantasy-Parcours und in Hennigsdorf wartet der Dschungel-Parcours. *Sport- und Erholungspark 32, 15344 Strausberg; Glindower Str. 28, 14547 Klaistow; Ruppiner Chaussee 99, 16761 Hennigsdorf, climbup.de*

DAV Kletterzentrum

Ob klettern oder bouldern – das Kletterzentrum des Deutschen Alpenverein Sektion Berlin bietet Kurse für verschiedene Altersgruppen an unterschiedlichen Orten an. Neulinge zwischen zehn und 13 Jahren können im Toprope-Kurs erste Erfahrungen machen und alles Wichtige übers Sichern lernen. Mit dem JDAV gibt es zudem ein vielfältiges Angebot für Jugendliche. *Seydlitzstr. 1H, 10557 Berlin-MI, dav-berlin.de*

TIPP

Kletterwald am Wildpark Schorfheide

Der Kletterwald bietet bereits Kindern ab fünf Jahren, die eine Mindestgriffhöhe von 1,25 Metern erreichen, die Möglichkeit zu einem spannenden Kletterabenteuer. Mit festem Schuhwerk ausgestattet, können die Abenteurer:innen in Höhen von bis zu zwölf Metern klettern. Besonders empfehlenswert ist es, das Klettererlebnis mit einem Besuch im angrenzenden Wildpark zu kombinieren. *Prenzlauer Str. 16, 16244 Schorfheide OT Groß Schönebeck, kletterwald-schorfheide.de*

Kletterwald Bad Saarow

Eine beeindruckende Kletteranlage am Scharmützelsee, nur eine Stunde von Berlin entfernt, bietet bereits Kindern ab drei Jahren die Möglichkeit erste Klettererfahrungen zu sammeln. Fortgeschrittene Kletter:innen können sich an sieben unterschiedlich schweren Parcours versuchen. Für alle, die noch Energie haben, besteht zudem die Möglichkeit, den Tag mit einer Runde Bogenschießen ausklingen zu lassen. *Seestr. 47, 15526 Bad Saarow, kletterwald-badsaarow.de*

Kletterwald Grünheide

Nur wenige Kilometer von Berlin entfernt befindet sich ein Naturhochseilgarten am Nordstrand des Werlsees. Hier können Kletterbegeisterte auf sechs verschiedenen Parcours ihre Fähigkeiten testen. Während Kinder ab vier Jahren erste Erfahrungen auf dem Kleinkind-Parcours sammeln, schwingen sich geübte Kletter:innen in schwindelerregender Höhe und wagen den Sprung aus 15 Metern ins sichere Netz. *Friedrich-Engels-Str. 14B, 15537 Grünheide (Mark), kletterwald-gruenheide.de*

Kletterwald Wuhlheide

Direkt am FEZ-Berlin, im Herzen des Volksparks Wuhlheide, erwartet Familien ein spannender Kletterwald. An insgesamt elf Parcours mit 150 Kletterelementen können Abenteuerlustige ihre Fähigkeiten unter Beweis stellen. Während Kinder von drei bis sieben Jahren auf den vier Zwergenparcours erste Klettererfahrungen sammeln, dürfen alle ab sieben Jahren, die eine Größe von 1,30 Metern erreicht haben, auf die großen Parcours. Wer noch mehr Zeit in der Natur verbringen möchten, kann in das Abenteuer „Die Stille des Oktopusses" oder die Erlebnistour mit Tico und Itzá starten – eine spannende Mischung aus digitaler Schnitzeljagd und Geocaching. *An der Wuhlheide 199, 12459 Berlin-KÖ, kletterwald-wuhlheide.de*

Magic Mountain

Wenn das Klettern an Bäumen, Mauern oder Klettergerüsten für kleine Abenteurer nicht mehr aufregend genug ist, wartet der Magic Mountain. Hier können jüngere Kinder spielerisch in den Klettersport eintauchen und gleichzeitig ihre Balance, Koordination und Ausdauer trainieren. Ältere, erfahrene Kinder bauen ihre Fähigkeiten aus, während Kletterneulinge im Schnupperkurs erste Erfahrungen sammeln. Auch Kindergeburtstage sind hier ein Hit. *Böttgerstr. 20, 13357 Berlin-WE, magicmountain.de*

Mini Monkey Kletterwald

Die Kletterwälder von Mini Monkey sind ideal für die Bedürfnisse kleiner Kinder gestaltet. Bereits ab zwei Jahren können die Kleinen auf Höhen von bis zu 1,5 Metern verschiedene Herausforderungen meistern – sei es durch Springen, Balancieren oder Krabbeln. Nach dem Klettern geht es mit einer Seilbahn rasant nach unten. Zudem werden spannende Schatzsuchen angeboten, und Kindergeburtstage können hier ebenfalls gefeiert werden. *August-Bebel-Str. 149, 15827 Blankenfelde-Mahlow, minimonkey-kletterwald.de*

MountMitte

Der MountMitte Hochseilgarten, der über dem Stadtstrand auf dem BeachMitte Gelände thront, bietet Familien ein aufregendes Kletterabenteuer. Kinder ab sieben Jahren können auf sechs Parcours mit über 90 verschiedenen Hindernissen klettern, darunter ein schwebender Oldtimer. Ein Höhepunkt ist der SkyFall, bei dem Wagemutige aus 13 Metern Höhe springen, während die SkySwing in acht Metern Höhe zusätzlichen Nervenkitzel verspricht! *Caroline-Michaelis-Str. 8, 10115 Berlin-MI, beachmitte.de*

Ostbloc und Südbloc Boulderhallen

Beim Bouldern klettert man in Absprunghöhe – ganz ohne Klettergurt, dafür aber mit dicken Matten. Wer sich an diesem Sport probieren möchte, kommt in die Südbloc Boulderhalle. Hier können sich Boulderneulinge in Trainingskursen für Kinder spielerisch dem Sport annähern. Auch die Ostbloc Halle hat Angebote für Kinder und Jugendliche. Südbloc: *Großbeerenstr. 2-10, 12107 Berlin-TE, südbloc.de; Ostbloc: Hauptstr. 13, 10317 Berlin-LI, ostbloc.de*

NEU

SIEBENAPLUS Boulderhalle Potsdam

In einer ehemaligen Industriehalle erwarten euch mehrere Wände mit unterschiedlichen Schwierigkeitsgraden. Jede Woche wird eine neue Boulderroute eingerichtet, sodass Abwechslung garantiert ist. Alle unter 10 Jahren können sich im separaten Kinderbereich an altersgerechten Hindernissen austoben. Zusätzlich gibt es verschiedene Kurse, darunter auch FLINTA*-Only-Kurse, die eine geschützte Atmosphäre bieten. *Gartenstr.2, 14482 Potsdam, 7aplus.de*

SportJugendZentrum Lychi

Im Helmholtzkiez liegt die Kinder- und Jugendfreizeiteinrichtung, die neben einem allgemeinen Freizeitangebot auch sportliche Aktivitäten im Angebot hat. Eine davon ist das Klettern, das in den Kursen unter professioneller Anleitung ausprobiert werden kann. *Lychener Str. 75, 10437 Berlin-PB, sjzlychi.de*

NEU

Urban Apes Fhain Berlin

Im Herbst 2024 neu eröffnet, lockt die Boulderhalle in einem ehemaligen böhmischen Weinkeller mit Familienbereich für Kinder ab sechs Jahren, um den spannenden Sport auszuprobieren. Zudem gibt es eine eigene Kinderwelt, in der die Jüngsten ihre Kletterkünste erproben können. Wer einmal pro Woche bouldern möchte, kann dies im Kindertraining tun. *Friedenstr. 91B, 10249 Berlin-FR, urbanapes.de*

Waldhochseilgarten Jungfernheide

Alle ab sechs Jahren können auf dem Kinderparcours, der nur für sie vorgesehen ist, erste Erfahrungen sammeln, sofern sie eine Greifhöhe von 1,45 Metern erreichen. Für Jugendliche ab zehn Jahren, die bereits 1,90 Meter greifen können, bietet der große Parcours anspruchsvollere Herausforderungen. Nach dem Klettern lädt der Sommergarten zur Stärkung ein. Neuerdings könnt ihr euch mit Jack und Ollie auf eine spannende digitale Schnitzeljagd begeben. *Heckerdamm 260, 13627 Berlin-CH, waldhochseilgarten-jungfernheide.de*

Trampolinhallen

FunJump Bernau

Adrenalinjunkies aller Altersklassen können sich auf den weitläufigen 1.200 Quadratmetern der Trampolinanlage im ersten Obergeschoss des Bernauer SportForums austoben. Besonders der Ninja Parkour, der sich über zwei Etagen erstreckt, sorgt für jede Menge Spaß bei Kindern ab vier Jahren. Vom Drehbalken bis hin zu Side Steps – hier gilt es 14 Hindernisse zu überwinden. Wer eine kleine Verschnaufpause braucht, kann es sich im Loungebereich bequem machen. *An der Tränke 30, 16321 Bernau, funjump-bernau.de*

JUMP3000

Im JUMP3000 können sich kleine Springkünstler:innen auf 50 Trampolinen so richtig austoben und coole Tricks ausprobieren. Für die Jüngsten von eins bis sechs Jahren gibt es einmal wöchentlich die MiniMover-Stunde, in der sie ungestört von den Großen über die Trampoline hüpfen können. Auch für Geburtstagskinder ist das JUMP3000 eine großartige Option. *Landsberger Str. 217/218, 12623 Berlin-HE, jump3000.de*

TIPP

JUMP HOUSE Berlin

Die größte Trampolinhalle im Norden Berlins heißt Kinder ab sechs Jahren willkommen. Über 120 Trampoline verteilen sich auf neun spannende Actionbereiche, die für Hüpfspaß sorgen. Ein besonderes Highlight ist der VideoJUMP in der Challenge Area, wo die Kids Teil eines Videospiels werden und knifflige Herausforderungen meistern. In der JUMP Academy gibt es zudem Trampolinkurse. Ein weiteres Abenteuer bietet der Sky Ninja – ein Kletterparcours in elf Metern Höhe, der mit Zip-Lines quer durch die Halle führt. *Miraustr. 38, 13509 Berlin-RE, jumphouse.de*

MyJump

In den Trampolinhallen von MyJump können sich kleine und große Sprungfans austoben, coole Tricks üben und ihre Fähigkeiten auf den verschiedenen Sprungtüchern testen. Zur Auswahl stehen Zeitpakete von 60, 90 oder 120 Minuten. Auch Kindergeburtstagsfeiern sind hier ein Highlight. *Allee der Kosmonauten 30, 12681 Berlin-MA; Caroline-Michaelis-Str. 8, 10115 Berlin-MI, myjump.de*

Ninjahall Berlin

Die Ninjahall in Köpenick bietet spannende Parcours für den beliebten Ninja Sport, bei dem es darum geht, Hindernisse so schnell wie möglich zu überwinden.

Schon Kinder ab drei Jahren können sich an den Parcours ausprobieren. Für ältere Kinder gibt es geführte Kurse, die gezielt Kraft, Koordination und Schnelligkeit fördern. Auch für Kindergeburtstage ist die Ninjahall der perfekte Ort. *Seelenbinderstr. 129-157, 12555 Berlin-KÖ, ninjahall.de*

SPRUNG RAUM

Die Trampolinhalle in Marienfelde bietet etwa zehn verschiedene Sprungflächen, auf denen sich Kinder richtig austoben können. Wer nach all dem Hüpfen eine Pause braucht, kann in der Sprung Bar neue Energie tanken oder die Aussicht vom Kletterturm genießen. Zusätzlich gibt es buchbare Kurse und die Möglichkeit, Geburtstage zu feiern, bei denen garantiert keine Langeweile entsteht. *Malteser Str. 139-142, 12277 Berlin-TE, sprungraum.de*

Skateparks

Flaeming-Skate

Auf insgesamt rund 230 Kilometern Glattasphalt ohne motorisierten Verkehr kann man es im Fläming südlich von Berlin ungestört rollen lassen. Entlang von Wiesen, Wald und idyllischen Dörfern bewegen sich Familien aktiv und nach individuellem Tempo, lassen sich vom Fahrtwind durchpusten und kehren dann ausgepowert aber glücklich in einem der Gasthöfe entlang der Strecke ein. *14943 Luckenwalde, flaeming-skate.de*

TIPP

Mellowpark

Für wen Spine, Box und Wallride keine Fremdwörter sind, der packt sein Skateboard oder BMX-Rad ein und kommt in den Mellowpark. Hier gibt es auf verschiedenen Rampen und Halfpipes die Möglichkeit, das eigene Können zu erproben. Für Ungeübte gibt es Schnupperkurse und Volley- und Basketball laden zum weiteren sportlichen Vergnügen ein. Kindergeburtstage können als „BMX-Bande" oder als „Graffiti-Crew" gefeiert werden. *An der Wuhlheide 256, 12555 Berlin-KÖ, mellowpark.de*

Skatehalle Berlin

Seit der Übernahme durch eine gemeinnützige Betreibergesellschaft fließen alle Einnahmen direkt in die Pflege und Weiterentwicklung der Skateparklandschaft auf dem RAW-Gelände. Das Gelände bietet eine beeindruckende Vielfalt: eine 1.200 Quadratmeter große Street-Fläche, eine Park- und Outdoor-Skate-Area mit überdachter Minirampe, ein Café und sogar ein eigenes Kino. Besonders beliebt sind die Kurse und Ferienprogramme für Kinder und Jugendliche. Zudem gibt es regelmäßige Zeiten, in denen FLINTA* Personen ungestört skaten können. *Revaler Str. 99, 10245 Berlin-FR, skatehalleberlin.com*

Skatepark am Poststadion

Der Sportpark am Poststadion hält für Skater:innen einen rund 1.000 Quadratmeter großen Skatepark aus Ortbeton bereit. Auf dem Gelände des Sportparks Poststadion befindet sich zudem ein Familiensportbereich und ein Street-Workout-Park. *Lehrter Str. 59, 10557 Berlin-MI, sportparkpoststadion.de*

Indoorballsport

East61

Nahe des Parks am Gleisdreieck befindet sich ein wahres Paradies für Beachvolleyballfans. Neben zahlreichen Außenfeldern bietet die Anlage auch Indoor-Courts, wo dank sandigem Boden gespielt werden kann, ohne auf das typische Beachvolleyball-Feeling zu verzichten. Die Platzverfügbarkeit lässt sich bequem online überprüfen und gleich digital buchen. *Wilhelm-Kabus-Str. 42, 10829 Berlin, beach61.de*

KICKERWorld

In der Spandauer Kickerhalle sorgen spezielle Courts für rasante Matches. Wer Lust auf eine Herausforderung hat, kann sich in eine riesige Gummiblase hüllen und beim Bubble-Fußball herumkugeln – das ist ab einer Körpergröße von 1,20 Metern möglich. Neben Fußball bietet die Halle auch Kinder-Paintball mit ungefährlichen Schussgeräten an. Zudem eignet sich die Location ideal für Kindergeburtstagsfeiern. *Kleine Eiswerderstr. 1, 13599 Berlin-SP, kickerworld-berlin.de*

Soccerworld

Die Indoor-Soccer-Halle ist nicht nur ein offizieller Hertha BSC-Fan-Treffpunkt, sondern auch der perfekte Ort für Hauptstädter:innen, um an Regentagen aktiv zu bleiben. Egal ob für einen Kindergeburtstag oder einfach in der Freizeit – hier wird auf Kunstrasen gekickt. Ein besonderes Highlight ist das Bubble Soccer, bei dem zehn Spieler:innen in riesigen Airbags stecken und sich so auf eine ungewöhnliche Fußballpartie einlassen. *Richard-Tauber-Damm 36, 12277 Berlin-TE, soccerworld-berlin.de*

Fair spielen

Zusammenhalt, Team- und Fairplay sind beim Basketball wie bei anderen Sportarten wesentlich. Umso wichtiger, dass alle, unabhängig von Geschlecht, Herkunft und finanziellen Möglichkeiten Zugang dazu haben.

1 OpenGym und BasKIDball
albaberlin.de; baskidball.de

der Basketball-Verein engagiert sich dafür, schon die kleinsten Berliner:innen in Bewegung zu bringen und mit den Kitaprojekten Sport von Anfang an in ihr Aufwachsen zu integrieren. Seit ALBA BERLIN vor 20 Jahren begann, die Jugendarbeit auszubauen, ist die Zahl der an Grund- und Oberschulen angebotenen Basketball-AGs kontinuierlich gewachsen.

OpenGym ist das offene Basketball-Angebot, das allen Kindern und Jugendlichen – unabhängig von Herkunft, Muttersprache, Religion oder familiärem Hintergrund Zugang zu dem Sport bieten möchte. Ohne Vereinsmitgliedschaft, ohne Verpflichtung, ohne Kostenbeitrag können sie einfach vorbeikommen und spielen. In Prenzlauer Berg steht dafür auchder Freiplatz im Friedrich-Ludwig-Jahn-Sportpark zur Verfügung. In Wedding und in der Gropiusstadt sind die OpenGym-Angebote Teil des bundesweiten Kinder- und Jugendhilfeprojekts BasKIDball. *ALBA BERLIN Freiplatz, Topsstr. 13, 10437 Berlin-Prenzlauer Berg*

Berliner FamilienPass und Super-Ferien-Pass

Zahlreiche Ermäßigungen und Gutscheine für Sport und Ferienaktionen. *jugendkulturservice.de*

Berlin bewegt sich

Kostenfreie Bewegungsangebote in ganz Berlin für Jung und Alt, zu finden im „Bewegungskalender". *berlin-bewegt-sich.berlin.de*

buntkicktgut

Die interkulturellen Straßenfußball-Ligen bringen bundesweit an mehreren Standorten Kinder und Jugendliche zusammen in Bewegung. *buntkicktgut.org*

Familiensportfest

Die Vielfalt der Berliner Sportangebote für Kinder und Familien kann man beim großen Fest im Olympiapark Berlin kennenlernen. *familiensportfest-berlin.de*

Intensivschwimmkurse

Mehrere Schwimmvereine bieten in Kooperation mit der Sportjugend Berlin in den Schulferien kostenlose Schwimm-Intensivkurse für Kinder und Jugendlich an. *schwimmkurse-sportjugend.de*

Landessportbund Berlin

In den meisten Sportvereinen gelten günstige Mitgliedsbeiträge – der Landessportbund bietet einen Überblick über die Berliner Vereinslandschaft und die angebotenen Sportarten. *lsb-berlin.de*

Bowling

3D Schwarzlicht Bowling

Wer die Schwarzlichtinsel betritt, der landet auf einer Bowlingbahn der ganz besonderen Art. Hier sind die Bahnen nicht nur kürzer, was das Spielen für Kinder erleichtert, sie sind zudem noch mit fluoreszierenden Farben und 3D-Motiven geschmückt, die durch das Schwarzlicht erst richtig zur Geltung kommen. Auch 3D-Minigolf kann hier im Schwarzlicht gespielt werden oder ihr begebt euch auf Laser Mission durch ein Netz aus Laserstrahlen, ohne sie zu berühren. *Goerzallee 190, 14167 Berlin-ZE, schwarzlicht-insel.de*

Big Bowl

Sonntags ist auf der Lichtenberger Bowlingbahn Familiensonntag. Große und kleine Bowlingfans können dann für den Preis einer Stunde gleich zwei Stunden spielen und um die meisten Treffer wetteifern. Auch für Kindergeburtstage ist das Center ein gefragter Ort. *Bornitzstr. 105, 10365 Berlin-LI, big-bowl-berlin.de*

Bowlero

An regnerischen Tagen ist das Friedrichshainer Bowlingcenter für Familien der perfekte Ort, um aktiv zu bleiben. Einfach eine Bahn reservieren, Schuhe mitbringen oder ausleihen – und schon kann der Spaß beginnen. Das Center ist auch bestens für Kindergeburtstage ausgestattet. Schüler:innen können unter der Woche zudem zu stark vergünstigten Preisen ihrer Bowlingleidenschaft nachgehen. *Samariterstr. 19/20, 10247 Berlin-FR, bowling-in-berlin.de*

Bowling World

Wer den Geburtstag sportlich feiern möchte, ist auf der Bowlingbahn am Uber Platz genau richtig. Die gesamte Geburtstagsrunde kann sich auf der kinderfreundlichen Bahn spannende Duelle liefern und danach bei leckerem Essen neue Energie tanken. Zusätzlich sorgen Billardtische, Airhockey, Kicker und Dart für jede Menge Abwechslung und weiteren Spielspaß. *Uber Platz, 10243 Berlin-FR, berlin.bowlingworld.de*

Das Bowlingstudio am ICC

Im Bowlingstudio am Kaiserdamm warten 18 Bowlingbahnen darauf, bespielt zu werden. Um den Kleinen ein unvergessliches Erlebnis zu bieten, gibt es spezielle automatische Bumper, die ausgeklappt werden können, sodass die Kugel nicht mehr in die Rinnen fällt. *Kaiserdamm 80/81, 14057 Berlin-CH, bowling-studio.de*

Strike Lanes

Ein gemeinsamer Bowlingnachmittag sorgt nicht nur für Bewegung, sondern auch für jede Menge Spaß. Also ab ins Bowlingcenter Strike Lanes, dass sich in der dritten Etage des Shoppingcenters Alexa befindet. Hier können auch aktive Kindergeburtstage bis zum zwölften Lebensjahr gefeiert werden. *Grunerstr. 20, 10179 Berlin-MI, strikelanes.de*

Minigolf

Bungis Adventuregolf

Ihr seid Fans von Minigolf, aber habt keine Lust auf lange Wartezeiten? Dann ist Adventuregolf genau das Richtige für euch! In diesem Spiel treten alle Gruppenmitglieder gleichzeitig an, um das Loch mit möglichst wenigen Schlägen zu treffen. Der Spieler, der am weitesten vom Loch entfernt ist, schlägt als Nächstes. Aber Vorsicht: Es ist erlaubt, die Bälle der anderen Mitspieler:innen wegzukicken! *Angermünder Str. 20, 16247 Joachimsthal, bungis.de/adventure-golf*

TIPP

Dockx Schwarzlicht Minigolf

Am Tempelhofer Hafen erleben Familien eine ganz besondere Art des Minigolfs auf der Dockx-Anlage. Hier habt ihr die Gelegenheit, in die faszinierende Welt des Schwarzlichts einzutauchen und auf der kunstvoll gestalteten 18-Bahnen-Anlage zu putten. Zusätzlich zum Minigolf stehen auch Lasertag und ein Indoor-Spielplatz zur Verfügung, um euch auszutoben. *Ordensmeisterstr. 1-3, 12099 Berlin-TE, dockx-berlin.de*

TIPP

Hertzberg Golf

Für einen unterhaltsamen Nachmittag im Freien, der auch sportliche Betätigung bietet, ist die Minigolfanlage am Hertzbergplatz genau das Richtige. Hier habt ihr die Möglichkeit, euch einer aktiven und entspannenden Freizeitbeschäftigung zu widmen, bei der Spaß im Vordergrund steht oder Minigolf als ernsthaften Sport zu praktizieren. *Sonnenallee 165, 12059 Berlin-NK, hertzberg-golf.de*

Minigolf am Insulaner

Im malerischen Insulaner-Park in Schöneberg findet sich diese Minigolfanlage. Nach einer spannenden Runde könnt ihr es euch auf der Sonnenterrasse oder der Liegewiese bequem machen und euch mit einem Eis oder kleinen Snacks belohnen. Wer noch Energie hat, kann sich auf dem Klettergerüst austoben oder eine Partie Beach-Volleyball auf dem nahegelegenen Feld spielen. Übrigens: Hier könnt ihr auch eine Partie Pit-Pat spielen. *Munsterdamm/Prellerweg, 12169 Berlin-SB, minigolf-insulaner.de*

Minigolf Hasenheide

Hobby-Minigolfer:innen können seit über 40 Jahren auf der Anlage am Nordrand des Neuköllner Volksparks Hasenheide unter schattenspendenden Bäumen eine Runde spielen. Einige Bahnen sind für schnelle Spieler:innen doppelt angelegt, was Überholmanöver ermöglicht. Ein Besuch im nahegelegenen Tierpark Neukölln ergänzt den Ausflug perfekt. *Hasenheide 81, 10967 Berlin-NK, minigolfplatz-hasenheide.de*

Minigolf im Stadtpark Steglitz

Unter schattenspendenden Bäumen können Besucher:innen ab vier Jahren ihr Glück versuchen und mit dem Schläger den Ball schnell ins Loch befördern. Nach einer Runde sorgt das Gartencafé für eine erfrischende Verschnaufpause mit kühlen Getränken. Kinder, die nach dem Spiel noch Energie haben, können sich auf den Spielplätzen im Stadtpark austoben. *Albrechtstr. 44, 12167 Berlin-ST, minigolf-steglitz.de*

Nuture Mini ART Golf

Hier können die Minigolfschläger mit einem beeindruckenden Blick auf das Tempelhofer Feld geschwungen werden. Auf einer Fläche von etwa 1.800 Quadratmetern stehen mitten auf dem Feld 18 Bahnen bereit, die auf außergewöhnliche Weise Kunst, Klima, Nachhaltigkeit, Energie und Ressourcen miteinander verknüpfen. Die interaktive Kunstausstellung „nuture“, was für „nature and future“ steht, lässt sich spielerisch erleben. Die Installationen reagieren auf die Spielzüge, indem sie sich bewegen, Töne erzeugen oder sogar Wasser speien. *Tempelhofer Feld, Eingang Columbiadamm, 10965 Berlin-TE, nuture-art.de*

Pirate's Island Adventure Golf Berlin

Auf dem Golfplatz Prenden wird es besonders, denn hier wird Adventure Golf gespielt. Das unterscheidet sich vom klassischen Minigolf durch fantasievolle Landschaften mit natürlichen und künstlichen Hindernissen, die das Spiel aufregender machen. Das Highlight der Anlage ist ein riesiges Piratenschiff, das eine spannende Indoor-Schwarzlichtbahn mit faszinierenden Soundeffekten beherbergt. Stellt euer Geschick auf 18 herausfordernden XXL-Bahnen unter Beweis und erlebt ein unvergessliches Abenteuer! *Waldweg 3, 16348 Prenden, golfplatz-prenden.de*

Schwarzlichtinsel Berlin

Beim Betreten der Indoor-Minigolf-Anlage in Lichterfelde erwartet euch ein ganz außergewöhnliches Spielerlebnis. Mit einer 3D-Brille auf der Nase beginnen die künstlerisch gestalteten Objekte auf den 18 Bahnen, sich zu bewegen und scheinen greifbar nah zu sein. Dies stellt eine zusätzliche Herausforderung dar, wenn es darum geht, die Schläge zu minimieren. Darüber hinaus könnt ihr hier auch bowlen oder Lasertag spielen. *Goerzallee 190, 14167 Berlin-ZE, schwarzlicht-insel.de*

Escape Games

NEU

Black Room

Die Black Room Escape Räume bieten ein modernes Abenteuer für Familien mit Kindern ab 12 Jahren. In 60 Minuten müsst ihr spannende Rätsel lösen, um den Ausgang zu finden! Ob gruseliges Abenteuer oder zauberhaftes Märchenland, hier findet ihr den passenden Escape-Room. Die Spiele basieren auf beliebten Filmen und Serien wie Harry Potter und Game of Thrones. Ihr könnt Harrys Zauberschule besuchen, um die Horkruxe zu entdecken oder durch Allianzen versuchen den eisernen Thron zu besteigen. *Möllendorfstr. 49, 10367 Berlin, berlin.blackroom-escape.de*

Cat in the Bag

Bereits ab einem Alter von sieben Jahren haben Kinder zusammen mit ihren Eltern die Möglichkeit, bei Cat in the Bag ein aufregendes Escape Game zu erleben. Das Ziel besteht darin, durch das Lösen der Rätsel schnellstmöglich den Ausgang zu finden. Hierbei sind Geschicklichkeit, Spürsinn und vor allem Teamarbeit gefragt, denn die Zeit läuft den Spieler:innen davon. Wer zu Hause auf Rätselsuche gehen möchte, kann sich das Spiel „Piratennest“ nach Hause schicken lassen. *Chausseestr. 15, 10115 Berlin-MI, catinthebag.de*

Escape Berlin

Im Herzen Berlins erwartet euch Europas größtes Live Escape Game mit aufregenden Missionen und geheimen Wegen. Nur durch gute Zusammenarbeit schafft ihr es, innerhalb der Zeit den Ausgang zu finden. Eltern können die Altersbeschränkungen auf der Website einsehen. Die Spiele bieten faszinierende Welten, die von professionellen Bühnenbildner:innen gestaltet wurden. Es gibt auch Escape Games für zu Hause, die über mehrere Wochen gespielt werden können. *Landsberger Allee 117A, 10407 Berlin-PB, escape-berlin.de*

Pures Abenteuer

Im Mellowpark erwartet Groß und Klein ein 60.000 Quadratmeter großes Areal voller Spaß, Spannung und Action. Ob BMX, Dirtbike, Skateboard, Basketball, Tischtennis oder Graffiti – hier kann man sich sportlich austoben und vielfältige Abenteuer erleben. Neben Angebot an speziellen Kursen und Kindergeburtstagsfeiern ist der Park für Jugendlichen außerdem ein Ort, den sie selbst nach ihren Vorstellungen mitgestalten können. *Mellowpark, Seite 193*

NEU

EXIT Escape Room Games

Die brandneue Filiale von EXIT am S+U-Bahnhof Friedrichstraße richtet sich speziell an Kinder! Für kleine Abenteurer:innen von fünf bis neun Jahren gibt es die spannende Mission „Monster Party" mit kniffligen Rätseln. Ältere Kinder und Familien erwartet die magische „Magic Alley" voller fantastischer Herausforderungen. Ein Geburtstagsraum macht die Filiale auch zum perfekten Ort für Kindergeburtstage – auf Monstersuche gehen, Kuchen essen und Geschenke auspacken! *Friedrichstraße 101, 10117 Berlin-MI, exit-game.de*

Final Escape

Die Tür schließt sich und schon seid ihr auf euch allein gestellt. Wer dem Alltag entkommen und in eine neue Welt eintauchen will, ist bei den Live Escape Games genau am richtigen Ort. Gemeinsam mit ihren Eltern können Kinder ab zehn Jahren spannende Rätsel lösen, um den Ausgang aus dem geheimnisvollen Raum zu finden. Nahezu alles, was sich im Exit Room befindet, kann euch zur Flucht verhelfen. Erlebt ein aufregendes Abenteuer von 60 Minuten und arbeitet als Team zusammen, denn nur so könnt ihr es schaffen. *Prenzlauer Allee 23, 10405 Berlin-PB, final-escape.com*

House of Tales

Im House of Tales können Rätselfreund:innen ab acht Jahren in fünf außergewöhnliche Geschichten eintauchen. Die Themenwelten sind so vielfältig wie faszinierend: Pharaon:innen und Pyramiden sowie Spion:innen am Checkpoint Charlie. Neben Escape Rooms und Online Games bereichern zahlreiche neue Outdoor-Aktivitäten das Angebot. Bei der brandneuen Stadtrallye „Dino Berlino" macht ihr euch auf die heißeste Dino-Spur der letzten 100 Jahre in Berlin! Ausgestattet mit einem Tablet und einem Missionskoffer haben die Nachwuchsdetektiv:innen zwei Stunden Zeit, um das mysteriöse Rätsel zu knacken. *Zimmerstr. 90, 10117 Berlin-MI, houseoftales.de*

Labyrintoom

Eine spannende Knobeltour erwartet euch im Labyrintoom, wo ihr 60 Minuten Zeit habt, um zahlreiche Rätsel zu lösen und Überraschungen zu entdecken. Nur durch Zusammenarbeit könnt ihr die Herausforderungen in den Escape-Räumen meistern. Versucht, gemeinsam aus dem magischen Kabinett zu entkommen, den Heiligen Gral zu finden oder die geheimen Rätsel des Würfels zu entschlüsseln. Beeilt euch, denn die Zeit läuft gegen euch! *Wartenberg Str. 35/36, 10365 Berlin-LI, labyrintoom.berlin*

Smart Room

Jugendliche ab etwa 14 Jahren haben bei Smart Room in Rummelsburg die Möglichkeit, in neun verschiedenen Escape-Spielen zu knobeln und knifflige Rätsel zu lösen. Jüngere Kinder sind in Begleitung ihrer Eltern ebenfalls willkommen. Besonders aufregend ist der vom NABU gestaltete Escape-Raum „Zeitreise". Gemeinsam reist ihr durch die Vergangenheit, Gegenwart und Zukunft reist, um eine bessere Welt zu erschaffen und die Zukunft zu retten – ohne Armut und Klimawandel, mit Gesundheitsvorsorge für alle und einer intakten Natur. *Nöldnerstr. 1, 10317 Berlin-LI, smartroom-berlin.com*

TeamEscape Berlin

Im Europa-Center warten knifflige Rätsel und fesselnde Geschichten nicht nur im Escape Room, sondern auch bei aufregenden Outdoor-Rallyes auf euch. Mit Tablets ausgestattet, geht es zum Beispiel auf eine spannende Monsterjagd – auch eine schöne Idee für den Kindergeburtstag! Neu in der Erlebniswelt ist die SpieleArena: Sie bietet neun actionreiche Disziplinen rund um Taktik, Geschick, Wissen und Kommunikation. Hier ist für alle, die mehr spielen als rätseln möchten, genau das Richtige dabei! *Tauentzienstr. 9-12, 10789 Berlin-TI, teamescape.com*

The Room

In Berlin wurde der Heilige Gral entdeckt? Bei Renovierungsarbeiten im Keller der Humboldt-Universität stieß man auf einen geheimen Raum. Nun ranken sich Gerüchte über die Schätze und vergessenen Kostbarkeiten, die sich dort verbergen. Hobby-Archäolog:innen ab zwölf Jahren sind bei „Lost Treasure" eingeladen, das Geheimnis zu erforschen. In Lichtenberg bietet The Room dieses und viele weitere spannende Escape Games an. Für jüngere Kinder empfiehlt sich das Spiel „Go West – Happy New Year", das eine nostalgische Reise ins frühere Ost-Berlin der 1980er-Jahre – gemischt mit einer Prise Humor – ermöglicht. Ab zehn Jahren dürfen Kinder diese skurrile Zeitreise auch ohne erwachsene Begleitung antreten. *Ruschestr. 64-66, 10365 Berlin-LI, theroom-berlin.com*

Virtual Escape Room Berlin

Erlebt das aufregende Virtual Escape in Berlin! Die Zeit läuft gegen euch, denn in 60 Minuten müsst ihr entkommen, indem ihr spannende Rätsel löst. Wählt euer Abenteuer aus oder lasst euch beraten. Das Besondere: Mit VR-Brille und Controllern ausgestattet, taucht ihr in faszinierende Welten, wie das Wunderland oder die magische Welt der Drachen ein und löst gemeinsam knifflige Aufgaben. Ein einzigartiges Spielerlebnis erwartet euch! *Mauerstr. 77, 10117 Berlin-MI, virtual-escape.games*

Erlebnisorte

NEU

ASTER 3D TrickArt

Die Kunstwerke unterscheiden sich von herkömmlichen Gemälden – durch den Einsatz von Proportionen, Perspektive und Ihrer Handykamera verwandelt sich die flache Leinwand in eine dreidimensionale Fantasieszene. Der japanische Künstler Matashi Hattori ist der kreative Kopf hinter den dreidimensionalen Meisterwerken, die ihr im 2024 neu eröffneten ASTER 3D TrickArt betrachten könnt. *Friedrichstr. 185, 10117 Berlin-MI, 3dtrickart-berlin.de*

TIPP

Barfußpark Beelitz-Heilstätten

Der Barfußpark liegt direkt vor den Toren Berlins, unweit des Baumkronenpfads und der ehemaligen Beelitzer Heilstätten. Hier könnt ihr die Schuhe weglassen und das Vergnügen im Freien genießen. Auf einer drei Kilometer langen Strecke mit über 60 Stationen wartet ein aufregendes Erlebnis: Lauft über Bucheckern, Kieferzapfen und Lehm und lasst eure Füße die verschiedenen Untergründe erkunden. Dies sorgt für ein tolles Naturerlebnis! Wer hungrig ist, kann im Waldemar's Inn einkehren und die Ruhe neben dem Kräutergarten genießen. Für mehr Action sorgt das Barfuß-Café, das mit einem Spielplatz aufwartet. *Straße nach Fichtenwalde 13, 14547 Beelitz, derbarfusspark.de*

Baum & Zeit

Fantastische Ausblicke und das Flanieren in den Baumwipfeln – das erwartet euch auf dem etwa 700 Meter langen Baumkronenpfad. Hier haben auch höhentaugliche Wander:innen die Möglichkeit, dort zu spazieren, wo sonst nur Vögel fliegen. Euer Blick reicht bis nach Berlin und in den Fläming. Der extra breite und barrierefreie Zugang sorgt dafür, dass auch Menschen im Rollstuhl dieses Erlebnis genießen können. *Straße nach Fichtenwalde 13, 14547 Beelitz, baumundzeit.de*

Berlin Dungeon

Wer auf eine düstere Reise durch 600 Jahre Berliner Geschichte gehen möchte, ist im Dungeon gut aufgehoben. Alle Geschichten der True Crime-Zeitreise beruhen auf wahren Begebenheiten, die spektakulär mit Spezialeffekten inszeniert werden. Da stockt euch schon mal der Atem, wenn ihr mit dem Fahrstuhl des Grauens in die Tiefe fahrt und durch die schaurige Folterkammer wandelt. Nicht zu empfehlen ist der Besuch für Kinder unter zehn Jahren. *Spandauer Str. 2, 10178 Berlin-MI, thedungeons.com*

Die Colorbox

Inspiriert von den Schweizer Künstlern Damien Schwander und KOL entstand die Idee der Colorbox, die darauf abzielt, Menschen jeden Alters zu ermöglichen, sich zu entfalten und durch die Malerei unterschiedliche Emotionen auszudrücken. Denn Emotionen können durchaus wild und bunt sein. Praktisch heißt das: Ein vorbereiteter Raum mit Schutzanzügen, Farben und zahlreichen Utensilien steht bereit, damit ihr euch kreativ austoben könnt – sei es bei einem Kindergeburtstag oder als Familie. *Stendaler Str. 5, 10559 Berlin-WE, diecolorbox.de*

El Dorado Templin

In Templin erleben Besucher:innen ein echtes Abenteuer, denn hier geht es zu wie im Wilden Westen. Lasso werfen wie ein Westernstar, Gold suchen und mit der Postkutsche den Park erkunden – ein Tag im El Dorado gleicht einer Zeitreise. Zudem gibt es ein spannendes Showprogramm, das unter anderem eine actiongeladene Stuntshow zeigt. Wer einen aufregenden Geburtstag erleben möchte, kann diesen in der Westernstadt feiern und sich im Westernstore einkleiden, Bogenschießen üben und das Glück bei der Goldwäsche herausfordern. *Am Röddelinsee 1, 17268 Templin, eldorado-templin.de*

Erlebnisbahn

Im Fläming geht es auf einer echten Hebeldraisine über stillgelegte Schienen richtig zur Sache. Hier ist die gesamte Muskelkraft der Familie gefragt, denn ohne sie kommt man nicht voran. Besonders beliebt sind die fröhlichen Draisinenfahrten auch für Kindergeburtstage. Die Draisinenbahnhöfe Zossen und Mellensee befinden sich etwa 40 Minuten südlich von Berlin. *An den Wulzen 23, 15806 Zossen; Am Bahnhof Mellensee 3, 15838 Am Mellensee, erlebnisbahn.de*

TIPP

Familiengarten Eberswalde

Etwa 40 Kilometer nördlich von Berlin liegt ein fantastischer Erlebnisort, der ideal für einen Tagesausflug mit der ganzen Familie ist. Auf dem weitläufigen Gelände erwarten euch zahlreiche Attraktionen: Wandelt durch den verwunschenen Märchenwald, entdeckt die größte Taschenuhr der Welt, tobt auf dem Sportplatz oder erkundet die Gartenwelt. Außerdem könnt ihr eine Tretbootfahrt in den alten Betriebsarchen des ehemaligen Walzwerks unternehmen. Wenn der Magen bei all der Action knurrt, lädt das Haus am Walzwerk zur Einkehr ein. *Am Alten Walzwerk 1, 16227 Eberswalde, familiengarten-eberswalde.de*

Filmpark Babelsberg

Im Filmpark Babelsberg erwartet die Besucher:innen ein spannender Blick hinter die Kulissen des berühmten Löwenzahn-Bauwagens sowie ein Besuch im Hexenhaus. Auf der Straße der Giganten könnt ihr entlang wandern und auf dem Jim Knopf Abenteuerspielplatz ausgelassen toben. Im Actionkino könnt ihr Platz nehmen oder eine kleine Bootstour durch Janoschs Traumland genießen. Actionreiche Unterhaltung bietet die Stuntshow im Vulkan, die mit rasanten Verfolgungsjagden, explosiven Kampfszenen, Feuerstunts und atemberaubenden Sprüngen begeistert. *Großbeerenstr. 200, 14482 Potsdam, filmpark-babelsberg.de*

TIPP

Holland Park

Seit der Eröffnung im April 2022 begrüßt der Holland Park in Schwanebeck seine Besucher:innen mit „Een hartelijk welkom". Familien erwartet im Avonturenhuis ein umfangreiches Angebot, darunter die Klimhal mit 45 verrückten Kletterwänden sowie die Indoor-Spielhalle, die eine Riesenrutsche, einen Ninja-Parcours und eine Softballshootarena bietet. Von dem fast 21 Meter hohen Rutschenturm aus hat man einen fantastischen Blick über das Panketal, bevor man auf einem der sechs rasanten Rutschen nach unten gleitet. Außerdem gibt es einige niederländische Köstlichkeiten, und es sind weitere Attraktionen in Planung. *Dorfstr. 30, 16341 Panketal OT Schwanebeck, hollandpark.de*

Hurricane Factory

Wer selbst das Gefühl vom Fliegen erleben möchte, stattet der Hurricane Factory einen Besuch ab. Kinder ab fünf Jahren können im größten Windkanal Deutschlands mit erfahrenen Instruktor:innen in die Lüfte abheben. Ein außergewöhnliches Erlebnis, bei dem ihr Wind, Aerodynamik und das faszinierende Phänomen des Fliegens am eigenen Körper spürt. *Waßmannsdorfer Allee 3, 12529 Schönefeld OT Waßmannsdorf, hurricanefactory.com*

NEU

Ikono Berlin

Entdeckt einen immersiven Raum, direkt am Alexander Platz, in dem Kunst, Spiel und das Unerwartete aufeinandertreffen. In 14 einzigartigen Räumen könnt ihr der Fantasie freien Lauf lassen. Erlebt die magische Energie der YOCOCHO ALLEY, einen ganzen Raum voller schwebender Ballons und fordert eure Fähigkeiten in der nostalgischen MOTHERBOARD ARCADE heraus. IKONO Berlin bietet unvergessliche Abenteuer für die ganze Familie! *Rathausstr. 4/6, 10178 Berlin-MI, ikono.global*

Immersive Gamebox Berlin

Direkt am Alexanderplatz wartet eine immersive Spielwelt mit 15 Spielen für verschiedene Altersgruppen auf euch. Die Kleinsten können im Paw Patrol Universum spannende Rettungsmissionen durchführen, Kinder ab acht Jahren ihre Kolonien auf dem Mars sichern oder den Klassiker Tetris neu erleben. Es gibt auch einen immersiven Escape Room zu entdecken. *Dircksenstr. 92, 10178 Berlin-MI, immersivegamebox.com*

Irrlandia

Suchen, verirren, entdecken – in den Labyrinthen und Irrgärten von Irrlandia haben Familien jede Menge Spaß. Zudem gibt es mehr als 50 Attraktionen, die zum gemeinsamen Spielen einladen sowie sportliche Herausforderungen bieten. Allerlei verschiedene Veranstaltungen, wie die Kindertagsfete oder das Drachenfest, finden hier über das Jahr verteilt statt. In den Sommerferien gibt es betreute Spiel- und Bastelangebote. Neu hinzugekommen sind 2024 das Zwergenhaus und das Glaslabyrinth. *Lebbiner Str. 1, 15859 Storkow (Mark), irrlandia.de*

Karls Erlebnis-Dorf

Das Erlebnis-Dorf im Elstal garantiert einen Tag voller Abenteuer. Auch außerhalb der Erdbeer-Saison warten spannende Attraktionen auf euch. Ob Achterbahn fahren, die Schatzhöhle erforschen, auf dem Wasserspielplatz toben, die spannende Eiswelt erleben, im Irrgarten wandeln, das Riesen-Kletterkissen erklimmen, Mini-Go-Kart fahren, sich in der Angsthasenscheune gruseln oder die Kartoffelsackrutsche hinuntersausen – hier wird es niemals langweilig. Wem bei all dem Spaß dann mal der Hunger überkommt, kehrt ins Hofrestaurant ein und genießt allerhand Leckereien. *Döberitzer Heide 1, 14641 Elstal, karls.de*

LEGOLAND Discovery Centre

LEGO begeistert seit Generationen Kinder und Erwachsene gleichermaßen. Ein absolutes Highlight für junge Fans ist das LEGOLAND Discovery Centre am Potsdamer Platz. In diesem aufregenden Indoorspielplatz, der mit über vier Millionen LEGO-Steinen aufwartet, erwarten euch spannende Bereiche wie die Drachenbahn, der Bauernhof und Ninjago City. Hier dreht sich wirklich alles um die bunten Steine sowie um das Spielen und Entdecken. Wer sich fragt, wie ein LEGO DUPLO-Stein hergestellt wird, hat die Möglichkeit, in der LEGO-Fabrik zuzusehen und den fleißigen LEGO-Figuren über die Schulter zu schauen. *Potsdamer Str. 4, 10785 Berlin-TI, legolanddiscoverycentre.com*

Madame Tussauds Berlin

Ihr wollt den großen Berühmtheiten wie Rihanna, Angela Merkel, Manuel Neuer oder Spiderman mal ganz nah sein? Unter den Linden präsentiert das berühmte Wachsfigurenkabinett Madame Tussauds eindrucksvolle Wachsfiguren in Lebensgröße von Berühmtheiten aus den Bereichen Musik, Politik, Fashion, Film oder Kultur. Neu eingezogen sind die Wachsfiguren von RuPaul und Harry Styles. In der Themenwelt „Goldene Zwanziger" erlebt ihr den Flair des Zeitalters, das Berlin einst so prägte. *Unter den Linden 74, 10117 Berlin-MI, madametussauds.com*

Malchower Labyrinthpark

Im uckermärkischen Park können Familien eine entspannte Auszeit vom hektischen Alltag genießen. Hier gilt es, gemeinsam verschiedene Wege durch die spannenden Irrgärten zu erkunden. Zudem besteht die Möglichkeit, im Sandhexagon ein individuelles Labyrinth zu gestalten. Noch mehr Spaß und Spiel bieten das Riesensudoku und das Tangram. Auf Anfrage können auch Kindergeburtstage mit einem mitgebrachten Picknick gefeiert werden. *Dorfmitte 1A, 17291 Göritz OT Malchow, malchower-labyrinthpark.de*

Parkeisenbahn Wuhlheide

Einmal mit der Eisenbahn durch den Park Wuhlheide düsen und mit eigenen Augen sehen, wie so eine Dampflok eigentlich funktioniert – das können Kinder in Köpenick erleben. Zu Halloween, Nikolaus, Weihnachten oder Ostern gibt es spannende Sonderfahrten, die nicht nur den Kleinen Spaß machen. *An der Wuhlheide 189, 12459 Berlin-KÖ, parkeisenbahn.de*

Peter Pans Indoor Abenteuer

In Joachimsthal erwartet Ausflügler:innen ein echter Schatz für einen aktiven Regentag. In den Hallen von Peter Pans Indoor Abenteuer könnt ihr euch auf die Adventure Golf Bahnen begeben und ein ganz besonderes Minigolfabenteuer erleben, auf dem es nicht nur nach links und rechts, sondern auch rauf und runter geht. Oder ihr probiert den ValoJump Air aus – eine interaktive Sprungmatte, die euch in virtuelle Welten katapultiert. Hier werden die Teilnehmenden auf der speziellen Sprungmatte zu Höchstleistungen motiviert. Gleichzeitig bieten die Mission Rooms – ein Komplex aus 14 Räumen – knifflige Rätsel, die gemeinsam gelöst werden müssen. Nach all der aufregenden Action lädt Hook's Food Lounge dazu ein, sich mit schmackhaften Speisen für die Heimreise zu stärken. *Töpferstr. 47, 16247 Joachimsthal, bungis.de/peter-pans-indoor*

Sommerrodelbahn Scharmützelbob

Nur weil der Schnee fehlt oder bereits geschmolzen ist, muss der Rodelspaß nicht ausfallen. In Bad Saarow sorgt die Sommerrodelbahn Scharmützelbob ganzjährig für Action und Nervenkitzel beim Abfahren. Mit einem Lift geht es hinauf auf die Rauenschen Berge, von wo aus man in zahlreichen Kurven mit viel Geschwindigkeit ins Tal saust. Alle Kinder, die mindestens drei Jahre alt sind, dürfen mitfahren. Ab einer Körpergröße von 1,45 Metern darf allein gefahren werden. Neben der Sommerrodelbahn erwarten euch die mehrstufige Holzmurmelbahn, eine Goldwaschanlage, ein Abenteuerspielplatz sowie die Duellarena mit Baumstammspringen, einem großen Kletterparcours, einer riesigen Hüpfburg und dem Air Kicker. *Am Fuchsbau 7, 15526 Bad Saarow, scharmuetzelbob.de*

TIPP

Spargel- und Erlebnishof Klaistow

In Klaistow wird das ganze Jahr über etwas geboten – egal ob Erdbeer-, Heidelbeer-, Spargel- oder Kürbissaison. Kinder können auf der riesigen Rutsche hinabsausen, auf dem Hüpfkissen um die Wette springen, auf dem Kidsparcours spielen, zahme Ziegen auf der Streichelwiese streicheln oder im Wildgehege Damwild beobachten. Für Höhentaugliche gibt es die Möglichkeit, den Kletterwald zu erklimmen oder mit der Seilrutsche durch den Wald zu sausen. Besonders im Herbst zieht die beeindruckende Kürbisausstellung mit faszinierenden Kürbisfiguren die Besucher:innen an. Von Mitte Juli bis Oktober sorgt das große Maislabyrinth für Spannung, während die Heidelbeerpflücke für zusätzlichen Spaß sorgt. *Glindower Str. 28, 14547 Beelitz OT Klaistow, spargelhof-klaistow.de*

Spiegellabyrinth

Im faszinierenden Spiegellabyrinth am Checkpoint Charlie werden Familien durch die Spiegel, die durch die geschickte Anordnung unendlich lange Gänge vortäuschen, auf Irrwege geleitet. Gemeinsam gilt es, den Weg herauszufinden. Doch Achtung, nicht alles ist so, wie es zunächst scheint! *Friedrichstr. 207, 10969 Berlin-KR, spiegellabyrinth.com*

Studio of Wonders

Teenies, die beispielsweise für ihre Social Media-Kanäle ganz besondere Fotos machen wollen, kommen in das Studio of Wonders. Ob Späti, ein scheinbar endloser Dancefloor oder der verkehrt herum U-Bahnwaggon – hier warten auf über 700 Quadratmetern 30 interaktive Erlebniswelten auf euch, die zum kreativen Foto-Spaß einladen. Wer besonders gute Fotos haben möchte, kann vorab eine:n professionelle:n Fotograf:in buchen. *in der Mall of Berlin, 2. OG, Leipziger Platz 12, 10117 Berlin-MI, studioofwonders.com*

The WOW Gallery

Für einen Tag Influencer:in sein? Wer sich davon angesprochen fühlt, sollte sich auf den Weg in die WOW Gallery in der East Side Mall machen. Hier gibt es auf 750 Quadratmetern über 30 interaktive Installationen sowohl analog als auch digital. Für alle anderen ist es die perfekte Gelegenheit für lustige Fotoerinnerungen mit Freund:innen und Familie. in der East Side Mall, *Tamara-Danz-Str. 11, 10243 Berlin-FR, thewowgallery.de*

NEU VARPOINT

Erlebt im VARPOINT Berlin spannende VR-Action! In der VARPOINT ARENA treten zwei Teams gegeneinander an – das VR-Pendant zu Counter-Strike. Auf Spielflächen von bis zu 600 Quadratmetern könnt ihr euch frei bewegen, ohne störende Kabel oder Rucksäcke. Im VR-EXTREME erlebt ihr rasante Geschwindigkeiten oder schwindelerregende Höhen. Ihr seid die Held:innen des Spiels. Die Spiele sind für Kinder ab acht Jahren geeignet. *Tempelhofer Damm 227, 12099 Berlin-TE, varpoint.de*

WINDOBONA Berlin

Im Lichtenberger Windkanal können Flugträume wahr werden – und das bereits für Besucher:innen ab vier Jahren. Einfach einen Termin vereinbaren, ein passendes Paket auswählen und mit Sportschuhen im Gepäck zum Start antreten. Nach einer kurzen Einweisung und dem Anziehen der Schutzkleidung geht es direkt in die verglaste Flugkammer, die mit einem 4,3 Meter breiten und 17 Meter hohen Raum beeindruckt. Dank des künstlichen Luftstroms schwebt ihr in die Höhe. Zum Abschluss gibt es ein Flugzertifikat als Erinnerung. *Landsberger Allee 268, 10367 Berlin-LI, windobona.berlin*

Your Showdown

Seit 2023 findet ihr auf dem Tempelhofer Industriegebäude eine spannende Kombination aus Gameshow, sportlichen Wettkämpfen, Quizrunden und Geschicklichkeitsaufgaben, bei der Teamwork im Vordergrund steht. Die Auswahl der Spiele wird individuell auf den Anlass zugeschnitten und eignet sich hervorragend für Familienevents oder Kindergeburtstage ab zwölf Jahren. Dabei könnt ihr euch auf eigens entwickelte Spiele aus den Bereichen Wissen, Sport, Taktik und Geschicklichkeit freuen. *Ringbahnstr. 32-34, 12099 Berlin-TE, yourshowdown.com*

Impressum

Erscheinungsdatum: 14.11.2024, Redaktionsschluss: 16.09.2024
1. Auflage, ISBN 978-3-7558-0518-2

Herausgeberin
HIMBEER Verlag UG, Käthe-Niederkirchner-Str. 7, 10407 Berlin, himbeer-verlag.com
Redaktionsleitung: Anja Ihlenfeld (V.i.S.d.P.), Artdirektion: Claudia Steigleder, Anzeigenleitung: Dorothea Böttcher, Druck: PIEREG Druckcenter Berlin GmbH, Benzstr. 12, 12277 Berlin, piereg.de

Mitwirkende
Grafik: Miriam Kadel; Bildredaktion: Susanne Ikes
Fotos: Nina Lüth, Silke Weinsheimer
Text: Anja Ihlenfeld, Sandy J. Bossier-Steuerwald, Susanne Ikes, Juliane Jacoby, Lily Weisgram, Andrea Winter, Carolin Wolfart, Kira Wybierek
Sales: Dorothea Böttcher, Stephanie Eck, Jenny Garcia, Sophie Gottschall, Julia Kantor

Bildnachweise
Cover und Illustrationen: © Julia Kluge; 2: © Felix, AdobeStock; 3 o.r.: © Theater an der Parkaue, David Balzer; u.l.: © Silke Weinsheimer; 4 o.: © Botanischer Garten, Christiane Patic; u.: © We like Mondays; 5: © Silke Weinsheimer; 6: © Nina Lüth; 7: © Miriam Kadel; 8-14: © Nina Lüth; 15: © Miriam Kadel; 16-21: © Nina Lüth; 22: © Tänzer: Dennier Alamanos, Foto: Chotto Desh; 23: © Ben Düntsch; 24: © Justyna Fedec; 25: © Natalia Blauth, Unsplash; 26: © Ole Bader; 27 o.l.: © Charming Jay; u.r.: © girl with red hat, Unsplash; 28: © Dampflokfreunde Berlin e.V.; 29: © Berlin Circus Festival, Bello; 30: © visitBerlin, Foto: Sarah Lindemann; 31: © visitBerlin, Foto: Dagmar Schwelle; 32: © Olga Sidel'nikova, AdobeStock; 33: © Sergey Novikov, AdobeStock; 34: © Yusev, AdobeStock; 35: © Holzklasse; 36: © multimartinator, AdobeStock; 37: © Bakkerhenk, Pexels; 38: © Exit Escape Room Games; 39: © Aaaarianne, Depositphotos, 40-44: © Silke Weinsheimer; 46: © hetmanstock, Depositphotos; 47: © Juliia Abramova, Unsplash 48: © oppofind, Unsplash; 49: © Zoo Berlin; 50: © halfpoint, Depositphotos; 51: © Dasha Petrenko, AdobeStock; 52: © dmosreg, Depositphotos; 53: © SW Stock, Depositphotos; 54: © Naturkundemuseum Potsdam; 57: © Futurium, Jan Windszus; 60: © SURZet, Depositphotos; 61: © benbro, AdobeStock; 65: © Phil-Dera; 66: © Design für Kinder im Bröhan-Museum / Alexandra Kiesel, Paula auf „Clara" dem Nashorn 2023, Foto: Theresa Lange; 68: © Mai Nguyen; 69/70: © Paul Volkmer; 74: © Gropius Bau; 78: © Staatliche Museen zu Berlin, Nationalgalerie / Jacopo La Forgia; 83: © Barbara Braun; 86: © Raj Rana, Unsplash; 87: © SPB, NatalieToczek; 90: © Parkaue Kinderclub, David Baltzer; 105: © mamelo; 108: © WIGIWAMA; 112: © Stapelstein; 116: © The Preloved Market; 117: © Fiedels, AdobeStock; 119: © Theupsidedownberlin; 122 o.l.: © Step by Step; o.r.: Claudia Drechsler / FotografieMensch; m.l.: © tonies®; m.m.: © MOGLi; m.r.: © WERKHAUS; u.l.: © Lässig GmbH; u.r.: © Jacoby & Stuart; 123 o.l.: © cuboro; o.r.: © HÄNSKA; m.l.: @kundschafter; m.m: © MOGLi, m.r.: © tonies®; u.l.: © wobie2024; u.r.: © gmtbags.com; 126: © Manti Manti; 127: © Les Opticiens Osiris; 128: © Adobe Rigg; 130: © Kindsgut; 134: © We Like Mondays; 135: © Modulor; 141: © Gerhard Seybert, AdobeStock; 142/143: © TMB Tourismus Marketing Brandenburg GmbH, Steffen Lehmann; 144: © TMB Fotoarchiv, Michael Handelmann; 145: © Su Ikes; 147: © Christina Sandock; 150: © GemüseAckerdemie, Kristian Barthen; 151: © MMW Ackerfestival; 152: © GemüseAckerdemie, Kristian Barthen; 158/159: © Henriette Subklew / Archiv Naturpark Märkische Schweiz; 160: © TMB-Fotoarchiv, Steffen Lehmann; 161: © Schweizer Haus, Ausstellung „Expedition Märkische Schweiz"; 165: © MOGLi; 168: © Lopolo, Depositphotos; 169 o.l.: © visitBerlin, Foto: Frank Heise; m.r.: © visitBerlin, Foto: Angela Kroell; u.l.: © Claudia Steigleder; 170 o.r.: © Claudia Steigleder; m.l.: © Juliane Jacoby; u.r.: © Claudia Steigleder; 171 o.l.: © Zachary, Unsplash; u.r.: © Claudia Steigleder; 175: © Urban Apes; 178: © photography33, Depositphotos; 179: © Nika Kramer, Urban Nation Museum for Urban Contemporary Art; 183: © WetandWild, Sören Linke; 186/187: Felixsee © TMB Tourismus Marketing Brandenburg GmbH, Steffen Lehmann; 188: © raus und gut, Foto: Su Ikes; 189: Portalkran Nienstedt © LMBV, Richter Jakob; 194: © justguryan, Pexels; 198: © Paul Schmuck, Unsplash; 204: © HIMBEER Verlag; privat; 205: © privat

Wir

Von Leuten mit Kindern für Leute mit Kindern – so lautet seit langem das HIMBEER-Motto und so ist auch dieser vielseitige und farbenfrohe Berlin-Guide wieder das Ergebnis aus etlichen persönlichen Tipps und viel Freude am gemeinsamen Machen.

Das HIMBEER-Team

Man kann es gar nicht laut genug sagen: Wir schätzen uns irre glücklich, dass unser Team so ein bunter, nervenstarker, liebenswerter Haufen ist. Danke!

v.l.n.r.: Anja Ihlenfeld, Dorothea Böttcher, Stephanie Eck, Jenny Garcia, Ingrid Bartels, Lily Weisgram, Julia Kantor, Pauline Hüttner, Carolin Wolfart, Susanne Ikes, Claudia Steigleder, Sophie Gottschall, Hund Otto, Juliane Jacoby

Julia Kluge

Dass unsere Jahres-Guides nicht nur immer mit neuen Inhalten gefüllt werden, sondern jedes Mal einen ganz neuen Look bekommen, verdanken wir Künstler:innen wie der ideenreichen Illustratorin, die für uns das fröhlich verspielte Cover gestaltet hat. *kluugel.de*

Silke Weinsheimer
Als langjährige HIMBEER-Freundin haben wir schon oft gerne und gut mit der Fotografin und Zweifachmutter getafelt. Ihr feiner Geschmack ist Garant für gelungene Bilder – zu sehen in der Streetfood-Story. *silkeweinsheimer.de*

Nina Lüth
Auch die zweite Fotografin in unserer diesjährigen Berlin mit Kind-Runde ist eine gute Freundin und ebenfalls Mutter von zwei Kindern, mit denen sie schon in der ganzen Stadt unterwegs war. Fast. Bei unseren Familientouren hat selbst sie neue Spots kennengelernt. *ninalueth.de*

Kira Wybierek
Es macht uns glücklich und auch ein bisschen stolz, dass unsere ehemaligen Praktikant:innen so treu mit uns in Kontakt bleiben. Wie Kira, die gerade im richtigen Moment spontan im Verlag vorbeischaute, um sie und ihre Lektoratsfähigkeiten einzubinden.

Sandy J. Bossier-Steuerwald
Die gebürtige Berlinerin und Dreifachmutter hat als vielseitig interessierte und begabte Autorin für uns schon diverse tolle Interviews geführt und Geschichten geschrieben. So war sie genau die Richtige, um den Gründer der Rap-Sprachschule Kanzi für uns zu porträtieren. *textressort.de*

Miriam Kadel
Immer schön, Miri über Wochen in unserer Runde zu haben. Wenn man Humor, Essensleidenschaft und die Vorliebe für verrückte Schlussproduktionsphasen mit uns teilt, sind das schließlich nicht die schlechtesten Voraussetzungen. Daher sind wir Wiederholungstäterinnen und haben die freie Grafikerin bereits zum siebten Mal in die HIMBEER-Schaltzentrale geholt. *miriamkadel.de*

Andrea Winter
Manchmal ist der Blick von außen beim Korrekturlesen sehr hilfreich, noch besser ist es, wenn jemand dabei die „HIMBEER-Brille“ auf und unseren Duktus verinnerlicht hat. So wie unsere langjährige Münchner Mitarbeiterin, die jeden Buchstabendreher und Nonsenssatz in diesem Guide aufspürte.

Index